U0521698

本书特别感谢江苏省政府研究室、南京市委宣传部对"高成长企业研究博士工作站"的大力支持!

创新企业研究丛书

# 高成长企业智改数转

Intelligent and Digital Transformation of
High-Growth Enterprises

郑琼洁　李宏亮　等著

中国社会科学出版社

## 图书在版编目（CIP）数据

高成长企业智改数转 / 郑琼洁等著. -- 北京：中国社会科学出版社，2024. 12. --（创新企业研究丛书）.
ISBN 978-7-5227-4414-8

Ⅰ. F272.1

中国国家版本馆 CIP 数据核字第 202494BR70 号

| | |
|---|---|
| 出 版 人 | 赵剑英 |
| 责任编辑 | 孙　萍　李嘉荣 |
| 责任校对 | 周　昊 |
| 责任印制 | 李寡寡 |

| | |
|---|---|
| 出　　版 | 中国社会科学出版社 |
| 社　　址 | 北京鼓楼西大街甲 158 号 |
| 邮　　编 | 100720 |
| 网　　址 | http://www.csspw.cn |
| 发 行 部 | 010-84083685 |
| 门 市 部 | 010-84029450 |
| 经　　销 | 新华书店及其他书店 |
| 印　　刷 | 北京明恒达印务有限公司 |
| 装　　订 | 廊坊市广阳区广增装订厂 |
| 版　　次 | 2024 年 12 月第 1 版 |
| 印　　次 | 2024 年 12 月第 1 次印刷 |

| | |
|---|---|
| 开　　本 | 710×1000　1/16 |
| 印　　张 | 15.75 |
| 字　　数 | 256 千字 |
| 定　　价 | 85.00 元 |

凡购买中国社会科学出版社图书，如有质量问题请与本社营销中心联系调换
电话：010-84083683
**版权所有　侵权必究**

# 序

蒋伏心

近年来，以数字智能技术等为代表的新一轮科技革命加快推动全球产业变革，对我国构建产业竞争新优势、建设现代化产业体系具有深远影响。党中央和国务院高度重视数字经济发展，党的二十大报告作出"促进数字经济和实体经济深度融合"的重大部署，党的二十届三中全会提出"健全促进实体经济和数字经济深度融合制度"，为数字经济和实体经济融合发展指明了方向。企业智能化改造数字化转型（以下简称"智改数转"）是实现数字经济和实体经济深度融合的核心载体。企业"智改数转"是指围绕新一代信息技术与制造业融合发展，以数字化技术创新为驱动，以智能制造为主攻方向，全面提升企业在设计、生产、管理和服务等各环节的智能化水平，促进企业从自动化走向数字化、智能化的过程。由于具有高增长率、高技术性、高爆发性等特点，高成长企业呈现雨后春笋般快速发展态势，成为推动我国经济高质量发展的生力军，加快推进高成长企业"智改数转"对于我国抢占未来产业竞争制高点、推动产业转型升级意义重大。本书紧扣高成长企业"智改数转"这一主题，运用企业组织发展、变革管理等理论剖析高成长企业"智改数转"的基本逻辑和内在机理，同时构建"五力模型"对高成长企业智改数转进行评价，并结合典型的企业案例进一步探讨高成长企业智改数转未来发展路径，是一本非常系统全面分析高成长企业智改数转的优秀著作。

高成长企业是我国众多中小民营企业的典型代表，是新质生产力的重要力量。目前，已在人工智能、通信技术、5G、生物技术等新兴产业领域崭露头角，是推动我国提升自主创新能力、构建现代化产业体系的重要载体。去年笔者在《群众》上发表了一篇题为《当好生力军：民营经济发展进入新阶段》的文章，对民营企业在经济高质量发展中的贡献、自身发展挑战以及如何突破发展瓶颈进行了分析，或可为新发展阶段下高成长企业健康发展提供一些启示。

第一，在新发展阶段下，民营企业从数量到质量都发生了显著变化，对我国经济发展的贡献日益突出。统计资料显示，截至2024年5月底，我国民营企业数量已达5517.7万户，占全部企业总数的92.4%。同时，民营企业也加快朝着高成长方向发展，在国家级专精特新"小巨人"企业中，民营企业占比超过80%，对推动经济增长的支撑作用不断提升。

第二，以高成长企业为代表的民营企业在得到快速发展的同时，也面临百年未有之大变局的内外部环境的深刻影响，亟须得到更为公平的市场环境、更为透明有效的法治环境、更加敢当作为的政务环境的支持。因此，通过推动高成长企业智改数转，不仅能够提高企业运营效率，而且也能鞭策各地政府加大数字信息技术投入，增强智慧政务、数字治理水平场景应用，从而推动新质生产力的培育与发展。

第三，相较于其他中小企业，高成长企业是处于当代科学、技术最前沿的企业，保持强劲的技术创新能力是企业建立竞争优势的关键。今年笔者在《合肥工业大学学报》发表的题为《数字化赋能产学研协同创新》文章中指出，当前，我国正处于由中端科技领域向高端与核心科技领域迈步的关键时刻，需要发挥企业、高校与研发机构等各个领域科技人才的协同创新能力，加快重大重点项目技术攻关，以实现国家科技自立自强。借助数字化智能化技术加强信息、数据与服务等创新要素在企业、高校、科研机构等不同创新主体间流动，从而能够提升创新成果的市场转化率，以数据的低成本和高流动性减少产学研协同创新成本并扩大收益，使数字化与产学研协同创新真正实现融合发展。因此，推动高成长企业"智改数转"，不仅需要利用数字化智能化设备提高企业在生产制造等环节中的效率，更重要的任务是如何利用"智改数转"手段加快创新要素集聚和流动，促进知识在不同创新主体之间分享，实现企业创新能力共同提升。在本书的实践案例中，我们很欣慰地看到，部分高成长企业利用"智改数转"契机不仅显著增强了其自身的技术创新能力，也帮助上下游关联企业实现技术、生产、管理等环节的创新和优化，实现了企业间的共同发展、合作共赢。可见，"智改数转"是新发展阶段下高成长企业保持动态竞争能力的关键。

在新一轮科技革命和产业革命的驱动下，数字智能技术的广泛应用彻底颠覆了传统制造业的生产制造和价值创造模式，企业通过"智改数转"实现工厂、供应商、产品和客户的互联互通，不仅极大优化了生产流程，降低了运营成本，还有利于企业提升资源配置和协作效率，是高成长企业提质增效、抢占发展制高点的重要手段。与此同时，企业"智改数转"也面临数智技术发展瓶颈、组织管理变革阻力较大、智改数转认识不足等挑战，需要高成长企业乘风破浪、砥砺前行，推动高层次、全方位、系统性"智改数转"，最终实现智改数转的成功。《高成长企业智改数转》这本著作不仅从理论层面详细阐述了高成长企业"智改数转"的基本逻辑和内在机理，为智改数转的实践奠定了理论基础；还科学构建了评价高成长企业"智改数转"的指标体系，从多个维度对各城市高成长企业"智改数转"发展情况进行了测度与对比分析，归纳总结高成长企业"智改数转"的优势与短板，并提出促进高成长企业"智改数转"针对性和可操作性均较强的参考建议。本书另外一个特色是，展开了丰富的企业"智改数转"实践案例的调研工作，通过"理论+实践案例"的方式为读者展现了高成长企业"智改数转"的真实状况和运行机理。全书紧扣智改数转理论，立足智改数转实践经验，以期助力高成长企业"智改数转"发展，对于新发展阶段下培育新质生产力、推动企业转型升级及经济高质量发展具有深刻的理论价值和现实意义。

2024 年 6 月

# 目 录

前　言 ······················································· (1)

## 理 论 篇

**第一章　高成长企业智改数转的内涵与特征** ············· (3)
　　第一节　高成长企业智改数转的内涵 ··············· (3)
　　第二节　高成长企业智改数转的特征 ··············· (12)
　　第三节　高成长企业智改数转面临的机遇和挑战 ····· (17)

**第二章　高成长企业智改数转的理论基础** ··············· (26)
　　第一节　高成长企业发展相关理论 ················· (26)
　　第二节　高成长企业智改数转的机理研究 ··········· (38)
　　第三节　构建高成长企业智改数转评估体系的理论基础 ····· (43)

**第三章　高成长企业智改数转的"五力模型"构建** ······· (48)
　　第一节　"五力模型"构建原则 ····················· (48)
　　第二节　"五力模型"构建内容 ····················· (52)

## 实 践 篇

**第四章　国际视角：高成长企业智改数转的发展现状** ····· (57)
　　第一节　国外数字化转型趋势 ····················· (57)
　　第二节　国外高成长企业智改数转的特点 ··········· (63)

第三节　国外高成长企业智改数转模式 …………………………（66）

## 第五章　国内视角：高成长企业智改数转的发展现状 ……………（71）
第一节　国内高成长企业智改数转的主要趋势 ……………………（71）
第二节　国内高成长企业智改数转的主要特征 ……………………（74）
第三节　国内高成长企业智改数转的主要成效 ……………………（78）
第四节　国内高成长企业智改数转的主要困境 ……………………（84）

## 第六章　区域视角：基于"五力模型"的江苏评估 ……………………（89）
第一节　基于"五力模型"的智改数转评估 …………………………（89）
第二节　基于"五力模型"的智改数转比较 ………………………（122）

## 第七章　城市视角：基于"五力模型"的南京智改数转评估 ………………………………………………………………（133）
第一节　基于"五力模型"的南京智改数转评估 …………………（133）
第二节　基于"五力模型"的南京智改数转问题 …………………（137）
第三节　基于"五力模型"的南京智改数转战略 …………………（142）

# 案例篇

## 第八章　节能环保企业赋能智改数转的案例分析 …………………（147）
第一节　朗坤智慧：工业互联网让"工业更智慧" ………………（147）
第二节　新康众：数智化平台驱动汽车后市场革新升级 …………（150）
第三节　深度智控：物联智控助力工业深度节能 …………………（154）

## 第九章　智能制造装备企业智改数转的案例分析 …………………（158）
第一节　集萃智造：数字孪生与机器人创新应用 …………………（158）
第二节　艾默生：5G全连接工厂助力流量标定装置生产 …………（162）
第三节　英尼格玛："五化协同"赋能电弧增材制造 ……………（165）
第四节　迪瓦永磁：智改数转助力设备无忧运转 …………………（169）

## 第十章 智能电网企业智改数转的案例分析 (172)
- 第一节 国电南瑞：以"四化协同"赋能电力装备制造 (172)
- 第二节 南京电研：智能互联保障电力系统安全运行 (176)
- 第三节 宏景智能：让"电网更智能、生产与使用更安全" (179)

## 第十一章 生物医药企业智改数转的案例分析 (182)
- 第一节 世和基因："三化并进"助力基因检测 (182)
- 第二节 诺唯赞："六化一中心"赋能智造"生物芯片" (186)
- 第三节 巨鲨医疗：构筑精准医疗数字化生态 (191)
- 第四节 麦澜德："四大数字平台"优化医疗资源配置 (194)
- 第五节 宁丹新药："三大智能工程"赋能 CNS 创新药 (200)

# 路 径 篇

## 第十二章 高成长企业智改数转的战略谋划 (207)
- 第一节 高成长企业智改数转的未来方向 (207)
- 第二节 高成长企业智改数转的发展思路 (210)
- 第三节 高成长企业智改数转的总体战略 (216)

## 第十三章 高成长企业智改数转的实现路径 (225)
- 第一节 理念引领推动高成长企业智改数转 (225)
- 第二节 要素保障推动高成长企业智改数转 (226)
- 第三节 科学技术支撑高成长企业智改数转 (228)
- 第四节 系统集成推动高成长企业智改数转 (229)
- 第五节 场景应用驱动高成长企业智改数转 (230)

**参考文献** (232)

**后　记** (239)

# 前　言

党的二十届三中全会提出健全促进实体经济和数字经济深度融合制度，对加快推进新型工业化、构建促进数字经济发展体制机制、完善促进数字产业化和产业数字化政策体系等作出新的部署。习近平总书记在中共中央政治局第三十四次集体学习时强调发展数字经济意义重大，是把握新一轮科技革命和产业变革新机遇的战略选择。落实和推进数字产业化、产业数字化，深化实施先进制造业集群培育和产业强链行动计划，加快推动企业"智改数转"，是推动促进新型工业化、加快建设现代化产业体系和发展新质生产力的重要内容，不仅关乎产业链供应链的韧性和稳定，更关系着中长期经济高质量发展的实现。

企业是实体经济发展的重要主体，同时也是推动数字经济发展的重要载体，特别是高成长企业，作为高质量发展要求下创新实践的重要主体，更应该在推进智能化改造、数字化转型的进程中发挥重要作用。本书以"高成长企业智改数转"为切入点，围绕高成长企业智改数转的动力机制、多元主体推动高成长企业智改数转所发挥作用开展研究，探究高成长企业如何实施智改数转并实现高质量发展。全书分为理论篇、实践篇、案例篇、路径篇四部分。在理论篇中，主要探讨和界定高成长企业智改数转的内涵和特征，对高成长企业智改数转面临的机遇、挑战以及相关理论基础、运行机制进行梳理归纳，构建"五力模型"指标体系对高成长企业智改数转情况进行全面的评估。在实践篇中，从国际视角总结发达国家市场中高成长企业智改数转的主要特征和典型模式；从国内视角分析高成长企业智转数改的主要发展趋势、特征、已取得的成效以及当前高成长企业智转数改面临的主要困境；从区域视角，基于"五力模型"指标体系对江苏省高成长企业智转数改情况进行评估并对2022年和2023年江苏省高成长企业智转数改情况进行对比分析；从城市视角，选择南京市作为典型案例，借助"五力模型"指标体系对南京市高成长企业进行全面评估和剖析。在案例篇中，分别选取节能环保、智能制造装备、智能电网、生物医药等领域的15家高成长企业作为典型案例剖析，深入探究这些企业在智转数改中进行智改数转或者赋能智改数转的具体举措和主要成效。在路径篇中，分析了高成长企业智转数改的发展方向、战略规划，并提出了具有可操作性的路径建议。

  本书特色主要有：一是把握国家战略需求。紧扣习近平总书记强调的发展数字经济是把握新一轮科技革命和产业变革新机遇的战略选择的新命题，基于国内高成长企业智改数转发展现状和问题，为高企业智转数改从战略规划、基础设施、数字化能力以及人才培养等多方面提出切实可行的对策建议。二是紧盯学术前沿。探讨和界定高成长企业智改数转的内涵和特征，对高成长企业智改数转面临的机遇、挑战以及相关理论基础和运行机制进行梳理归纳，构建"五力模型"指标体系为高成长企业智改数转情况提供一个全面的评估。三是科学选择研究视角。从国际、国内、区域、城市视角，关注数字化转型趋势，综合历史、行业、商业多维度以及微观样本进行比照，总结高成长企业智改数转特征和典型模式，为高成长企业智改数转提供前沿信息。四是问题导向强。本书在大量调研、实地走访的基础上，重点选择了15个具有典型性、代表性的企业发展案例，并进行了详细的剖析研究，为高成长企业实现智转数改提供经验借鉴。研究具有鲜明的问题导向，结合"五力模型"评估分析提出了高成长企业智转数改的发展方向、战略规划，并提出了具有可操作性的路径建议。

論說

# 第一章 高成长企业智改数转的内涵与特征

本章主要论述高成长企业智改数转的内涵、高成长企业智改数转的特征、高成长企业智改数转面临的机遇和挑战三个重要问题。首先,分析了高成长企业的内涵与界定标准,讨论了高成长企业智改数转的概念框架与核心要素;其次,将高成长企业转型与普通企业转型进行对比,分析并总结国内外高成长企业智改数转的特征与趋势,窥探高成长企业的普遍发展路径规律;最后,分析高成长企业转型所面临的机遇、风险,提出推动高成长企业发展的政策建议。

## 第一节 高成长企业智改数转的内涵

党的二十届三中全会提出"健全促进实体经济和数字经济深度融合制度",这不仅是抓住新一轮科技革命和产业变革机遇、抢占未来产业竞争制高点的战略选择,也是建设现代化产业体系、推动高质量发展的核心任务。这就需要充分发挥我国优势,高质量推进智能化改造、数字化转型("智改数转")。企业特别是高成长企业作为最为重要的经济体,理应在智改数转中发挥重要的作用。

### 一 高成长企业的界定

随着经济发展达到一定阶段,发展应当是科学的发展,既要注重速度,更要注重质量。在高质量发展的要求下,创新应成为第一发展动力,高成长企业是创新实践中的重要主体。从各国的发展经验来看,高成长企业已成为经济高质量发展的生力军,既为经济增长注入了活力，也为高质量的发展提供了创新保障。世界发展结果表明，发达国家40%—70%的工业经济增长是由高成长企业带来的。①

(一) 高成长企业的定义

高成长企业是从"企业成长性"这一概念派生出来的，位于"企业成长性"概念的较高层次。② 由于高成长企业是一个动态的、相对的概念，对于高成长企业的界定，各国学者有着不同的定义和划分标准。在过去的研究中往往要综合企业的年增长率、市场份额、行业地位、竞争能力、盈利能力和财务状况等多维度进行判定，然而目前越来越多的学者更倾向于将这些维度进行简化，例如欧洲统计局对于高成长企业统计指标的描述③：

> 高成长企业（增长20%以上）是指在三年的时间内，年平均增长率超过20%的企业。增长可以通过员工数量或流动率来衡量。高增长企业（增长10%或以上）是指在三年（1—3至t）期间员工人数年平均增长率超过10%，并且在增长初期（t—3）拥有至少10名员工的企业。

高成长型企业是指年度主营业务收入1000万元以上，连续三年平均增速20%以上，且创新能力较强、融资能力较强、收入增长较快、服务产品领先的文化企业。由于高成长企业对经济社会发展的重要贡献和对企业的巨大吸引力，国外学术界从20世纪90年代初就开始关注这类企业的成长，至今方兴未艾。高成长企业的特点主要是：要有杰出的领导人，从事的是新兴行业，主营业务专业化，有创新的商业体制。同时，卓越的企业战略、激励机制、多渠道的融资、优秀的企业文化等也是高成长企业应具有的特点。

目前，"独角兽""瞪羚""牛羚"等特有名词成为高成长企业的代名词并得到国际社会的认可：

---

① 参见黄振中、侯国清、李思一编著《跨世纪科技竞争之策》，科学技术文献出版社1995年版。
② 参见陈春花、赵曙明《高成长企业组织与文化创新》，机械工业出版社2016年版。
③ https://ec.eumopa.eu/eurostat/siatistics-explnined/index.php/Clossary：Highgroth enienprise.

## 第一章　高成长企业智改数转的内涵与特征

牛羚企业：具有自主知识产权，连续两年销售收入年均增长30%以上，且最近一个会计年度达500万元人民币以上的企业。这类企业像牛羚一样有强大的生命力，克服重重困难，顽强成长向前狂奔。

瞪羚企业[①]：具备核心自主知识产权、原创性技术，连续三年销售收入增长40%以上；最近一个会计年度销售收入达3000万元人民币以上或净利润达400万元人民币以上或估值达1亿美元以上的企业。这类企业像瞪羚一样，成长性好，具有跳跃发展态势。

独角兽企业：估值在10亿美元以上，创办时间较短，在行业中有颠覆式创新，发挥着引领作用的企业。

此外还包含培育独角兽企业。国际上，通常将"独角兽"这个词用来定义市值超过10亿美元的公司。截至2020年7月17日，CB Insights数据显示，"独角兽"公司的数量已经达到479个，其中出现了不少远超10亿美元市值的企业，于是"十角兽""百角兽"应运而生，用来指市值超过百亿美元的公司。

独角兽公司：市值超过10亿美元。

十角兽公司：市值超过100亿美元。

百角兽公司：市值超过1000亿美元。

高成长企业具有三大特征：一是高技术性。高成长企业是处于当代科学、技术最前沿的企业，具有知识管理的性质，横向交叉和垂直纵深地向前发展。从技术发展的历程看，高成长企业从较为分散、影响较小，逐渐发展为以关键技术引领产生变革而带来巨大影响。目前，越来越多的高成长企业在人工智能、通信技术、5G、新材料技术、生物技术、航天航空技术、新能源技术、海洋开发技术等领域出现，掌握和拥有当前和未来的关键技术。二是高爆发性。高成长企业能够在短短数年内成长为在某一领域或行业的领头羊，无论是在

---

① 作家兼经济学家大卫·伯奇（David Bireh）在他早期的一些就业研究中提出了瞪羚公司的概念，并在1987年出版的《美国创造就业机会：最小的公司如何让最多的人工作》一书中向更广泛的读者介绍了这一概念。伯奇认为，小公司是美国经济中创造新工作岗位的最大创造者，他估计，瞪羚只占美国所有企业的4%，却占所有新增就业岗位的70%。根据最初的技术定义，瞪羚公司是指在过去四年或更长的时间里，以每年至少20%的速度增长，并以至少100万美元的净利润增长的高增长公司。

技术创新、服务增值，还是在品牌、市场布局等方面，都具有较强的爆发性和引领性，能够向经济和社会各个领域广泛渗透，能够引领市场、创新市场，具有战略制高点的作用。三是高风险性。高成长企业一般是在较短时间内具有变革性的成长方式，需要大量资金、人才、技术的投入。然而由于新技术和新产品在开发过程中受到社会经济运行、科学技术进步等因素影响，技术不成熟以及人们对它的认识和掌握有一个过程，因此在这一阶段，企业存在着R&D投入较大、技术人员缺乏经验、产品性能不稳定、市场前景不明朗等种种风险。企业在进入创业期后的成长发展过程中，在技术、管理、财务、环境等方面面临着较大的不确定性和具有较高的风险性。因此需要政策环境、市场环境、技术发展环境共同作用，推动和促进高成长企业的发展。

（二）界定标准

在研究高成长企业时，学者们广泛探讨了不同的评定方法，以确定企业的成长速度和潜力。这些评定方法可以分为两种：单一指标评定法和复合指标评定法。单一指标评定法主要以企业的销售额增长率作为衡量企业成长的关键指标，而复合指标评定法则考虑了多个维度的指标，如销售额、雇员人数、企业规模和资金稳定性等。通过对这些评定方法的研究和应用，可以更好地理解高成长企业的特征和表现。

单一指标评定法的指标是企业销售额（销售收入）。Flamholtz and Randle（2004）以企业销售额为成长速度的评定指标，认为每年增长15%—25%的为快速成长，增长25%—50%的为非常快的成长，增长50%—100%的为超速成长，增长超过100%的为光速成长。[①] Birch等（1994）认为年销售额增长至少为25%的企业，才能称为高成长企业[②]。Fischer等（1997）将高成长企业评定为：5年内，企业

---

[①] [美] Eric G. Flamholtz Yvonne Randle：《企业成长之痛——创业型公司如何走向成熟》，王任飞、彭瑞梅译，清华大学出版社2004年版。

[②] Birch D., Haggerty A., Parsons W., *Corporate AlmanacZ* (Minnesota: Connetics Inc.), 1994.

年均销售额增长率至少为20%的企业①。Regan等认为高成长企业是3年或更长的一个连续周期内，企业的年销售额增长率至少为30%的企业②。Storey（2001）的评定方法具有权变性：对于销售额在500万—1000万英镑之间的企业，在4年考察期内，其年销售额增长率至少为25%；对于销售额在0.1亿—1亿英镑之间的企业，在4年考察期内，其年销售额增长率至少为15%③。Barringger and Jones（2005）将高成长企业定义为在3年内，每年销售额增长率为80%或者更高，对国家经济发展有重要激励作用的公司④。另外，美国国家创业委员会把高成长企业定义为公司雇员每年至少增长15%。由美国《公司》（INC.）杂志每年推出的"INC.500排名"在学术界和企业界具有较大影响力⑤。该杂志以5年销售额的总增长率为排名依据，对美国高速成长的私营企业进行排名。评选标准包括：评选年度内企业是私人控制的；企业在基准评选年度的销售额一般不低于20万美元；企业在评选年度的销售额必须超过上一年度的销售额；排名依据从基准年度到评选年度连续五年的销售额的总增长率。

复合指标评定的主要观点有：Smallbone等用销售额、企业规模、资金稳定性3个标准来定义高成长中小企业，即销售额增长两倍、销售额至少达到50万英镑、公司营运资金稳定、收益持续稳定增长⑥。

---

① Elieen Fischer, A. Rebecca Reuber, Moez Hababou, William Johnson, Steven Lee, "The Role of Socially Constructed Temporal Perspectives in the Emergence of Rapid-growth Firms", *Entrepreneurship Theory and Practice*, 1997, pp. 13–30.

② Nicholas O'Regan, Abby Ghobadian, David Gallear, "In Search of the Drivers of High Growth in Manufacturing SMEs", *Technovation*, 2006 (26), pp. 30–41.

③ Storey, D. J., *A Portrait of Success: The Facts Behind High Growth Companies in the UK.*, London: Deloitte & Touche, 2001.

④ Bruce R. Barringger, Foard F. Jones, Donald O. Neubaum, "A Quantitative Content Analysis of the Characteristics of Rapid-growth Firms and Their Founders", *Journal of Businees Venturing*, 2005 (20), pp. 663–687; Bruce R. Barringger, Foard F. Jones, "Achieving rapid growth: Revisiting the Managerial Capacity Problem", *Journal of Developmental Entrepreneurship*, 2004 (1), pp. 73–86.

⑤ National Commission on Entrepreneurship. High-growth Companies: Mapping America's entrepreneurial landscape. www.cecunc.org/entre/reports/highgrowthcompanise, 2001.

⑥ Smallbone David, Leig Roger, North David, "The Characteristics and Strategies of High Growth SMEs", *International Journal of Entrepreneurial Behaviour and Research*, 1995 (3), pp. 44–56.

Jorge Niosi 根据销售额和雇员人数这两个指标，将高成长企业定义为在 1994—1998 年期间的雇员总数和销售额增长为 50% 或以上的企业①。Davidsson 和 Gartner（2003）对高成长企业的定义是，每年必须在绝对雇员数量、绝对有机雇员数量、相对雇员数量、相对有机雇员、绝对销售额、相对销售额 6 个指标方面有增长的企业；且这 6 个指标中至少有 1 个位于所有考察公司的前 10%②。

综上所述，学者们对高成长企业有着不同的界定和评定标准。高成长企业是多种生产要素综合作用的结果，可以通过多种方式实现；没有最好的实现高成长的方式，也没有"典型"的高成长企业。这是高成长企业评定方法多元化的根本原因。因此，学术界对高成长企业的界定是难以统一的。这种研究现状利弊兼备：利是能够多角度地研究高成长企业的驱动因素及其成长模式；弊是不利于形成规范的高成长企业理论。为了解决这个棘手问题，目前的主流举措是聚焦于高成长企业的特性，而不是苛求高成长企业评定方法的统一。尽管如此，通过聚焦高成长企业的特性，仍然可以深入研究它们的共同特征、成功因素和成长模式，为理解和指导高成长企业的发展提供更具实践意义的指导和建议。

高成长企业的界定需要考虑到其在国内主导产业中的地位和作用。这意味着高成长企业应该在国内具有一定的产业影响力和战略意义，能够在国内经济发展和产业升级中发挥积极的作用。这样的界定不仅关注企业自身的成长和发展，还注重其与国家产业政策和发展方向的契合程度。在这种背景下，高成长企业不仅仅是为了追求单纯的利润或市场份额增长，更是要在国家经济转型升级和产业结构优化中发挥积极作用。这些企业可能会得到政府支持或政策倾斜的照顾，以促进其持续健康发展，并为国家经济的长期繁荣作出贡献。因此，界定国内高成长企业时，除了考虑其自身的财务表现和市场地位外，还需要考虑其在国家主导产业方向中的地位和作用，以确保其发展与国

---

① Jorge Niosi, "Alliances are not Enough Explaining Rapid Growth in Biotechnology Firms", *Research Policy*, 2003（32）: 737–750.
② Delmar Per Davidsson, William B. Gartner, "Arriving at the High-growth Firm", *Journal of Business Venturing*, 2003（18）, pp. 189–216.

家经济发展战略相一致，为实现经济可持续增长和产业升级提供有力支持。

### 二 智改数转的界定

关于数字化转型中的数字化、智慧化演变是指"转型"或是"演进"的讨论长期存在。有三个词汇可以体现这种变化形态：transition（转型）、transformation（变革）、digitalization（数字化形态）。转型更强调数字化转型的渐进过程，变革更强调数字化的根本转变，数字化形态则并不强调转变的根本性或渐进式[①]。改造也以"transformation"来表示，但"改造"更强调微观层面，技术领域往往用技术改造进行表达。由此，结合宏微观层面对数字化转型领跑国家的智改数转概念进行区分说明。

从历史演进视角来看，由欧美国家主导的数字化转型，是处于数字化革命的第三阶段及之后阶段，这与后发国家或大部分发展中国家的数字化进程是有根本性区别的。Ris 和 Puvača（2024）基于技术范式、应用领域、商业模式等标准进行区分，提出第一阶段是数字化，第二阶段也是数字化，第三阶段后才是数字化转型[②]。第一阶段数字化是从模拟转向数字的过程，纸质记录转换为数字计算机文件。第二阶段数字化是使用数字数据来简化和改进工作方式过程。而数字化转型则是通过重新审视不同业务环节，包括生产、物流、销售、服务各层面，识别并提供个性化客户体验的更有效方式以及由此带来的更深广层次万物互联与交互技术，其本质上是客户交互价值增加的过程。由此，数字化转型是所有业务领域的数字技术集成，旨在从根本上改变企业的运营方式和为客户提供价值的方式。但数字化转型并未完成或达到成熟状态，数字化转型始终在改进和优化数字资源与数字转化价值。因此，从持续发展的角度来看，数字化和智能化转型即是演进过程，但在特定区域、特定时期可以是变革式或渐进式演变，在特定

---

[①] WEF, "Digital Transition Framework: An Action Plan for Public-private Collaboration", *World Economic Forum*, 2023.

[②] Krunoslav Ris, Milan Puvača, eds., *Digital Transformation Handbook*, CRC Press, 2024.

产业、特定企业可以是跨越式、改进式转型。Lamarre 等（2023）①提出发达国家数字化转型、智能化变革的特征更为鲜明。

从微观层面来看，众多文献体现出欧美市场智改数转特征鲜明、普遍、系统化。从 Scopus 检索的 280 篇文献来看，数智化转型体现在企业战略、资源、制造等多个层面。战略层面的关键词涵盖"数字化转型""智能化转变""商业模式数字化创新"和"可持续性"等关键词。这表明数字化转型进入企业战略计划改变。资源层面的关键词涵盖"人工智能""大数据""机器学习""数字孪生""物联网"和"网络物理系统"等术语，强调公司为数字化转型应开发或获取的能力，也确定了智能化为数字化转型中最常见的技术。制造层面的关键词涵盖"制造过程""计划""生产控制""先进制造""增材制造""云制造""数字化制造""智能制造"等关键词，这些关键词刻画了投入产出关系的智改数转范式改变。这意味着多种数字技术已经实现了新的制造方式和可能的新范式。作为制造数字化的高级目标，"智能工厂"概念旨在将传统车间重新概念化为完全集成和协作的制造系统，使操作灵活且适应性强。其结果是一个高度数字化的车间，通过连接的设备和生产系统收集和共享数据。

欧美市场智改数转尤其重视随之而来的商业文化变革②。在寻求智改数转的独特、精确定义时，具有挑战性的部分是根据业务需求进行多样化的实施。数字化转型将使企业面临全面摆脱传统业务流程并进行一系列新实践的挑战。然而，这一过程没有商业文化改变，是无法持续推进数字化转型的。数字文化刻画出人与技术互动的方式、心态与决策动机。文化发展要与数字环境同步，离不开以协作、灵活性、乐于实验和包容偶尔失败为特征的工作环境。文化中的数字化转型，将领导力、文化与客户、产品、服务、数据以及所有数字技术共同集成。当然，不同行业企业的数字化转型条件与方式不同，但都不可忽视。

---

① Eric Lamarre, Kate Smaje, Rodney Zemmel, "Rewired: The McKinsey Guide to Outcompeting in the Age of Digital and AI", *Wiley*, 2023（1）.

② WEF, "Digital Transition Framework: An Action Plan for Public-private Collaboration", *World Economic Forum*, 2023.

国内有关"数字化转型"的讨论,早期在媒体行业中较为丰富。将"出版数字化"界定为纸质出版物转型为电子出版物的过程,当时主要是指产品的数字化转型。随着学者们的研究更加深入,有关数字化转型的内涵界定也逐渐变得立体。国内学者周志明等人首次探讨了影响企业数字化转型的影响因素,并指出数字化转型是运用信息技术的手段和信息化的思维对企业结构和工作流程进行全面的优化和根本性改革[1]。学者何帆和刘红霞进一步揭示数字化转型与企业发展的内在规律,指出新经济形态及产业发展离不开数字技术与实体企业的深度融合[2]。学者吴江等人从更深层次上讨论了企业数字化转型的过程及结果,指出企业数字化转型旨在更有效地丰富企业的商业活动过程,创造更多的价值[3]。通过检索现有的中文文献发现,对数字化转型的讨论大致可以分为四个层次,即产品层次、技术层次、特定变革层次及广泛变革层次。其中企业数字化转型可以界定为,将数字技术进行组合从而对企业的商业模式、组织结构、生产制造、产品和服务、业务流程等方面产生深远影响和带来根本性变革。

### 三 高成长企业智改数转的界定

为加快推进数字产业化、产业数字化,深化实施先进制造业集群培育和产业强链行动计划,2021 年,《江苏省制造业智能化改造和数字化转型三年行动计划(2022—2024 年)》中正式提出"智改数转",即智能化改造和数字化转型[4]。以数字化技术创新为驱动,硬件智能化改造和软件集成应用的叠加,促进新一代信息技术与先进制造业融合发展,全面提升企业在设计、生产、管理和服务等各环节的智能化水平,通过整个组织更新、流程再造和数字化导入,促使企业改变发展方式、焕发新能量。"智改"主要指硬件改造投入,如企业

---

[1] 周志明、崔森:《制造型企业数字化转型的研究》,《管理观察》2014 年第 21 期。
[2] 何帆、刘红霞:《数字经济视角下实体企业数字化变革的业绩提升效应评估》,《改革》2019 年第 4 期。
[3] 吴江、陈婷、龚艺巍等:《企业数字化转型理论框架和研究展望》,《管理学报》2021 年第 12 期。
[4] 《江苏省制造业智能化改造和数字化转型三年行动计划(2022—2024 年)》,https://www.jiangsu.gov.cn/art/2021/12/30/art_ 46144_ 10244386.html。

通过装备升级、产线智能化改造,实现"机器换人"。"数转"更侧重于系统的集成应用,将获取的各类生产经营数据价值最大化,实现"数字换脑"。

高成长企业智改数转,即高成长企业完成智能化改造和数字化转型,具体指企业利用先进的信息技术和智能化手段,改造传统业务流程,优化管理模式,提升产品和服务的智能化水平,以实现业务模式、运营效率和核心竞争力的全面提升。智改数转的概念框架与企业后台职能部门密切相关。企业的后台职能部门是为了支持各个业务环节,确保各部门能够顺利实现战略业务目标而存在的。尽管企业的外部用户可能并不了解这些服务,但这些职能服务对企业的日常运营至关重要。这些服务范围包括工资核算与发放、日常报销、软件系统的维护或支持服务、人员招聘、员工培训、税务咨询等。这些工作本质上都是为了支持企业的主要业务。因此,企业处理这些业务的基本原则是提高效率、降低支出,并不断提升服务价值,以协助其他业务板块提升质量、降低成本。然而,随着全球化的不断发展和技术的颠覆性变革,企业所面临的成本压力越来越大,这些支持性工作领域因此面临巨大的转型挑战和机遇。这一概念旨在通过数字化技术创新,驱动硬件智能化改造和软件集成应用的叠加,以促进新一代信息技术与先进制造业的融合发展,全面提升企业在设计、生产、管理和服务等各环节的智能化水平。智改数转的核心目标是实现企业的转型与升级,以应对日益严峻的市场竞争和技术变革的挑战。

## 第二节　高成长企业智改数转的特征

智改数转是以推动制造业高质量发展为主题,以新一代信息技术与先进制造业深度融合为主线,以智能制造为主攻方向,实施"十大行动",分级分类推动产业链、龙头骨干企业、中小企业"智改数转",培育数字生态体系,夯实智能制造基础。推进智改数转的核心是企业进行转型升级,重点围绕制造业企业的"研发、生产、物流、服务"四大关键环节开展。聚焦企业智能化改造、数字化转型、协同创新建设工程等重点任务,以实施项目为抓手,实现制造业质量提升、效率提升、动能提升。智能化改造和数字化转型项目主要包括智能制造诊断服务项目、智能化数字化改造项目、企业上云项目、示范标杆项目、智能制造基础管理能力提升项目等。企业涉及"智转数改"领域广,主要集中在运营管理(包括人力、财务、资产管理等);另外,还包括生产制造,市场营销,供应链管理,产品服务、研发设计、产品服务等方面。例如,高成长制造企业目前进行"智转数改"的转型主要集中在智能购进、仓储物流管理系统及智能检测、装配等车间改造与引入智能生产线方面,主要表现在生产制造及仓储物流两大块。"智转数改"方式多样化,其中实体企业的智转数改主要集中在外部购买、企业自主研发、与互联网平台公司合作共建、与高校或研究所合作。

高成长企业智改数转的核心目标,是借助数字化技术手段,以改善企业基本运营为基础,以搭建支撑企业持续增长的智能运营框架为目标,利用数据资产和内外部资源,推动企业向更强竞争力方向进行模式转型。数字化为企业赋能的核心是重构企业能力,这既体现在企业传统的管理能力上,也体现在利用新型技术与业务融合的能力上。总体来看,高成长企业智改数转具备快速决策与快速反应、客户互动沟通渠道广、数据驱动敏捷、创新文化深入基因四大特征。

### 一 快速决策与快速反应

智改数转是一场深刻而系统的变革,数字化技术的运用是基础,更重要的是认知和思维方式的革命。智改数转是在"数据+算法+算力"驱动的数字世界中,以智能化的数据赋能和服务,化解复杂系统的不确定性,优化资源配置效率,创新产品、服务和商业模式,从而构建起企业新型竞争优势。同时,数字化又是一个不断迭代更新的过程。高成长企业历经创业艰难,以产品和服务找到合适的市场生态位后,迅速刺激需求和市场非线性增长。他们敢于实验新技术,快速迭代产品,不断优化服务,表现出在数字化转型过程中的积极主动和实践能力。高成长企业群体在全员劳动生产率、净利润率、技术收入、研发投入强度和科技活动人员等科技创新带动经济效益指标方面大多优于国家高新区入驻企业平均值，是助推经济高质量发展的新生力量。

企业的创立和发展是一个高风险过程，快速决策与快速反应是促进企业高成长的关键，高成长企业对市场需求和技术创新更具洞察力，高成长企业科技成果丰硕，展现了强大的发展潜力。例如，Eisenhardt（1989）提出快速变化环境中的快速战略决策有助于企业获得更高的绩效[1]；Huang 等（2018）提出了机会快速识别、创新快速释放以及价值与身份快速转换三种战略行动机制[2]。2019 年我国高成长企业超八成的产品销售来自高新技术产品，超五成的工业总产值来自新产品产值，授权发明专利数量增长 20.6%，拥有发明专利数量增长 36.8%，拥有欧美日专利数量达到 2018 年的 2 倍以上。知识产权保护能够鼓励企业创新，帮助企业形成竞争优势、获取垄断利润，鼓励研发企业进行高质量创新[3]，也帮助企业构筑基于创新规律的新市场模式。资本市场在助力高成长企业成长中，也发挥了重要作用。2019 年我国获风险投资的高成长企业为 137 家，获风险投资额为 115.3 亿元，有 116 家上市、292 家在新三板挂牌，近四成的上市瞪羚企业营业收入超 10 亿元。

可以说，高成长企业勇于摆脱过往成功的束缚和路径依赖，大胆突破创新。高成长企业中有大量案例是新兴产业的引领者，例如，字节跳动以数据与流量造就新媒体，视睿科技专注教育领域信息化，明德生物构建高通量智能快速诊断平台。瞪羚企业在新兴产业与传统领域的跨界融合中不断构筑新商业模式、建立新跨界业态，催生新兴产业爆发成长、带来颠覆式创新。

---

[1] Eisenhardt K. M., "Making Fast Strategic Decisions in High-Velocity Environments", *Academy of Management Journal*, Vol. 15, No. 3, 1989, pp. 543–576.

[2] Huang P., A. Tafti, and S. Mithas, "Platform Sponsor Investments and User Contributions in Knowledge Communities: The Role of Knowledge Seeding", *MIS Quarterly*, Vol. 42, No. 1, 2018, pp. 213–240.

[3] 郭婧煜、樊帆：《长江经济带农业科技创新效率及影响因素研究》，《科学管理研究》2020 年第 3 期。

## 二　客户互动沟通渠道广

数字化时代的市场条件发生了很大的变化，以客户需求为中心进行价值创造的逻辑日益彰显。高成长企业更加注重客户体验，并将客户置于核心位置。他们通过数字化技术改善客户互动和沟通渠道，提供个性化的产品和服务，以提升客户满意度和忠诚度。例如，亚马逊作为全球领先的电子商务公司，成功地利用高技术改善客户互动和沟通渠道。亚马逊利用大数据分析和人工智能技术，深度了解每位客户的购物偏好、浏览历史和行为模式。同时，高成长企业捕捉细分产业领域"嗅觉灵敏"，能够在产业价值链不断融合与分解中找到合适的市场生态位，嵌入市场价值配置的同时取得竞争优势。高成长企业是场景创新的主体，多具有跨界属性，通过跨界重构原有消费链、产业链和创新链，是市场与技术、供给与需求的主动连接者，创造性构建各类融合产业发展的商业情景成为高成长企业推动新兴产业爆发的新路径。企业智改数转不仅仅是优化生产，更重要的是更有效地连接市场、为用户提供更好的服务，从而更好地满足客户需求。

## 三　数据驱动敏捷

高成长企业自创业之初就将创新基因植入其中，在技术创新、组织创新、商业模式创新等方面都表现出极强的创新能力。例如，瞪羚企业群体中，大部分为高新技术企业，并且多数瞪羚企业科技活动投入强度和平均科技活动投入强度较高，拥有较高比例的科技活动人员；此外，瞪羚企业科技活动人员规模稳定扩大，从业人员学历水平不断提升，超过五成的瞪羚企业设立了科研机构，创新要素投入保持活跃；高新技术领域中，电子信息领域平均科技活动投入强度最高，航空航天领域每万名 R&D 人员专利授权最多。瞪羚企业以强大的科技创新能力实现其经济高质量发展。智改数转需要企业和组织具备创新和敏捷的能力。企业和组织需要不断尝试新的技术和业务模式，以适应不断变化的市场和客户需求，数字化技术可以帮助企业和组织更快地推出新产品和服务，例如云计算、人工智能和物联网等技术。

高成长企业通过充分运用数字技术，汇聚和挖掘企业内外的大数据资源，开发和释放大数据所蕴藏的巨大价值，转化提升员工、机器、设备、系统的智慧能力，赋能企业生产、经营和管理的全流程。首先是要建立企业的人与人、物与物和人与物的全连接，连接员工、连接客户、连接设备。通过连接解决业务协同，在业务协同中产生和积累数据；通过对数据的处理、分析和洞察，进一步驱动业务和运营；随着数据持续积累，进而支持更高级别的自我学习，将实时决策融入业务流程，实现自动化，使运营更加简单、高效、智能，形成闭环，持续优化改进。

## 四　创新文化深入基因

在高成长企业的智能化改造和数字化转型中，创新文化扮演着关键角色。这些企业通过更加重视员工的持续学习和成长，以及建立积极的创新文化，来适应快速变化的技术环境和市场需求。这种创新文化伴随高成长企业的成长之路，深入高成长企业的发展基因中，有助于企业加快形成和发展新质生产力。新质生产力和传统生产力的区别在于，新质生产力是由科技创新发挥主导作用的生产力。加快形成新质生产力，要以产业升级为重点。加快传统产业的数字化转型升级。推动传统产业转型升级的重中之重是制造业的"智改数转"。在智改数转的背景下，这种文化不仅鼓励员工提出新想法，还提供必要的支持和资源来推动这些想法的实现，从而实现持续的创新和进步。首先，高成长企业会为员工提供关于最新技术、工具和平台的培训，以确保他们具备实现数字化转型的必要技能。通过在线课程、工作坊、内部分享会等形式，员工可以不断提升自己在智能化和数字化领域的知识和技能。其次，为了促进跨学科的合作和知识共享，企业会组织跨部门的创新团队来共同研究和开发新技术应用。Spotify采用了一个名为"公会"的结构，跨团队共享知识和最佳实践，促进跨职能的合作和创新。这些团队聚集了来自不同背景的人才，鼓励他们共同探索新的技术解决方案，以支持企业的智改数转策略。最后，在智改数转的过程中，不可避免会遇到失败。高成长企业理解到从失败中学习是创新过程的一部分，因此建立了一种容忍失败的文化。他们鼓励员工尝试新事物，并将失败视为学习和成长的机会。这种文化鼓励员工持续尝试和优化，直到找到最有效的解决方案，例如亚马逊（Amazon）的"失败奖"表彰那些勇于尝试且从失败中吸取教训的团队和个人，鼓励创新尝试。

## 第三节 高成长企业智改数转面临的机遇和挑战

在数字化时代，企业智改数转已经成为重要趋势。随着信息技术的迅猛发展，越来越多的企业开始意识到智改数转对提高竞争力和创造更大价值的重要性。然而，高成长企业智改数转也面临一系列挑战和机遇，本部分将探讨企业智改数转所带来的机遇，以及面临的挑战。

### 一 高成长企业智改数转的机遇分析

（一）国内外智改数转新趋势

在全球新一轮科技革命和产业革命的驱动下，数字科技迎来了蓬勃发展，数字技术的应用彻底颠覆了传统制造业的价值创造模式[①]。从发展的角度来看，"智改数转"是中国智能制造新阶段的新要求。国际社会的发达国家在智能化改造和数字化转型方面已经处于相对成熟的阶段，技术应用和基础设施相对完善，而中国仍处于快速发展的阶段，数字化转型的速度和规模更为迅速。据世界银行的数据统计，2015年，我国制造业增加值占国内生产总值的30%。制造业在经济增长中有着不可或缺的作用，是国民经济发展的强有力支撑。然而，繁荣的背后也存在着创新能力不强、核心技术薄弱、关键共性技术缺位和资源浪费等问题。近年来，大多数企业的自动化水平已经有显著提升。随着科技的不断进步，社会对企业和组织加速数字化转型的要求越来越高。2022年以来，"智改数转"成为制造业领域的热词，各地加快开展智能化改造，建设工业互联网标杆工厂。企业通过工业互联网连接设备、生产线、工厂、供应商、产品和客户，实现跨设备、

---

[①] 张媛、孙新波、钱雨：《传统制造企业数字化转型中的价值创造与演化——资源编排视角的纵向单案例研究》，《经济管理》2022年第4期。

跨系统、跨区域的互联互通。"智改数转"对企业优化流程、降低成本、提升产品质量、增加效益有着重要作用，"智改数转"是企业提质增效、抢占发展制高点的关键之举，也是实现制造业高质量发展的必由之路。如今，不同国家在智能化改造和数字化转型中采用的技术应用和创新模式也有所不同。例如，一些西方发达国家更加注重人工智能、机器学习等前沿技术的研发和应用，而中国则更注重基于大数据、云计算等技术的创新和应用。

（二）企业智改数转政策新环境

我国智改数转的政策环境持续优化，国家发布一系列政策，描绘蓝图，明确方向击鼓催征，按下企业智改数转的加速键。2024年是实现"十四五"规划目标任务的关键一年。一开年，我国关于数字经济政策就持续加码，一系列新政策发布或开始实施，中央经济工作会议部署2024经济工作将"以科技创新引领现代化产业体系建设"列为首要任务，财政部发布《企业数据资源相关会计处理暂行规定》和《关于加强数据资产管理的指导意见》，国务院国资委要求央企加快推进财务智改数转等一系列政策。江苏省两化融合发展水平连续八年居全国第一，制造业高质量发展指数连续三年位居全国第一。截至2023年8月底，江苏省累计组织企业开展智能化改造数字化转型免费诊断超4.3万家，已完成诊断任务超2.5万家[1]；两年来，全省已为超四成的规上工业企业完成免费诊断，累计实施"智改数转"项目3.7万个，累计实施"智改数转"改造项目约5万个[2]。由此可见，江苏省智能制造业成熟度在国内首屈一指，生产自动化程度在国内已经处于领先阶段，但是自动化有余而智能化不足，所以更加强调智能化改造和数字化转型这一概念，作为制造业强省也理应成为国家推进数字产业化、产业数字化、中国制造2025攻坚战的排头兵，自2021年江苏省政府印发《江苏省制造业智能化改造和数字化转型三年行动计划（2022—2024年）》后，"智改数转"成了江苏省制造业

---

[1] 许愿、付奇：《"智改数转"，改出效益转出前景》，《新华日报》2023年9月25日第2版。

[2] 许愿、付奇：《深化智改数转，叠加网联赋能》，《新华日报》2023年12月15日第1版。

的新热词，不仅苏州、昆山紧跟时代浪潮，江苏省其他城市也纷纷开启转型之路。

另外，2020年《政府工作报告》提出，要加强新型基础设施建设，发展新一代信息网络，拓展5G应用，建设充电桩，推广新能源汽车，激发新消费需求、助力产业升级。此前，党中央、国务院已多次对加快5G网络、数据中心等新型基础设施建设作出战略部署。以5G为代表的科技细分领域，也是高成长企业发展的重要领域，被视为中国经济增长的新引擎之一，其溢出效应和乘数效应显著，上下游产业链较长，辐射产业众多，能够创造大量就业岗位，有效拉动投资，也能赋能其他传统行业转型，促进数字经济发展，在助推我国产业结构升级、支撑经济高质量发展方面发挥着重要作用。

我国当前正在深入推进数字经济与实体经济的深度融合发展，加快推进产业数字化转型智能化改造发展，实施科技强国和数字强国战略，从数字经济政策支持、数字智能基础设施建设到数字产业布局发展、数字化智能化方面人才培养等全方位加强顶层设计和科学规划。数字智能技术作为生产力将推动企业组织管理、业务模式变革与重构。高成长企业借助数字智能技术充分赋能，这为推动企业智改数转、促进企业降本增效、提升企业韧性发展水平提供了重要发展机遇。

（三）智改数转技术发展新阶段

数字智能技术赋能与深度应用日趋广泛。各行各业逐步涌现了一批智改数转的成功典型案例，数字化智能化技术发展促进企业产品研发设计、生产制造、企业管理等逐渐呈现数字化、智能化、网络化发展趋势，数字技术与高成长企业发展的深度融合将为未来产业经济发展注入新动能和新活力。

在数智化转型的背景下，企业可以利用先进的技术来进行人力资源管理，提高效率并降低成本。其中之一是采用云计算技术，将人力资源管理系统迁移到云端。通过这种方式，企业可以实现信息的集中存储和管理，减少基础设施的投资成本，并实现数据的实时访问和共享。云计算还可以提供高度可扩展性和灵活性，使企业能够根据实际需要进行资源的调整和配置，有效降低成本。例如，利用人工智能和机器学习算法来进行招聘和筛选候选人，可以减少大量的人为操作和时间成本。通过构建智能化的招聘平台和算法模型，企业可以更快速地筛选和匹配候选人，提高招聘效率并减少对外部招聘渠道的依赖。另外，自动化的绩效评估系统和薪酬福利管理工具可以帮助企业更准确地评估和激励员工，提高绩效和激励管理的效果。

具体来说，数智化技术具有如下优势：第一，数智化技术可以支持企业实现远程办公和协同工作，降低办公成本和人员管理的难度。通过视频会议、在线协作工具和项目管理平台，员工可以远程协同工作，不再为传统的办公地点和时间所限。第二，数智化技术的数据分析和预测能力可以帮助企业进行人力资源优化和精细化管理。通过收集、整理和分析大量的人力资源数据，企业可以洞察员工的离职率、绩效表现和培训需求等关键指标。第三，数智化技术在解决人员成本过高问题上具有广阔的应用前景。通过采用云计算、自动化流程、远程办公和数据分析等手段，企业可以降低人力资源管理和办公成本，提高工作效率和员工满意度。然而，数字化技术的应用需要与人性化管理相结合，关注员工的情感需求和人的价值，以实现人力资源管理的优化和数字化技术。

### （四）产业绿色低碳发展新思路

产业绿色低碳转型成为必由之路，倡导数字化技术在环境保护和可持续发展中的应用，推动绿色能源、智能交通、清洁生产等方面的创新，实现经济增长与环境保护的协调发展。我国"双碳"战略实施对产业发展提出了强制性约束，同时，高成长企业作为完成绿色低碳高质量发展使命的先锋队，必须走绿色低碳发展的道路。深入践行"绿水青山就是金山银山"的理念，协同推进降碳、减污、扩绿、增长，建设人与自然和谐共生的美丽中国。具体来讲，即要推动生态环境综合治理、大力发展绿色低碳经济、积极稳妥推进碳达峰碳中和。2024年2月，工业和信息化部等七部门发布了《关于加快推动制造业绿色化发展的指导意见》。其中提出，到2030年，主要再生资源循环利用量达到5.1亿吨，大宗工业固废综合利用率达到62%，电解铝使用可再生能源比例达到30%以上；各级绿色工厂产值占制造业总产值比重超过40%。到2035年，制造业绿色发展内生动力显著增强，碳排放达峰后稳中有降，碳中和能力稳步提升，在全球产业链供应链中绿色低碳竞争优势凸显，绿色发展成为新型工业化的普遍形态。

在智能化改造和数字化转型的过程中，绿色可持续发展成为越来越重要的考量因素。企业和组织需要将节能减排、环境保护等理念融入数字化转型的各个环节中。在"双碳"目标背景下，新能源作为打造新质生产力的方向之一，过去十多年，我国新能源企业快速发展壮大，逐渐具备了领先全球的技术竞争优势。在技术创新驱动下，新能源将带动整个社会向绿色低碳方向转型，并将赋能企业在国际竞争中占据有利地位。随着"双碳"战略的推进，带来了生产方式和整个业态的深度调整，对各行各业产生了深远影响，碳足迹、碳排放、碳捕捉、碳交易等诸多创新的技术、创新的产品、创新的业态不断涌现。以制造业为例，从源头到后端产品、服务等都要向低碳化、绿色化转型。

## 二　高成长企业智改数转的挑战分析

### （一）数智技术发展瓶颈

中国制造业的竞争优势正在面临多重挑战。逆全球化带来的贸易保护主义对中国出口产品的国际市场形成了挤压。贸易摩擦则增加了中国产品在美国市场的销售成本，迫使一部分跨国公司把面向美国市场的生产功能从中国转移到其他发展中国家，这在一定程度上削弱了中国相对完整的产业链带来的竞争优势，并使中国在发达国家并购和进口先进技术时面临日益艰难的局面[1]。我国已经建立了相当完整的产业体系，是联合国产业分类中工业门类最齐全的国家，但其中绝大多数是可复制、可模仿的技术，在产业链关键环节缺乏一批创新能力强、具备国际竞争力的自主品牌领军企业，很容易受阻，尤其是当中国企业沿着价值链向上攀升的时候，常常面临来自发达国家的巨大

---

[1] 高柏、朱兰：《从"世界工厂"到工业互联网强国：打造智能制造时代的竞争优势》，《改革》2020年第6期。

阻力①。

　　智改数转需要依赖各种先进的技术，例如人工智能、物联网、云计算等。这些技术本身就非常复杂，而且在实际应用中还需要与企业现有的系统进行融合，这对企业的技术能力和团队能力都提出了很高的要求。企业智改数转离不开先进的技术和系统支持。在智改数转过程中，企业需要对现有的技术和系统进行升级和改造，以适应新的业务需求。然而，技术和系统的升级并不是一项轻松的任务，他们可能需要企业投入大量的人力、物力和财力。此外，技术和系统的升级也需要企业与供应商进行紧密的合作，确保升级过程的顺利进行。数智化转型是一场认知与思维的革命，正成为企业发展的普遍趋势。那些无法快速响应、及时有效变革的企业将落后于变革的洪流并逐步失去领域内的核心竞争优势。在传统企业的认知中，通过引入数字化技术、建立数字化小组就可以完成智改数转。但真正的数智化转型，却是包含业务战略、组织升级、技术升级叠加的复杂工程。

### （二）管理机制变革压力

　　企业智改数转不仅仅是技术的升级，更涉及组织结构和文化的变革。智改数转需要企业建立更加敏捷和创新的组织结构，并打破各个部门之间的壁垒，实现信息的共享和协同工作。此外，企业还需要促进员工的数字化能力提升，使他们适应智改数转的需求，这种组织结构和文化变革可能会引起一定程度的阻力，企业需要采取有效的沟通和培训，以推动变革的进行。例如，Netflix最初是一个邮寄DVD租赁服务的平台，随着数字化技术的发展，Netflix领导层意识到流媒体是未来的趋势，便通过积极推动组织变革成功转型为全球领先的在线视频流媒体服务平台。这个过程涉及大规模的业务模式转变、技术创新和文化重塑。Netflix的成功转型展示了强有力的领导和开放的企业文化对于数字化转型的重要性。

　　当企业真切地感受到业务和组织转型的冲击时，企业过往的业务经验极有可能成为未来业务创新和拓展的障碍，特别是那些以往业务运作、发展较为成功的成熟企业。真正的数智化组织需要基于现有的

---

① 韩晶：《推动"专精特新"中小企业持续健康发展》，《人民论坛》2022年第7期。

数字化工具，构建新的包含管理机制、人员能力、企业文化、技术支撑的全面整合的组织体系，以有效支撑企业实施数智化转型战略。组织、文化、人才机制，这些看不见摸不着的软性竞争力，往往是企业数智化转型过程中脱胎换骨的关键。

（三）智改数转认识不足

高成长企业对"智改数转"的认识不清晰，智能化改造、数字化转型在很多企业中概念比较陌生，对转型的认识不清晰，不同企业之间需求也不一致，难以协调数字化转型方向也是无法实施"智改数转"的原因。因为成立时间短，高层的战略思维、管理者的管理水平、普通员工的综合素质等可能还难以达到一定的高度，可能更多的只是看到眼前的利益与困难，无暇顾及具有长期利益和长期效应的一些改革措施，尤其是那些既需要重大投入又影响到眼前利益的改革。

当前经济下行，许多企业面临生存困境，加之"智改数转"投入较大、回报周期较长，且存在不确定性；此外，中小企业多以利润为导向而忙于日常事务，对流程优化、管理升级、企业培训、人才支撑、信息化改造、设备和工艺改进等"智改数转"基础和铺垫性工作的重要性认识不足，前期准备工作不充分，参与主动性不强、积极性不高[1]。

在一些专业性较强的高成长企业中，采购、加工、生产仅在企业内部完成，对大数据、数字化普遍要求不高，与消费者距离较远，智改数转的外部倾向不明显，不易享有智改数转在消费端产生的好处，导致企业在大数据、智能自动化、物联网、数字营销、人工智能等智改数转发展方面存在较大的人才缺口[2]。同时，企业内部管理层以40岁以上人员为主，数字技术的发展对已经形成传统定式的这一群体来说有一定难度。对于智改数转的尝试，企业的转型方向与实施路径不明确同样也是企业不会转、不愿转的因素。以制造业的高成长企业为例，这类企业在生产过程中也未能形成统一标准且大部分企业的制造

---

[1] 王勇：《"十四五"时期中国产业升级的新机遇与新挑战：新结构经济学的视角》，《国际经济评论》2021年第1期。

[2] 黄亦薇：《中小制造企业"智改数转"过程中的问题与对策分析》，《中小企业管理与科技》2023年第2期。

设备自动化程度低，多数由员工完成，对于形成数字化上下游产业链来说难度较高，如果仅是企业内部"智改数转"将无法形成数字化转型优势。此外，高成长企业的智改数转人才需具备大数据与企业业务相关的双重专业知识，对人才的更高要求也是导致企业无法明晰转型方向与意义、转型路径模糊不清的原因。

（四）数据孤岛问题

数字经济成为拉动经济增长的重要动力，而数据作为数字经济发展的核心引擎，已经成为与土地、劳动力、资本、技术并列的新型生产要素。2020年，数据作为新型生产要素首次被写入政府文件，其后又陆续出台一系列发展规划和政策措施，推动数据要素化和数据要素市场建设，再到组建国家数据局，数据要素成为我国发展数字经济和建设数字中国的强大核心引擎。从数据应用的广度来看，《数字中国发展报告（2022年）》显示：2022年，我国数据产量达8.1ZB，同比增长22.7%，全球占比为10.5%，位居世界第二。大数据产业规模达1.57亿元，同比增长18%。从数据应用的深度来看，IDC的研究表明：企业数据量占据我国数据总量的70%，政府、媒体、专业服务、零售、医疗、金融等行业都成为数据应用的大行业。

高成长企业在智改数转过程中需要存储和处理大量的数据。如何有效挖掘这些数据的价值，转化为业务洞察和决策支持，是一个重大挑战。这不仅需要先进的技术和工具，也需要跨学科的专业知识和创新思维。同时，随着大量数据的产生和利用，数据安全成为企业数字化转型的重大挑战。保护企业和客户的敏感信息不受侵犯、遵守数据保护法规、防止数据泄露和滥用等是企业必须面对的问题。随着企业智改数转的推进，企业面临大量的数据流动和处理的问题。企业需要建立起完善的数据隐私和安全管理机制，采取必要的技术措施，确保数据的安全和合规性。同时，企业还需要加强员工的信息安全意识，减少数据泄露的风险。

综上所述，企业智改数转在带来机遇的同时，也带来了巨大的挑战。当工业化已经进入到人工智能、区块链、云计算、大数据等新技术成为驱动生产力的关键性生产要素的当下，智改数转就成为企业提升生产率和竞争力的必然选择。但因为发展的不平衡性，高成长企业不能不顾自身条件盲目地开展全方位、重量型的智改数转项目,而应该循序渐进地开展智改数转。企业需要面对挑战,把握机遇,加强技术和系统的升级,推动组织结构和文化的变革,加强数据隐私和安全管理。同时,企业也需要积极利用智改数转带来的机遇提高运营效率,创新商业模式,提升客户体验。只有在挑战与机遇的双重驱动下,企业逐步从低层次、小范围的智改数转到高层次、全方向和整个产业链的智改数转,最终才能实现智改数转的全覆盖。

# 第二章 高成长企业智改数转的理论基础

智改数转是高成长企业实现转型升级和高质量发展的重要手段，涉及外部环境、战略模式、组织结构和业务流程等多个方面，本章结合组织理论、领导理论、流程再造理论、变革管理理论及全生命周期理论等多个视角阐述高成长企业发展的基础理论，从技术、组织和环境三个维度分析高成长企业智改数转的机理，从可持续性评估、组织变革、数字技术、动态能力等维度阐述构建高成长企业智改数转评估体系的理论依据，为科学评价高成长企业智改数转提供理论支撑。

## 第一节 高成长企业发展相关理论

高成长企业通常被定义为成长速度超过平均成长速度，能带来高效益，具有高增值作用的企业①，在其成长和发展过程中受到企业自身组织、企业战略以及外部环境等多重因素的影响。高成长企业高质量发展可以从企业组织理论、领导理论、流程再造理论、变革管理理论等方面加以阐释。

### 一 企业组织理论

（一）古典组织理论

古典组织理论又称"传统的组织理论"，主要代表人物有弗雷德

---

① 郑琼洁、戴靓：《高成长企业网络发展的空间格局与演化特征——以江苏省为例》，《商业经济与管理》2022年第4期。

里克·泰勒（Fredrick W. Taylor）、亨利·法约尔（Henry Fayol）、马克斯·韦伯（Max Weber）等人，其中，泰勒被誉为"科学管理之父"，其组织理论对高成长企业发展具有重要的理论参考价值：第一，主张将计划职能与执行职能分开，单独设置管理部门执行计划职能，而作业部门从事执行职能并接受管理部门的控制和监督，这种职能的分离使高成长企业内部分工更加明确，进而提高管理效率和生产效率。第二，主张实行职能管理制。泰勒提出"职能工长"的设想，在职能管理机构内部实行专业化、标准化管理，这一制度确保了高成长企业每个员工能够得到及时的指导，每个工作环节都有专门的管理人员负责监督和改进。第三，提出例外原则。例外原则即上级管理人员将一般日常事务授权下级管理人员去处理，而自己仅保留对例外的、特殊的管理事务的决策权和监督权，这一原则有助于提升高成长企业运营的灵活性，确保管理者能将更多注意力集中在战略层面，更好地引导企业的发展。总之，泰勒的组织理论为高成长企业组织机构中职能部门的成立、管理者的职能分工以及组织的效率提升等提供了有益的启示。

　　亨利·法约尔提出的管理理论为高成长企业提供了重要的理论支撑，他立足于整个企业组织的高级管理层面，对企业全部活动进行组织设计，提出了管理具有计划、组织、指挥、协调和控制五个职能，为高成长企业提供了全面的管理框架。法约尔提出管理的十四项原则，主要包括劳动分工、权责相当、纪律严明、统一指挥、统一领导、个人利益服从集体利益、合理的报酬、集权、等级制度、秩序、公平、人员稳定、首创精神和团结精神，非常重视高层领导人的管理职能和管理能力，高成长企业在管理过程中可以参考这些实用的管理原则，维护组织的秩序和效率。此外，法约尔还提出了"法约尔桥"的设计思路，即通过一种"跳板"跳越指挥链，简单、高效地实现组织内部的横向联系，克服了由于贯彻命令统一性原则而产生的信息传递迟缓的问题，并改进了管理机构的组织形式，对于高成长企业而言，良好的组织结构有利于确保决策准确迅速、信息流通顺畅，助力企业成长。

　　马克斯·韦伯与弗雷德里克·泰勒、亨利·法约尔一并被称为古典管理理论的三位先驱,他在《社会和经济组织的理论》一书中提出的"理想的行政组织体系"为高成长企业组织管理提供了重要的理论参考:一是形成一个逐级分层的指挥系统,组织内的各种职务和岗位按照职权等级进行组织,且明文规定各人职责,这种管理模式下所建立的清晰的权力链条以及责任分配制度,有利于高成长企业迅速执行决策、有效完成任务。二是按照人事匹配的原则完成组织成员的任用,这可以帮助高成长企业吸引和留住技能型人才,并通过一系列激励制度激发员工工作积极性。三是组织成员必须严格遵守规章制度,以此实现组织的高度理性化,高成长企业制定并遵循标准化的规章制度有助于减少内部混乱,进而提高效率。此外,韦伯提出了纵向分工的分层结构模式。韦伯将行政组织体系分为主要负责人、行政人员和一般工作人员,分别履行作出决策、贯彻上级所作决策、从事实际业务的职责。总之,韦伯强调了系统的层级管理与理想的组织结构对企业发展的重要性,对高成长企业而言,这有助于高成长企业在规模扩张的过程中维持良好的秩序与运转效率,确保决策的执行力,以适应多变的市场环境。

(二)新古典组织理论

由于古典组织理论强调等级、命令和服从,忽略了人的因素和环境的作用,随着社会的发展,人的因素在组织管理中日益重要,新古典组织理论应运而生,该理论提供了一套更为灵活、更以人为本、更具战略导向的管理框架。新古典组织理论主要包括以埃尔顿·梅奥(Elton Mayo)为代表的人际关系组织理论,以切斯特·巴纳德(Chester Barnard)为代表的社会系统学派的组织理论和以赫伯特·西蒙(Herbert Simon)为代表的决策过程组织理论。

埃尔顿·梅奥是人际关系组织理论的代表人物,他认为影响企业生产效率的最重要的因素是工作中的人际关系,工人是"社会人"而非"经济人",即人们工作并不单纯出自追求的动机,还出自人与人之间安全感、归属感等社会、心理方面的需要,对高成长企业人事管理制度革新具有较强的启示。高成长企业在追求产出和效率的过程中,要注重关注员工的社会需求;企业中存在非正式组织,其中的成员存在共同遵循的观念、价值标准、行为准则和道德规范,管理者必须重视非正式组织的作用，高成长企业应该积极引导非正式组织发挥积极作用，促进团队合作和沟通，避免其可能带来的负面影响；新的领导能力在于提高工人的满意度，职工的满意度与工作效率正相关，高满意度来源于工人的物质需求和精神需求得到有效满足，这要求高成长企业管理者重视员工的个人需求，以此激发员工的积极性和创造力，在助力员工个人目标实现的同时，也推动企业目标的实现。

切斯特·巴纳德是社会系统学派的创始人，他将研究重点放在组织结构的逻辑分析上，提出了一套协作和组织的理论，其观点对高成长企业发展提供了理论参考：第一，组织是人与人的协作系统，他认为组织具有共同的目标、合作的意愿以及信息交流三个基本要素，对于高成长企业而言，这意味着必须建立一个高效的协作机制，确保成员朝着共同的目标努力。第二，管理者在协作系统中处于相互联系的中心，致力于获得有效协作所必需的协调，高成长企业的管理者需要有效地协调各部门之间以及员工之间的工作，以便企业能够在快速适应环境变化的过程中保持一致性和竞争力。第三，经理人员的作用是在正式组织中充当系统运转的中心，通过提供信息交流的体系、促成必要的个人努力以及提出和制定目标，协调组织成员的活动、指导组织运转并实现组织的目标，巴纳德的理论支撑帮助高成长企业管理者在快速变化的市场中引导企业实现稳定与可持续成长。

赫伯特·西蒙从行为科学的角度研究决策理论，将组织的研究焦点由对制度、法治等静态层面转向对决策过程的动态研究。主要观点包括：第一，组织是一个决策系统，有效的组织以正确的决策为基础，这意味着高成长企业需要建立一个支持良好决策的组织结构。第二，提出了组织影响论，认为影响决策行为的因素包括权威、培训、组织认同、信息沟通等。第三，提出了组织目标论，奉行满意的决策原则，高成长企业需要不断地评估和调整目标，以适应外部环境变化以及满足内部发展需求。第四，发展了巴纳德的组织平衡论，认为组织是有人组成的集体平衡，高成长企业在发展过程中，需要确保员工的回报收益，以维持员工的满意度和忠诚度。第五，提出了组织设计论，认为组织设计要有利于组织决策和决策所必需的信息传递、信息处理工作，高成长企业在设计组织结构时，需要考虑信息流通效率的提升以及决策权的分配，帮助企业在动态调整中实现灵活高效发展。

### （三）现代组织理论

新古典组织理论以古典组织理论为基础，从动态视角研究人的行为对组织的影响及相互关系，但片面地强调人的社会性因素，忽略了人的其他需求，忽视了组织的正式结构、法规及环境的作用。20世纪50年代以来，以经验主义学派的组织理论、系统权变组织理论、环境决定组织结构理论、新组织结构学派的组织理论等为代表的现代组织理论应运而生，将组织理论视角转向了组织与外部环境组成的生态系统，为高成长企业提供了丰富的理论支撑，帮助企业在快速变化的商业环境中作出适应性调整。

经验主义学派以总结企业管理的实践经验为主要任务，主要代表人物有彼得·德鲁克（Peter F. Drucker）、欧内斯特·戴尔（Ernest Dale）、艾尔弗雷德·斯隆（Alfred P. Sloan）等，为高成长企业发展提供了一系列理论支撑：第一，组织结构可分为集权的职能制结构、分权的联邦式结构、模拟性分权结构、矩阵结构以及系统结构五种基本类型。第二，提出了目标管理方法，强调由上下级共同制定组织整体目标的重要性，在目标实现过程中，注重实现自我控制，将考核和奖惩与目标的实现程度联系起来，从而满足组织和个人的需要，高成长企业可以采取目标管理方法确保员工的工作目标与企业整体战略相匹配，从而提高员工的执行力。第三，提出了战略决定结构的观点，主张有关结构的任何工作都应从目标和战略出发，高成长企业需要结合长期目标和短期目标，定期审视和调整其结构，这一理论为高成长企业提供了如何提高组织效能和生产力的指导。第四，提出了组织设计的七条原则，分别是明确性、经济性、远景方向、理解本身的任务和其目的的任务、决策的科学性、永存性和自我更新，高成长企业在设计组织结构时，应当遵循以上原则确保组织的有效运行。

系统权变组织理论出现于20世纪60年代初，为高成长企业提供了一套灵活适应外部环境变化的理论支撑，主要代表人物有弗里蒙特·卡斯特（Fremont E. Kast）、詹姆斯·罗森茨韦克（James E. Rosenzwig）等，他们将组织看作一个开放、动态的社会技术系统，认为管理者必须根据情况的变化不断调整组织结构。卡斯特和罗森茨韦克指出，组织系统需要持续的投入、转换和产出循环，通过从环境中输入人、财、物、信息等资源，经过生产过程的转换，企业将这些投入转化为产品或服务输出到社会环境中，企业组织作为开放系统处于其环境的持续性相互作用中，并达到动态平衡。该理论强调管理中要根据组织所处的内外部条件寻求最合适的管理模式，对高成长企业来说，需要根据市场条件、技术变革、组织目标、产品特性等因素不断调整组织结构，这种灵活性能够提高企业决策速度和市场响应能力。

此外，部分学者从社会学视角对企业组织结构理论加以延伸和拓展，主要包括以迈耶尔（Meyer）为代表的制度组织理论，以汉南（Hannan）为代表的总体生态组织理论和以阿尔瑞契（Arrich）为代表的资源依赖组织理论等，以上理论一致认为，组织环境是组织结构的主要决定力量，而不是管理者主导了整个组织结构的变革。制度组织理论的核心观点是用组织的社会背景和制度环境的同态性来解释组织结构的变化；总体生态组织理论的核心观点是选择那些引起与环境有良好适应关系的组织形式，淘汰那些与环境没有良好适应关系或适应性程度较低的组织形式；资源依赖组织理论认为组织对外部环境有依赖性，因而力求通过一定的战略选择去控制这些资源。因此，高成长企业在生产经营过程中，需要提高对外部环境变化的敏感性，面对竞争激烈和需求多变的市场，高成长企业采用灵活多变的组织形式和决策结构，可以使企业获得更多的信息，更好地捕捉市场机会和应对挑战。

新组织结构学派全面吸收了各个学派关于组织结构各方面的学说和主要成果，主要代表人物是加拿大组织学家亨利·明茨伯格（Henry Mintzberg），主要观点有：第一，提出了组织结构的五种协调方式，分别是相互调整方式、直接监督方式、工作过程标准化方式、工作成果标准化方式、工作技能标准化方式，在较大规模的企业中，五种协调机制并存。第二，提出了组织结构具有工作核心层、战略高层、直线中层、技术专家、辅助人员五个基本构成部分，五部分在组织中所占的地位、比重和组合方式会因整体环境、组织战略和技术水平的不同而不同。第三，提出了组织结构的五种流程系统，即正式的权力系统、规章制度流程系统、非正式沟通的流程系统、工作群体流程系统、特殊决策流程系统，五种流程系统并存，表明组织结构是一个复杂的、动态的有机体。第四，提出了组织结构具有简单结构、机械性行政结构、职业性行政结构、分布式结构以及特别小组五种类型，管理者可以通过设计适合所处环境的正确的结构配置来实施战略，为高成长企业提供了新的组织模式。

（四）其他组织理论

20世纪80年代以来，随着信息革命、知识经济时代进程的加快，传统的组织模式越来越不能适应环境的变化，企业组织如何适应新的知识经济环境、增强自身竞争能力，成为实践和理论研究的焦点，信息加工理论、学习型组织理论等一系列组织理论在此大背景下应运而生，为高成长企业在组织设计和管理实践中提供了理论基础。

信息加工理论是基于认知心理学产生的，重点关注环境的不确定性，为高成长企业提供了一套优化组织内部信息处理过程的框架。第一，组织是开放的系统，面临的是外部环境及内部工作相关任务的不确定性；第二，组织是信息加工的系统，强调了信息的重要性，高成长企业可以通过建立高效的信息系统和数据分析工具，确保企业在面临关键决策时，管理层能够接触到及时、准确的信息，并具备处理信息的能力；第三，强调组织中亚单元和组织各部门的重要性。组织亚单元的任务随着不确定程度的不同而不同，企业对更大信息量、信息加工能力的需求会随着工作不确定性的增长而增长，不同的组织结构有着不同的有效信息加工的能力，如果组织的信息加工能力与信息加工对组织的要求二者之间能够很好地匹配，则一个组织就能更有效地工作，这要求高成长企业建立有效的组织记忆系统，确保重要的信息可以被存储并在未来被有效利用。

学习型组织理论是以彼得·圣吉（Peter M. Senger）为代表的西方学者提出来的。所谓学习型组织，即要排除个人及群体学习的障碍，对管理方法、管理理念进行革新的组织。彼得·圣吉认为，企业要想在知识经济背景下取得持续性发展，必须增强企业各阶层人员的整体能力、提升整体素质，进而创建学习型组织。创建学习型组织需要具有系统思考、自我超越、分享愿景、团队学习、心智模式五个条件，其中系统思考是在学习和转化过程中最关键的手段，高成长企业需要建立学习文化，多途径鼓励员工通过不断学习新技能和新知识，在产品生产和服务上进行创新，以提升企业的整体工作效率和创新能力。

**二 领导理论**

领导理论的核心是研究影响领导有效性的因素以及如何提高领导的有效性，为高成长企业提供了丰富的理论基础。对不同的管理学学者来说，领导有不同的含义，彼得·德鲁克（Peter F. Drucker）在1954年提出管理具有计划、组织、领导、控制四大职能，其中，领导被定义为一种管理活动，指的是管理者通过指导、激励、带领等方式对下属的思想和行为施加影响，从而努力达到组织目标的过程，是有效管理工作中必不可少的一个环节。有关领导的理论很多，大致有四种理论学派：传统的特质理论和行为理论、近期的权变理论以及当前的领导风格理论。

领导特质理论的相关研究者主要分析优秀领导者的特质，其核心观点认为领导的能力是天生的。美国管理学家艾德文·齐赛利（Edwin E. Ghiselli）提出了5种领导激励和8种领导特质，其中，5种激励特征为对工作稳定的需求、对指挥别人权力的需求、对自我实现的需求、对金钱奖励的需求、对事业成就的需求；8种领导特质包括聪明才智、首创精神、督察能力、自信心、决断力、适应力、性别以及成熟程度，但吉布（Gibb）认为优秀的领导者应该具有7种特质，分别是能言善辩、外表英俊、智力高超、充满自信、心理健康、支配趋向、外向敏感。斯托格迪尔（R. M. Stogdill）把领导特质归纳为身体性特征、社会背景性特征、智力性特征、个性特征、与工作有关的特征以及社交性特征六类。对高成长企业而言，领导特质理论强调要结合个人特质选拔和培养领导者，确保其具备推动企业发展的基本素质。领导行为理论集中研究领导的工作作风以及领导行为对领导有效性的影响，主要包括领导四分图理论、管理方格理论、领导连续统一体理论等，这些理论主要是从对人的关注和对生产的关心两个维度，以及上级的控制和下属参与的角度对领导行为进行分类，在确定领导行为类型和群体工作绩效之间的一致性关系上取得了成功，但仍缺乏对影响成功与失败的情境因素的考虑。根据领导行为理论，高成长企业的领导者应当根据组织和员工的具体需求不断调整自己的领导行为，以提高员工的工作满意度和工作效率。随后出现的领导权变理论弥补了领导特质理论和领导行为理论的缺陷，在研究领导与绩效的关系时，将任务结构、领导权威、领导成员关系等情境因素考虑在内。领导权变理论认为，企业应该根据组织的近远期目标以及当时的条件，采取依势而行的管理方式，保持对环境的最佳适应，这要求高成长企业领导者需要根据多变的环境，灵活地调整领导策略，以适应外部挑战和内部需求。领导风格理论认为当前存在变革型领导、服务型领导、交易型领导等不同的领导风格，对团队成员的工作绩效和工作满意度存在不同的影响，而高成长企业领导者可以从多种领导风格中获得启示，通过建立信任、鼓励员工发展等方式激发员工潜能，推动企业成长。

### 三　流程再造理论

所谓流程，即企业整体运行的工作步骤和操作系统，企业所有的经营管理及业务活动都是由各种流程组成的，流程能够帮助企业管理者对企业管理制度在操作层面上进行细化和行为引导，还可以描述相关部门和角色的权力和职责。随着人们受教育水平的日益提高，信息技术在企业管理中的地位愈加重要，以往的企业组织越来越不能适应日益激烈的竞争环境。因此，20世纪80年代起，企业为适应内外部环境的变化、提升企业竞争力，各国企业经历着前所未有的变革，企业业务流程再造得到了学术界和企业界的广泛关注。企业业务流程再造理论是由迈克尔·哈默（Michael Hammer）和詹姆斯·钱皮（James Champy）提出的。该理论认为，现代企业面对激烈的竞争，要想提高企业运营状况和效率，迫切需要一场革命回应生存和发展的挑战；业务流程重组是企业再造的首要任务，也是企业重新获得竞争优势和生存活力的有效途径；业务流程再造建立在现代信息技术与高素质人才的基础之上。该理论将流程再造定义为：对企业现有业务流程进行根本性的重新思考，对其进行彻底性改变并设计出新的业务流程，以期在业绩上取得显著性的成就。由于再造的对象是业务流程，流程再造又被称为业务流程再造,即按照顾客要求投入原材料,生产出对顾客有价值的产品及服务的一系列关联活动的总称。

流程再造理论为高成长企业提供了重要理论支撑。首先,体现在信息技术的利用。根据业务流程再造的一系列原则,企业在进行业务流程再造时,不仅应该以人为本、统一指挥,以流程为基本改造对象,确定切实可行的目标,还应该重视信息技术在流程重组中的应用。信息技术的应用是业务流程再造的一个关键手段,构建一个适应网络环境的新型流程是其最终目标,这是因为信息技术的应用能够减少作业流程的步骤并有利于企业内部横向和纵向的沟通和协调;只有充分利用现代化信息技术,才能实现信息的连续传输,消除信息重复录入和处理等无效劳动,从而更好地实现信息共享机制,以保证业务流程再造的项目得以顺利实施。高成长企业可以利用云计算、大数据分析、人工智能等先进的信息技术,开发和利用信息系统,实现企业内部与外部客户之间以及企业内部之间的高效沟通,进而实现流程优化,提高决策质量和市场响应速度。其次,体现在业务流程的彻底性再设计。企业流程再造强调通过重新设计业务流程,建立一个扁平化、富有弹性的组织,企业的组织形式以"流程导向型"替代了传统劳动分工理论思维的"职能导向型"。在流程导向型组织中,整个企业的运营流程是人们关注的焦点,运营流程与客户的需求密切相关,并通过流程把终端客户的信息差异传递给流程上的每一个环节和岗位,使每个流程都有自己的直接客户。高成长企业在发展的过程中,可以通过对业务流程的彻底性改革,淘汰低效或过时的流程,以此降低生产成本、提高市场竞争力。总之,流程再造理论有助于高成长企业消除流程中遇到的瓶颈,实现业务流程的优化与创新,基于流程的组织设计相较于传统的职能组织结构在效率性、应变性、整体性以及协作性等方面均实现了超越,有利于高成长企业保持良好的发展势头。

## 四 变革管理理论

变革管理是企业变革的核心,决定着管理变革的成败,为高成长企业提供了系统的管理方法和框架,助力企业成长。变革管理是指,当组织成长迟缓、内部产生不良问题、无法适应经营环境变化时，企业必须实施组织变革策略，将内部层级、工作流程以及企业文化进行必要的调整和改善管理，以应对变化进而实现企业的顺利转型。变革管理的对象涉及管理层、基层员工、产品、服务及与之相关的流程，由于扁平化的组织结构拥有较短的权力距离，因此变革管理在扁平化的组织结构中能够得以更有效地实施。

企业变革管理的模式是动态的，分为 PDCA 模式、BPR 模式以及价值链模式三种。其中，PDCA 模式包含计划、执行、检查、行动四个循环往复的过程；BPR 模式是指企业为降低成本、提高产品质量和服务水平，以应对激烈的市场竞争、满足客户的需求而必须采用流程再造的模式；价值链模式是指企业将研发、采购、生产、营销、服务等活动相互链接，形成一个不断改进、动态连续为企业创造效益的业务活动链，该模式提高了企业的整体竞争力。

在变革管理中，需要关注以下原则：一是制定清晰明确的愿景和目标，增强组织成员对变革方向的理解和支持，使得责任职权更加明确。二是开展及时、持续且有效的沟通，建立良好的信息传递机制，激发组织成员的积极性和创造力。三是做好风险管理和控制，管理者可以依赖实时收集到的数据信息和可靠的决策流程，识别和评估变革过程中可能会出现的风险，并采取相应的措施进行管理和控制。四是高效整合和优化资源配置，提高资源的利用效率和效益。

变革管理涉及战略、结构、技术、流程、企业文化变革等多个方面，为高成长企业管理提供了理论参考。第一，战略变革即转变企业经营和长期发展的战略和目标，是企业变革管理的核心，企业的战略变革往往具有创新性和革命性，高成长企业需要结合市场和技术的变化，不断调整和更新战略，以保持竞争力。第二，结构变革大多是由企业内部环境和外部环境引起的，金字塔式组织结构向扁平式的转变，可以使企业更有效地进行目标和绩效管理，高成长企业在扩大业务的过程中面临新的业务需求和市场环境，需要调整其组织结构，确保信息流通和决策效率。第三，技术变革包括生产技术和管理技术的变革，高成长企业通过不断研发新的技术和产品获取竞争优势，促进企业转型。第四,流程变革是指企业改变以往的单渠道流程,转为交互式多渠道流程,这种交互式多渠道流程能够使企业各个管理层级之间有效完成双向沟通,更好地应对改革。第五,企业文化是一个企业由其价值观、信念、习俗仪式、处事方式和企业环境组成的特有的文化形象,企业文化变革的核心是引导全体成员建立新的价值观,增强自身效率和团队精神建设,促进企业成功变革,高成长企业在成长过程中需要培养一种鼓励创新、支持变革的企业文化,以提升员工的参与感和工作积极性,促进企业实现持续性发展。

**五 全生命周期理论**

企业全生命周期理论为高成长企业提供了规划企业发展阶段的框架,帮助企业识别和应对不同成长阶段可能遇到的机遇和挑战。企业生命周期理论由美国管理学家伊查克·爱迪思(Ichak Adizes)创立,是管理领域的重要理论之一,用以描述企业自成立以来经历的不同发展阶段。它根据企业在市场上的不同阶段的表现和经济情况,指导企业制定适宜的管理策略,以应对各个阶段的挑战和机遇。企业生命周期经历成长、稳定、成熟和衰退等过程,主要可以分为四个阶段。首先经历创业期,即企业成立后的首个阶段,在这个阶段中,企业面临有限的资源、充满不确定性的市场环境以及产品研发等各种挑战。此时的企业管理者需要应对复杂的外部环境,积极开发产品、建立品牌、开拓市场。其次,企业进入成长期,在此阶段企业已经积累了一定的资源,市场份额在逐渐扩大,企业为提高生产能力、占据新的市场领域,因而面临的竞争也更加激烈,此时企业需要优化内部管理,提高生产效率,实现自身的可持续性发展。再次,企业进入成熟期,企业在市场上能够稳定性占有一定的市场份额,拥有了稳定的客户群体,市场竞争趋于稳定,需要寻找产品品牌建设、产品质量提升等新的增长点。最后,企业进入衰退期,随着市场环境的变化,企业的资金、技术、人才等方面压力加剧,无法应对激烈的市场竞争,企业可能面临业绩下滑、市场份额减少等挑战,企业需要考虑加强产品创新、合并收购等方式应对衰退。高成长企业可以根据全生命周期理论,合理配置资源,调整组织结构，从而作出更合理的战略规划和管理决策，实现稳定和可持续性发展。

综上可知，传统理论强调在内外部环境动态演变下企业如何通过变革自身组织结构、强化有效管理、优化流程再造以及增强可持续性等方面构建竞争优势、推进质量效益提升。高成长企业是众多企业的代表，与其他企业类似，在其成长和发展中同样面临内外部多种环境因素的叠加影响，并且通过不断创新企业内部系统组织功能，实现企业规模扩大和组织管理结构的改善。因此，上述理论对高成长企业的可持续发展仍然具有较强的理论借鉴和适用性。

## 第二节 高成长企业智改数转的机理研究

高成长型企业具备发展速度快、经济效益高、价值增值能力强等特征，是推动当代生产领域变革并处于科技前沿的企业。高成长企业智改数转包含外部环境、组织结构、战略模式等多方位复杂互动产生的系统性变革，贯穿于企业研发、生产、运输、营销等全过程。为此，本节从技术、组织与环境三个维度剖析驱动高成长企业智改数转的机理。

### 一 技术维度

当前，我国高成长企业在关键领域仍然面临"卡脖子"困境，亟待企业提高技术创新能力。企业技术创新是潜在收益与潜在风险并存的活动，企业受制于自身技术装备水平以及科研力量水平，无法准确预测创新技术的成果和投入市场的反馈，因而存在技术风险，制约企业发展与进步。在全球新一轮科技革命的驱动下，以大数据、云计算、物联网等为代表的数字技术迎来了蓬勃发展期。数字技术是企业的独特性资源[①]，企业在推进智改数转的过程中，通过实现关键核心技术的突破与创新，驱动企业经营方式的转型升级，为高成长企业发

---

① 刘志阳等：《数字创新创业：研究新范式与新进展》，《研究与发展管理》2021年第33卷第1期。

展注入强大动能。主要体现在以下几个方面：

首先，智改数转助力企业技能型人才的培育。数字经济的发展必然导致劳动力结构的变化[1]，高成长企业所拥有的高增值能力的特点，在经营发展过程中需要投入大量的高技能人才。高成长企业推动智改数转能够促进高技能劳动力人力资本积累，促进劳动力结构优化。这是因为，高成长企业对科研人员、设计工作者等高技能、高素质人才具有较大需求，促使传统劳动力向高技能劳动力转变，促进高技能劳动力从传统产业流向数字产业，同时，有利于将外界先进的知识与技术引入企业，提高企业数据要素资源的利用效率，优化生产资源配置，成为推进企业技术变革的重要着力点，实现智改数转的长效性与持久性。

其次，智改数转助力企业创新能力提升。在智改数转的赋能下，数字化技术凭借其高效的数据信息传递及处理能力不断提升企业创新水平：一方面，数字技术能够降低企业研发成本，提升企业数字创新能力。数字专利是高成长企业数字创新能力的直接体现，能够降低数字投入与产出匹配不足的风险[2]，在智改数转过程中，企业数字技术专利、智能化改造能力得以迅速提升，有利于推进高成长企业实现技术变革，增强企业整体创新能力。另一方面，数字技术为创新要素流动提供良好的条件，从而有利于创新效率提升。数字技术能够打破企业间的"信息孤岛"壁垒，促进创新知识整合，提升企业创新效率[3]。

最后，智改数转促进企业技术交流与合作。创新主体与外界的交流频率与创新水平的提升具有显著的正向关系，利用数字技术搭建数字化平台，能够降低企业获取知识的成本，增强企业与外界的交流频率，打破要素流动的时空约束，实现高效率的信息传递。同时，企业

---

[1] 官华平等：《数字化转型对劳动力技能结构升级的影响研究——基于上市公司数据的文本分析》，《西北人口》2023年第4期。

[2] 吴非等：《企业数字化转型与资本市场表现——来自股票流动性的经验证据》，《管理世界》2021年第7期。

[3] 杨德明、刘泳文：《"互联网+"为什么加出了业绩》，《中国工业经济》2018年第5期。

之间利用数字技术实现对关键技术的联合研发，能够为企业转型升级带来新的动力，助力企业实现高质量发展。

## 二 组织维度

智改数转作为一个系统工程，激励企业打造跨界融合、共享生态的组织模式，从而促进高成长企业商业模式以及业务模式变革。在市场经济条件下，企业普遍存在技术创新与组织发展失衡的问题，仅仅依靠技术创新不能确保其在市场中的竞争地位，因而需要利用智改数转的赋能效应推动组织创新与技术创新的匹配发展，并根据市场需求推进内部组织变革、商业模式变革以及业务模式变革。

首先，智改数转能够促进企业内部组织变革。智能化改造和数字化转型对高成长企业而言，不仅是技术层面的升级，更是一场深刻的内部组织变革。智改数转一方面鼓励企业采用更加灵活的组织结构，以适应复杂多变的市场环境，从传统的层级结构转变为扁平化、网络化的组织结构；该结构减少了中间管理层，有助于提高企业的灵活性和决策的效率。另一方面，数字化转型打破了部门间的信息壁垒，提高了信息的流通速度和透明度，促进了跨部门的沟通和协作，实现资源共享和知识交流，从而优化组织结构。此外，智改数转能够通过培育创新型组织文化，鼓励员工不断创新工作方式，推动组织结构的持续优化。

其次，智改数转促使企业以消费者需求为中心推进商业模式变革。传统企业重视生产环节忽略服务环节，注重商品的实用性但忽视了商业模式革新，而在智改数转的赋能作用下，高成长企业能够利用互联网、人工智能等数字技术，及时了解市场供求状况和客户需求，将客户需求快速转移到生产过程，重新定义其产品和服务，对产品实时更新，从而提升产品质量和促进新产品研发，创造出新的收入来源。同时，对部门设置、资金分配、人员管理等多方面进行调整与变革，与客户和供应商建立更紧密的关系，更好地满足客户个性化需求并推动企业商业模式变革。

最后，智改数转促进企业以高效管理为目标推进业务模式变革。在数字经济时代，高成长企业引入自动化和机器学习等创新型技术，利用大数据分析提高运营效率，根据内外部需求优化生产线作业流程，建立智能化生产系统，打造柔性的组织模式和数字化时代智能制造新生产模式，使企业与外部供应商、金融机构等其他业务伙伴建立通畅边界的网络关系[①]，从而实现企业内部横向和纵向的沟通与协调，提高产品和服务的质量。数字化时代的变革是端对端、跨职能和跨部门的变革，业务模式变革能够跨越时间以及空间的限制，联动上下游资源，打破信息传递迟缓问题，促进高成长企业形成内部优势，实现持续创新发展。

### 三 环境维度

环境变化对企业的未来发展存在直接效应[②]，智改数转所形成的数字环境为高成长企业数字化转型提供了良好的数字基础和数字活力，能够为高成长企业提供更优质的资源和服务，激发企业调整生产经营战略，以更好地适应复杂的外部环境。

第一，智改数转促进高成长企业加大数智化改造，提升信息化水平。高成长企业通过加大对互联网等数字基础设施投入，能够将大量企业以及用户的信息进行整合，使实时信息的获取更加便捷，促进企业内部与外部信息的高效互动，极大降低了信息搜寻成本以及沟通成本，有利于企业缓解信息不对称问题，提升信息化水平及管理者的决策水平。同时，高成长企业利用智改数转契机构建的数字化平台拥有强大的数据分析能力，能够促进企业间信息高效交换，从而能够促进企业生产效率提升。

第二，智改数转促进高成长企业构建数字生态，优化资源配置。与传统环境不同，数字经济环境下企业呈现出跨界融合、共享生态等新特征，对供需关系提出了新要求，企业在资源利用时必须考虑如何提升资源配置效率。智改数转能够带动物流、人流、信息流的高效运转，将数据要素融入企业生产要素组合配置过程中，促进企业内部与

---

① 黄亦薇：《传统制造企业"智改数转"的要素与路径探究》，《中小企业管理与科技》2023年第13期。

② 陈冬梅等：《数字化与战略管理理论——回顾、挑战与展望》，《管理世界》2020年第5期。

外部的资源整合，数字资源的组合可以为形成即时合作关系的企业主体提供精准高效的资源配置[①]。

第三，智改数转促进高成长企业及时掌握市场动态，增强风险防范能力。智改数转赋能下的企业能够更好地做好风险管理及控制，管理者依赖实时收集到的数据以及可靠的决策流程，利用数字化转型的新动能能够提前把握市场动态，更好地感知外部环境，识别变革过程中的风险，采取措施进行管理和控制，提高企业的响应能力和决策能力。构筑数字化平台获取环境信息、捕捉市场需求变化，更全面、更高效地帮助企业识别市场形势变化、政府政策导向以及技术创新的迭代升级[②]。

综上分析，基于技术、组织、环境三个维度，智改数转促进高成长企业发展的机理具体如图2.1所示。

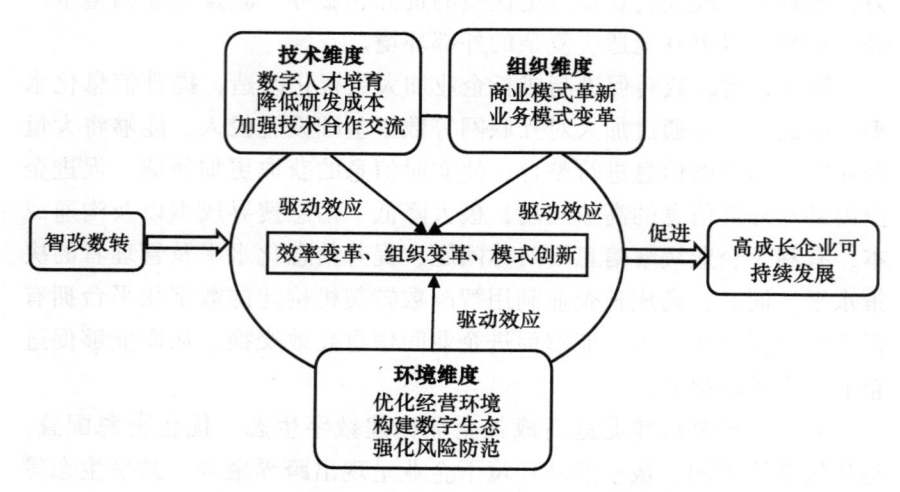

图 2.1　智改数转促进高成长企业发展的机理

---

[①] 孙新波等：《工业互联网平台赋能促进数据化商业生态系统构建机理案例研究》，《管理评论》2022年第1期。

[②] 赵丽锦等：《"智改数转"引领制造业价值转型：驱动机制与实现路径》，《财会月刊》2023年第9期。

## 第三节 构建高成长企业智改数转评估体系的理论基础

现有研究从不同角度对企业数字化转型作了探索性研究,并尝试构建指标体系刻画企业数字化转型程度。智改数转是企业数字化转型的重要内容,本节从可持续性评估、组织变革、数字技术、动态能力等维度阐述高成长企业智改数转的评估理论依据,为下文构建高成长企业智改数转的"五力模型"评价体系提供理论支撑。

### 一 可持续性评估视角

随着社会经济可持续发展理论的兴起,如何实现企业可持续性发展成为众多学者关注的问题。世界可持续性发展工商理事会将"可持续性"定义为"满足人们今天的需求而不损害人们未来满足其需求的能力",可持续性发展也是企业提高自身竞争优势的重要参考。基于企业视角,可持续性被定义为一家公司通过将经济的、环境的和社会的机遇整合到公司战略中以实现公司目标并为股东增加长期价值的能力[1],不仅可以提高企业生产效率、降低生产成本,还可以降低对外部环境的负面影响[2],助力实现碳达峰碳中和目标。王柯懿等从平台营收、应用效能和成果转化三个维度选取恰当指标构建可持续发展能力指标体系,对工业互联网平台赋能制造业数字化转型的可持续性发展能力进行了研究。[3]

可见,可持续性能综合反映了企业的经济能力、科技创新、环境效益以及社会责任等多方面因素,同样也是高成长企业高质量发展的重要内容。从可持续性维度对高成长企业智改数转进行评估,不仅有

---

[1] Garber K., "Not in the Business of Hurting the Planet", *U. S. News & World Report*, 2009 (10): 63.

[2] 张旭刚等:《数据驱动的制造业可持续性评估》,《计算机集成制造系统》2022年第8期。

[3] 王柯懿等:《工业互联网平台赋能制造业数字化转型能力评价体系研究》,《制造业自动化》2021年第12期。

利于帮助企业识别生产经营活动的影响因素，还能够实现对获取规模经济和范围经济目标的追求。

### 二 组织变革视角

当前顾客需求不断变化、产品市场日新月异，对企业的市场感应力及反应速度提出更高的要求，智改数转的便捷性特点能够加速推进企业组织变革与调整。首先，对高成长企业智改数转的评估不能忽视组织架构的作用。良好的组织架构能够高效统筹协调企业制度及战略，协助企业开展创新活动，而数字经济时代扁平的组织结构能够降低信息传递过程中的扭曲程度，促进企业间信息传递。陈畴镛和许敬涵选取数字化部门领导者地位和企业管理层级数量作为组织架构的主要评价指标，研究发现数字化部门领导者的企业地位与数字化推进程度呈正相关关系，企业管理层数量越少，越能够降低企业内部信息壁垒，提升组织整体效率。其次，劳动力结构变革同样是企业组织变革的重要内容，主要体现在企业对数字化人才的需求，良好的数字化人才队伍能够助力企业快速掌握数字化技术，提高数字化资源的利用率。陈畴镛和许敬涵选取数字化人才比重、数字化技能员工覆盖率和初级数字化技能人才培训支出作为数字化人才的主要评价指标，分别用以反映企业数字化转型在人才资源方面的软实力情况、企业员工对数字化技术的应用情况[①]。

在智改数转背景下，高成长企业组织结构呈现扁平化和网络化态势，在构建评估指标时，需要考虑组织变革因素对智改数转的潜在作用，从而有利于打破传统企业组织管理模式下的路径依赖，激发高成长企业发展潜力。

### 三 数字技术视角

近年来，以 5G、大数据、互联网等为代表的信息技术蓬勃发展，使企业构建网络、通信设备等基础设施体系成为可能，促进企

---

① 陈畴镛、许敬涵：《制造企业数字化转型能力评价体系及应用》，《科技管理研究》2020 年第 11 期。

业开展创新研发活动、提供创新型产品与服务,助力企业探索新的市场机遇。现有文献大多选取数字化基础设施、数字化研发以及数字化投入等指标对数字化转型指标体系的技术层面指标进行探究。一是数字化基础设施指标体系构建。数字化基础设施是企业应用数字技术的前提和保障,刘洋等认为数字基础设施不仅包括计算机等硬件设施,还包括云计算、物联网等数字技术及其相关的软件。汪洋等基于企业云平台、数据库建设、网络建设、数据安全管理以及设备智能化五个维度构建数字化基础设施指标[①]。二是数字化研发指标体系的构建。付学超以企业当期研发投入金额占当期营业收入总额的比重来衡量企业的研发投入水平[②]。陈旭升等从研发人员投入和研发经费投入两个方面测算研发投入水平,其中,用 R&D 人员全时当量与企业个数的比值衡量研发人员投入,用对 R&D 经费内部投入与企业个数的比值取对数衡量研发经费投入[③]。三是数字化投入指标体系的构建。祁怀锦等的研究发现,可以使用企业财务报告附注中无形资产所列数字化相关的明细项占无形资产总额的比重来表示企业数字化投入水平[④]。

与传统企业相比,高成长企业更加注重质量、效率、创新力和竞争力的提升,利用数字化、智能化技术对生产过程、产品形态、商业模式、组织结构等进行深度革新是推动高成长企业高质量发展的关键,因此数字化投入及数字技术应用情况是评估高成长企业智改数转的一项重要内容。

### 四 动态能力视角

动态能力是指企业在运营和发展过程中通过对内外资源的整合与重构进而提高适应外部环境的能力,强调企业如何在复杂的外部环境

---

[①] 汪洋等:《企业数字化转型指标体系研究》,《质量与认证》2022 年第 1 期。
[②] 付学超、赵若瑜:《研发投入、公司治理与企业数字化转型》,《财经理论研究》2023 年第 4 期。
[③] 陈旭升等:《数字化融合赋能制造业技术创新——基于电子信息制造业的实证分析》,《科技和产业》2024 年第 1 期。
[④] 祁怀锦等:《数字经济对公司治理的影响——基于信息不对称和管理者非理性行为视角》,《改革》2020 年第 4 期。

中持续保持竞争优势①。孟韬等研究表明，企业数字化转型与动态能力差异存在显著正向关系②。当前关于动态能力的划分维度尚未达成统一共识，部分学者将动态能力划分为环境感知适应能力、资源整合重构能力以及组织学习的吸收能力等。其中，环境感知适应能力反映了企业对环境和市场的反应速度。数字化转型下云计算、大数据等数字技术的应用，使企业能够更高效地获取市场信息，帮助企业动态调整战略目标与策略，适应快速变化的市场环境。资源整合重构能力强调通过对内外部资源的整合优化资源配置，打破传统模式下的路径依赖，提高企业资源利用效率。在数字经济时代，数据成为重要的生产要素，企业数字化转型水平越高，其资源要素数据化的程度就越高，从而为数据要素资源整合提供了可能性，并且也能够促进企业生产和经营效率提升。组织学习的吸纳能力反映了企业对新知识、新技术和信息的处理和接受能力，数字化平台的搭建为企业与企业间的信息交流与合作搭建桥梁，加快了隐性知识的传播、共享与创新性转化，驱动着企业动态能力的提升，有利于企业增强竞争优势，更好地适应外部环境。因此，对高成长企业智改数转的评估必须考虑动态能力因素的影响。

综上分析，传统的企业发展理论以及对企业可持续发展评估的相关理论体系为科学剖析高成长企业高质量发展提供了丰富且坚实的理论基础。在我国经济正向高质量发展的转轨进程中，高成长企业凭借其专业领域新、创新能力强、发展潜力大、成长速度快的特点，正成为我国培育新经济增长点和激发区域创新动能的中坚力量。在面临多重因素、市场竞争激烈以及新一轮信息技术革命等背景下，以互联网为代表的数字技术对传统企业组织理论提出了新的挑战，亟须突破性发展。作为我国新兴中小企业的典型代表，高成长企业对我国经济转型升级具有重要推动作用，利用数字化、智能化技术重构制造、管理、创新和业务流程，优化和整合内外部资源配置，不仅有利于企业

---

① Teece D. J., Pisano G., Shuen A., "Dynamic capabilities and strategy management", *Strategy Management Journal*, Vol. 18, No. 7, 1997, p. 509.
② 孟韬等：《企业数字化转型、动态能力与商业模式调适》，《经济与管理》2021年第4期。

自身组织管理效率大幅度提升,还能够降低企业交易成本,增强市场竞争优势。因此,智改数转不仅是企业转型升级的关键动力,还是对传统企业组织理论的重塑和创新,对高成长企业可持续发展具有重要作用。

# 第三章 高成长企业智改数转的"五力模型"构建

高成长企业是现代产业发展的"领跑者",是新经济发展的"生力军",已成为推动区域经济高质量发展的重要力量。一个地区的高成长企业数量越多,就表明这一地区的创新活力越强、发展潜力越大。近年来,随着大数据、云计算、人工智能的发展,为维持高速发展及高增值能力需要,高成长企业更应率先垂范,顺应时代发展潮流,积极进行智改数转,智改数转已成为高成长企业生存和发展的必修课。那么,高成长企业智改数转的内涵特征与动力机制是什么?在此过程中,个人、企业、政府等各方主体可以做什么工作?我们应当怎样更好地促进高成长企业智改数转?基于此,我们有必要去构建相应的指标体系,从实践层面对其进行应用和验证。

## 第一节 "五力模型"构建原则

基于高成长企业智改数转的内涵特征与动力机制,本研究构建相应评价指标理论体系,既能够从理论层面衡量高成长企业智改数转的进程和效果,也能够从实践层面对其进行应用和验证。在进行智改数转的指标体系构建时,一般采用多指标法,理论层面有从生产层面与组织层面的考量,也有从技术变革、组织变革和管理变革角度进行分析。

本章从"数字理念贯彻力、数字要素整合力、数字技术支撑力、数字系统集成力和数字场景应用力"五个维度对高成长企业智改数转进行了深入的探讨,构建了一个科学的评价体系。这五个维

## 第三章 高成长企业智改数转的"五力模型"构建

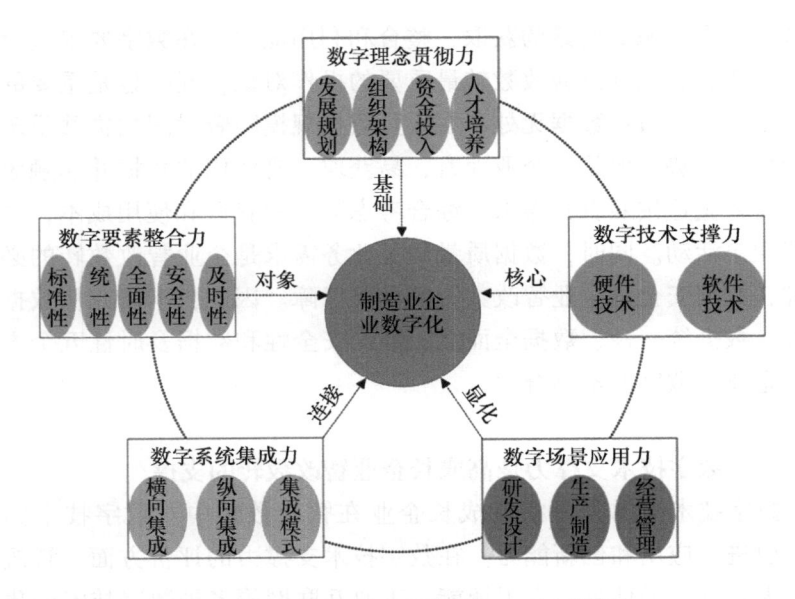

**图 3.1 高成长企业智改数转"五力模型"**

度分别反映了高成长企业在智改数转中的认知、规划和执行能力，对数据资源、人才资源、资金资源等要素的获取、整合和利用能力，对数字技术的研发、引进、应用和创新能力，对不同系统之间的连接、协作和优化能力，以及对不同场景下的数字化应用效果和价值创造能力。

### 一 数字理念贯彻力是高成长企业智改数转的基础

数字理念贯彻力是指高成长企业对智改数转的认知水平、规划能力和执行力。数字理念贯彻力体现在发展规划、组织架构、资金投入和人才培养四个方面，主要反映企业智改数转的顶层设计制定，评价企业是否能分步骤、分层面地统筹展开智改数转，是否有资金和人才的支持，综合考察高成长企业智改数转的框架和路径、远景目标等。

### 二 数字要素整合力是高成长企业智改数转的资源

数字要素整合力是指高成长企业在智改数转中对数据资源、人才资源、资金资源等要素的获取、整合和利用能力。在数字要素整合力的评价方面，数据是智改数转最重要的操作对象，同时也是重要的生产要素之一。虽然数据无处不在，且数据规模随着时间的推移呈现指数型增长态势，但是对企业而言，易获取、易使用的数据并非触手可及，需要企业按照自身需求，综合考虑数据的获取和使用成本，进行数据搜集活动。同时，数据质量满足业务需求是企业智改数转的必要条件，数据安全是企业智改数转的重要保障。因此，本研究从数据标准性、数据统一性、数据全面性、数据安全性和数据及时性五个方面评价企业的数字要素整合力。

### 三 数字技术支撑力是高成长企业智改数转的支撑

数字技术支撑力是指高成长企业在智改数转中对数字技术的研发、引进、应用和创新能力。在数字技术支撑力的评价方面，智改数转是大数据、云计算、人工智能、工业互联网等多种数字技术的集群式创新突破与应用，但在高成长企业智改数转方面，对于绝大多数高成长企业，其数字技术并非数字科学的基础研究，而是数字硬件与数字软件技术在生产制造方面的深度融合和应用。因此，本研究从高成长企业的硬件技术和软件技术两个方面评价高成长企业智改数转的数字技术支撑力。

### 四 数字系统集成力是高成长企业智改数转的纽带

数字系统集成力是指高成长企业在智改数转中对于不同系统之间的连接、协作和优化能力。在数字系统集成力的评价方面，信息系统间很多业务数据存在共享关系，一个系统中产生的业务数据可以作为其他系统的数据来源，企业是否能很好地解决跨系统数据共享、信息系统间的连接形成等问题，以及是否具备化解信息孤岛困境的能力等，都是评价高成长企业数字化集成能力的核心。因此，本研究从企业内部系统间的纵向集成、跨企业整合以及生产过程和供应链协同优化的横向集成以及集成模式三个方面评价高成长企业数字系统集成力的水平。

## 五　数字场景应用力是高成长企业智改数转的显化

数字场景应用力是指高成长企业在智改数转中对于不同场景的数字化应用的效果和价值创造能力。在数字场景应用力的评价方面，高成长企业主要是以"产销研供"为主开展经营和管理的工作，其智改数转的目标包括盈利能力提升、成本下降、运营高效、质量优良等，这些都是通过数据要素在具体应用场景中采取数字化技术进行连接和集成达到的。在高成长企业中，数据要素应用的场景主要涉及研发、生产和销售，其中研发场景偏重研究和产品开发场景，包括物理集成/配方的开发、最优组合或参数或者配方对应某一效果/性能/成本/质量/服务/效率的最佳组合、可靠性分析和预测、公差分析、寿命预测等，以及工艺参数优化、工艺过程控制、工艺开发等；在生产制造场景中除了智能制造设备的应用以外，还包括供应链的整合，例如对于仓储物流、计划体系等场景有大量的数据算法的使用；在经营管理场景方面包括营销、财务和运维等。因此，本研究从研发设计、生产制造和经营管理三个维度对高成长企业数字场景应用力进行评价。

高成长企业智改数转五维体系是一个动态的、互动的、协同的系统，其中每一个维度都是相互联系、相互影响、相互支撑的。具体来说，数字理念贯彻力是高成长企业智改数转的基础和前提，它决定了高成长企业对于智改数转的认知水平、规划能力和执行力，以及在发展规划、组织架构、资金投入和人才培养等方面的支持力度。数字理念贯彻力影响着高成长企业在数字要素整合力、数字技术支撑力、数字系统集成力和数字场景应用力等其他维度上的投入和产出，也受到其他维度上的反馈和调整。数字要素整合力是高成长企业智改数转的资源和条件，它反映了高成长企业在智改数转中对于数据资源、人才资源、资金资源等要素的获取、整合和利用能力。数字要素整合力依赖于数字理念贯彻力的指导和支持，也为数字技术支撑力、数字系统集成力和数字场景应用力提供了必要的数据、人才和资金等要素。数字技术支撑力是高成长企业智改数转的支撑和变革，它反映了高成长企业在智改数转中对于数字技术的研发、引进、应用和创新能力。数字技术支撑力基于数字要素整合力提供的资源，也受到数字理念贯彻力的影响和约束，同时为数字系统集成力和数字场景应用力提供了核心的工具和手段。数字系统集成力是高成长企业智改数转的纽带和协同，它反映了高成长企业在智改数转中对于不同系统之间的连接、协作和优化能力。数字系统集成力利用数字技术支撑力提供的技术，也依赖于数字要素整合力提供的数据，同时受数字理念贯彻力的指导和调节，为数字场景应用力提供了有效的融合和协作。数字场景应用力是高成长企业智改数转的显化和价值，它反映了高成长企业在不同场景下的数字化应用效果和价值创造能力。数字场景应用力依赖于其他四个维度提供的理念、资源、技术和系统，也为其他四个维度提供效果评估和价值衡量。

## 第二节　"五力模型"构建内容

在实践层面，各部门和地区都在进行企业智改数转评价体系的研究和推广。例如江苏省统计局等部门出台了《江苏省数字经济发展综合评价办法（试行）》，包含产业数字化相关评价体系等。本书基于五维理论体系——数字理念贯彻力、数字技术支撑力、数字要素整合力、数字系统集成力和数字场景应用力的基础框架，设计高成长企业智改数转评价体系，并制作可进行调查研究的问卷结构。具体来看，高成长企业智改数转的五维评价体系包含5个评价准则层和17个评价要素层共30个具体指标（见表3.1）；采用综合指标法，针对五维评价指标体系中的30个具体问题，设计具有区分度的选项；对于各项具有区分度的选项设定0—2至0—4不等的分值，并在具体分析中将指标的原始数值标准化。指标体系中的5个准则层和17个要素层基本平行设立，权重相当，故每个指标赋予等权1/30。最后，将指标标准化数值与其相应的等权重相乘累加，分别得到"数字理念贯彻力""数字要素整合力""数字技术支撑力""数字系统集成力""数字场景应用力"的评价指数。

表 3.1　　高成长企业智改数转五维评价指标体系

| 评价准则层 | 评价要素层 | 指标描述 |
|---|---|---|
| 数字理念贯彻力 | 发展规划 | 企业智改数转规划和实施 |
| | 组织架构 | 数字化组织建设 |
| | 人才培养 | 企业数字化人才水平和队伍建设情况 |
| | 资金投入 | 企业数字化资金投入水平 |
| 数字要素整合力 | 数据标准性 | 实现企业经营信息编码覆盖 |
| | 数据统一性 | 实现企业工业协议标准化 |
| | 数据及时性 | 企业生产数据获取实时进度 |
| | 数据全面性 | 企业数据资源采集情况及水平 |
| | 数据安全性 | 企业数据安全检测及保障能力 |
| 数字技术支撑力 | 硬件技术 | 智能制造装备率（智能制造装备数/装备总台数） |
| | | 装备联网率（与生产信息管理系统相连的装备台数/装备总台数） |
| | | 企业信息网络架构和网络环境建设水平 |
| | 软件技术 | 处理数据能力及应用水平 |
| | | 企业云服务使用水平 |
| 数字系统集成力 | 纵向集成 | 企业内部数据集成的总体能力 |
| | | 企业设备感器、数据采集系统，企业信息管理系统的数据集成能力 |
| | 横向集成 | 企业数据跨企业传输以及创新、制造和服务等资源的跨企业整合能力 |
| | | 企业设计、工艺、生产、销售、物流、安装、服务等产品全生命周期的集成能力 |
| 数字场景应用力 | 研发设计 | 企业生产线规划、设计及仿真布局情况 |
| | | 企业产品设计、改进、创新等情况 |
| | | 企业工艺流程设计、分析、现场作业等情况 |
| | 生产制造 | 企业生产作业计划调度能力 |
| | | 企业生产线物料配送能力 |
| | | 企业产品质量检测能力 |
| | | 企业实体仓库及物流能力 |
| | 经营管理 | 企业采购、销售管理水平 |
| | | 企业财务及成本核算水平 |
| | | 企业设备运营监控电子化水平 |
| | | 装备维护数字化水平 |

第一，数字理念贯彻力是衡量企业智改数转意愿和实施程度的重要指标。在发展规划方面，企业须制定全面的数字化战略，并确保其在组织运营中得到有效执行。组织架构的调整应促进数字化战略的实施，而人才培养则须关注于提升员工的数字技能和构建专业的数字化团队。资金投入的水平则直接影响数字化项目的实施质量和效果。

第二，数字要素整合力反映了企业在整合数字资源方面的能力。数据标准性要求企业建立统一的数据编码系统，以保障信息流的标准化。数据统一性强调对工业协议的标准化管理，以实现系统间的无缝对接。数据及时性、全面性和安全性则是企业数字化运营的基础，关系企业决策的效率和数据资产的安全。

第三，数字技术支撑力涵盖了企业在硬件和软件技术应用方面的能力。硬件技术的指标，如智能制造装备率和装备联网率，是评估企业生产自动化和信息化水平的关键。软件技术则关注企业在数据处理和云服务应用方面的能力，这些能力是智改数转成功的技术保障。

第四，数字系统集成力是企业内部及与外部环境协同工作能力的体现。纵向集成和横向集成的能力指标，不仅衡量了企业内部数据集成的效率，也反映了企业在供应链管理和跨企业合作中的数据整合能力。集成模式的创新则是企业适应数字化时代，形成新业态的能力体现。

第五，数字场景应用力则是企业数字化应用的具体展现。在研发设计、生产制造和经营管理等方面的数字化应用，不仅提升了企业的运营效率，还能够促进产品和服务的创新，提高企业的市场竞争力。这些应用的深度和广度，是评价企业智改数转成效的重要指标。

综上所述，这五个维度及其具体指标为高成长企业智改数转的评价提供了一个全面的框架，有助于企业识别智改数转过程中的优势和不足，从而制定更有效的数字化战略。在实际应用中，企业应根据自身特点和市场环境，对这些指标进行适当的调整和优化。

# 实践篇

文艺论

# 第四章　国际视角：高成长企业智改数转的发展现状

21世纪技术变革以数字化、智能化为引领，国内外高成长企业均鲜明展现了这一时代特征，但在企业开发应用新技术的方式、进程、效率、效果等方面是存在差异的。本章基于国际视角，关注发达经济体数字化转型趋势，综合历史、行业、商业多维度以及微观样本进行比照，梳理凝练欧美市场高成长企业智改数转的特征和典型模式。

## 第一节　国外数字化转型趋势

回顾和比较数字化转型的历史，更能凸显这一现象的发展演进与空间市场差异。发达经济体主导了全球数字技术与社会经济变革进程，有必要从阶段性发展演变来观察数字化转型的主要趋势以及高成长企业作用。

### 一　数字变革的全球发展演进

从数字变革发展历史阶段来看，欧美引领并迭代升级数字技术及其商业化模式。

1. 前互联网时代（1950—1989年）：数字化1.0时代[①]。这一时

---

[①] 1947年，John Bardeen和Walter Houser Brattain在贝尔实验室发明了第一个工作晶体管；1948年，贝尔实验室数学家Claude Shannon发表的开创性文章《通信的数学理论》奠定了数字化技术基础。1949年5月，第一台通用电子计算机完成开发并开启了第一个数字项目。1950年，通常也被认为是数字革命的重要基础构件发明元年。

期，数字革命的基础构件诞生，利用微芯片和半导体的发明使手动流程能够转变为数字技术，由此开启了第一次重大数字化转型。企业开始专注于将流程转变为数字数据，这在全球范围内产生了业务转型和文化变革的需求。这一历史时期正式开启了信息时代。信息时代也称为计算机时代、数字时代、硅时代、新媒体时代、媒体时代或第三次工业革命[1]，它的特点是从工业革命期间建立的传统产业向以信息技术为中心的经济体系快速转变。

2. 后互联网时代（1990—2006年）：数字化2.0时代[2]。互联网开启使得全球世界互联，通过互联网的公共访问连接和访问数据创造了一个更加普遍的竞争环境，由此开启了第二次重大数字化转型。企业利用互联网，推动跨国、跨区域流程和业务运营变化。更重要的是，互联网极大地改变了人们互动、搜索和购买的方式，这促使企业重新考虑与其客户商业活动的互动模式。

3. 移动时代（2007—2022年），数字化3.0时代[3]。随着iPhone的推出和向移动设备的转变，以软件为中心的新数字生态逐渐形成，例如新社交、移动渠道以及新商业模式，推动了数字化转型又一次高峰的到来，即数字生态思维的重要转变。2011年，《为什么软件正在吞噬世界》一文提出，完全数字化（fully digitally wired）时代开启了

---

[1] Hoover, Stewart M., *Religion in the Media Age. Media, Religion and Culture* (1st ed.), New York: Routledge, 26 April 2006.

[2] 1969年，ARPANET网络发射的一条信息，促使公众首次了解互联网概念，ARPANET等网络开发极大促成了网络互联协议的发展，使得多个独立的网络可以连接成一个互联网络。20世纪80年代，企业依赖计算机和数字技术的情况已经相当普遍。1989年，Tim Berners-Lee发明了万维网。1991年开始，万维网向公众开放，此前仅政府和大学可以使用。1990—2006年是万维网的第一阶段，这一时期也被叫作Web1.0时代（"只读"网络），即由静态网页组成，受网络托管服务（Balachander Krishnamurthy, Graham Cormode. "Key differences between Web 1.0 and Web 2.0". First Monday. 2 June 2008）。

[3] 这一时期，软件应用程序构建在Web上而非电脑桌面上，突出特点是用户生成内容（以文本、视频或图片的形式）的活动可以被"利用"来创造价值。以移动设备以及软件为中心的新数字生态确立了这一时期的数字化范式。这一时期也被称为Web 2.0时代，Web 2.0由Darcy DiNucci [DiNucci, Darcy, Fragmented Future, 1999 53 (4): 32] 在1999年提出，Best（2006）概括Web 2.0的特点是丰富的用户体验、用户参与、动态内容、元数据、Web标准和可扩展性，还包括开放性、自由性和通过用户参与的集体智慧（用户生成的内容并提供最终用户之间的互操作性）。

对"数字化转型"(digital transition)的讨论①。2013年,"数字化转型"成为最热门的谈论词汇。这一时期,特别需要提及的,是跨阶段发生的工业变革,尤其是工业3.0和工业4.0的阶段划分,以数字化转型方式作为重要判断依据。

1970—2013年是工业3.0阶段②,通常被称为产业数字革命。其转变关键是伴随数字技术发展,制造过程通过数字计算实现生产线自动化的重大飞跃。技术层面,可编程逻辑控制器(PLC)的引入使制造业能够开发可重复、一致和受控的制造流程,而支持这些制造流程的机器人技术的发展使得PLC和自动化流程在整个产业体系得到广泛采用。工业4.0一词③于2011年在德语中首次被提及,是基于德国经济政策新理念提案而提出的,即所谓第四次工业革命的开始。从2011年开始,有关工业4.0的科学出版物开始出现,并在2013年前后呈指数级增长。对此,文献讨论既有认为这是工业3.0的延续④,也有学者认为是对工业4.0的建构。Crnjac等(2017)对工业4.0的诠释基于智能工厂,是整个系统的水平、垂直和数字化集成(digitalization)⑤。2018年,"智能化"和"智能化转型"(Intelligent transformation)这一词汇开始成为热门词汇,不仅工业领域,商业等多个领域在这方面进行了创新尝试。

4. 后疫情时代(2023年至今):数字化4.0时代。由公共性事件带来如何以非接触式远程世界为客户提供服务的重新思考。这种商业模式转型意味着数字化转型从金字塔顶端到基底的全面转变,或者是从董事层面到一线工厂层面的系统转变。人工智能和机器学习的进步在数字化转型计划中发挥着巨大作用,量子计算、物联网等技术进步

---

① Marc Andreessen, Why Software Is Eating the World, 2011, https://a16z.com/why-software-is-eating-the-world/.

② Ortiz J. H., *Industry 4.0 Current Status and Future Trends*, IntechOpen, 2020.

③ Shariatzadeh N., Lundholm T., Lindberg L., Sivard G., "Integration of Digital Factory with Smart Factory Based on Internet of Things", *Procedia CIRP*, 2016 (50): 512–517.

④ Mohajan H., Third Industrial Revolution Brings Global Development, MPRA Paper No. 110972, 2021.

⑤ Crnjac M., Veža I., Banduka N., "From Concept to the Introduction of Industry 4.0", *International Journal of Industrial Engineering and Management*, 2017 (1): 21–30.

加速生产作业方式变化，ChatGPT、Sora 等工具进步加速推动人们工作、互动和生活等各个方面变化。疫情后，智能化转型已经呈现充分的产业化发展基础，主要表现在以下方面。

（1）数字渠道与远程交互偏好的快速转变。主要表现在线上零售业态以及客服互动数字化比率与方式的重大改变。

（2）数字产品以及数字增强产品的需求激增。主要表现在医疗保健和制药、金融服务和专业服务领域的数字产品需求组合以及数字服务关系的重构。

（3）数据安全与数据转化的战略投资转向。主要表现在产业链、供应链、技术链环节的数字技术转型以及数智化响应。

这些变化将全球经济体系、文化体系、技术体系都带入数字化世界。数字化不再仅为高科技企业服务，传统企业拒绝数字化转型将面临长期竞争力的衰败甚至是退出历史舞台。

## 二　国外主要市场的智改数转趋势

欧美日韩主要市场的智改数转导向存在发展取向、领域部门的相近性，但也存在产业结构、技术水平、企业成长能力的显著差别，表现出差异化转型趋势。

### （一）企业智改数转强劲增长趋势

各类机构对欧美日韩主要市场的企业智改数转增长趋势预期普遍乐观，认为 2030 年数字化转型是发达经济体增长最快的领域。根据 RAM 预估，北美市场 2021 年数字化转型市场规模为 2467 亿美元，预测期内（2023—2030 年）复合年增长率为 23.9%，预计到 2030 年市场价值超过万亿美元[①]。Deloitte 预估欧盟数字化转型有望在 2030 年实现高达 1.3 万亿—2.8 万亿欧元的规模增长，相当于当前欧盟经济的近 21%[②]。Access 预估，日本数字化转型将实现 6280 亿美

---

[①] RAM, Digital Transformation Market Size, Trends & Growth Report, Research and Market, 2023.

[②] Deloitte, The Progress Towards the EU's Digital Decade Ambition, 2022.

元增长①。相应地，韩国数字化转型将实现 2360 亿美元增长，相当于 2020 年 13%—20% 的 GDP 规模②。

（二）企业智改数转普遍性趋势

欧盟早在 2015 年就提出数字化转型战略，2021 年提出雄心勃勃十年指南，旨在实现欧盟经济和社会的全面数字化转型。企业层面的智改数转节点、目标以及普遍性发展趋势尤为清晰。趋势节点为 2030 年；区域目标是在单一市场数字化转型中，提升竞争、投资和创新引领。企业两大发展目标是：到 2030 年，90% 以上的中小企业应至少达到基本的数字强度水平；75% 企业应使用云计算服务，进行大数据分析或使用人工智能，企业从数字潜力中实现繁荣发展。

美国处于数字发展方面的领导地位，在战略定位与趋势方向方面体现系统化、先进性发展。战略构建上，美国强调数字化转型和数据保护并重的数字生态系统建设，以维护各类企业、行业、政府部门以及跨境主体、机构的数字化权益③。在智改数转发展趋势上，美国尤其强调云、大数据分析和人工智能等尖端技术开发以及商业化应用，推进先进技术应用于全行业的智改数转，以此领先于其他市场发展。《世界数字竞争力》2023 年国别排名中，美国位居第一，处于领先地位；其中，应对数字化转型的综合准确度得分，其位居第二④。

日韩企业数字化水平处于领先地位，但韩国企业在整体发展进程上更为突出。日本以机器人和制造业技术创新而闻名，2018 年已提出 5.0 版超智能社会，强调通过数字领域创新推进工业以及社会经济全面智能化发展。根据 2023 年《世界数字竞争力》国别排名，⑤ 日本在专业知识、数字技术发展以及利用数字化转型等方面，在 64 个

---

① Access, Economic Impact Report: the Value of Digital Transformation to Japan and Google's Contributions, Access Partnership, 2021.

② Unlocking the Republic of Korea's Digital Potential: The Economic Opportunities of Digital Transformation and Google's Contribution.

③ USAID. Digital Ecosystem Framework, USA government, 2022.

④ IMD. World Digital Competitiveness Ranking 2023, IMD World Competitiveness Center, 2023.

⑤ IMD. World Digital Competitiveness Ranking 2023, IMD World Competitiveness Center, 2023.

经济体中排第三十二位，落后于排名第六的韩国与排名第十九的中国。为此，2023年日本创新战略新报告中提出国家全产业强化数字化转型，并以生成型人工智能、量子计算和其他改变游戏规则的领先技术领域推动全面智改数转进程①。韩国是全球科技强国、世界上最先进的数字经济体之一，其社会经济正在经历加速的全面数字化转型，数字化政策以及加快推动全社会智改数转被视为"国家大转型战略"②的关键支柱之一，并预见将引领企业全面数字化转型趋势。韩国数字支柱的重点是"处于基于数据、网络和人工智能基础设施的数字化转型中心的智能国家"，提出将5G和人工智能融入所有经济部门并促进行业、企业智改数转。

（三）企业智改数转重点领域发展趋势

欧美日韩主要市场推进智改数转发展的重点领域普遍聚焦在十大方面。具体包括：（1）数据驱动与数据分析为主导的客户体验领域；（2）新在线商业模式领域；（3）韧性供应链的数字分析领域；（4）灵活工作文化的数字发展领域；（5）远程人才管理领域；（6）5G、6G基础设施领域；（7）网络安全领域；（8）人工智能技术领域；（9）云和物联网技术领域；（10）区块链技术领域。

各类机构还普遍预测人工智能技术以及云和物联网技术将作为欧美日韩主要市场传统企业智改数转以及新企业孵化最主要的数字化技术工具。根据Gartner（2023）的研究，至2025年先进市场将有60%以上用于人工智能业务的数据是生成式的，这将显著高于2021年仅为1%的比重③。IDC预测到2025年，欧美市场90%以上的新企业应用程序的流程和产品将使用人工智能技术④。Gartner（2023）预测新兴技术推动的云支出正在成为欧美日韩企业转型的支出主流⑤。MAM⑥和FBI⑦

---

① Government of Japan, Integrated Innovation Strategy 2023, Government Cabinet, 2023.
② Government of the Republic of Korea, National Strategy for a Great Transformation: Korean New Deal, 2020.
③ Dive into the Magic Quadrant, Gartner, 2023.
④ State of AI, IDC, 2023.
⑤ Dive into the Magic Quadrant, Gartner, 2023.
⑥ Artificial Intelligence Market, Markets and Markets, 2023.
⑦ The Global Cloud Storage Market Report, Fortune Business Insights, 2024.

分别预测至 2026 年企业人工智能技术支出相比 2021 年将增长 5 倍以上，以及 2028 年云存储市场价值增速高达 30% 以上。

综合来看，国外主要市场普遍重视数字化，尤其是将智能化作为未来的增长引擎。相比疫情前，相应的智改数转趋势具备三大特点：一是企业数字化转型作为高成长性的重要基础与驱动力；二是数字化转型领域由制造业智能化转型为主转向所有行业数字化、智能化转型共识；三是数字化转型企业覆盖所有规模类别企业，云计算、大数据分析和人工智能成为普遍化的技术需求。

## 第二节　国外高成长企业智改数转的特点

高成长企业在数字化尤其是智能化变革时代发挥着不可替代的主导作用，高成长企业绩效被认为是未来社会经济发展实力与潜力的根本体现。探讨国外主要市场高成长企业成长性特点，比较分析这些高成长企业智改数转的特征性事实，可以充分认识到其动力源泉的重要性和方向性。高成长企业以数字化、智能化引领成长性，并具备显著的共同特征，主要体现在如下四个方面。

### 一　梯队转型层次鲜明

国外高成长企业智改数转类型呈现梯队层次。第一梯队是重塑行业数字化发展的新兴高成长企业，第二梯队服务于转型的高成长性科技企业，第三梯队是传统企业转型为数字化优先型高成长企业。科技业、制造业、金融业、零售业、公共服务业等高成长企业集中在第一和第二梯队。媒体和电信业、娱乐业等高成长企业集中在第一梯队，健康医疗业高成长企业集中在第二梯队和第三梯队。企业梯队的分布集中源于行业数字化程度以及企业转型能力。如美国 2023 年媒体和电信业成长性最高的企业是成立于 2016 年 Brander Group，这是为许多云供应商提供访问管理保护解决方案的典型企业，对于重塑企业远程管理发挥着重要作用；Peloton 是成立于 2012 年的美国健身器材和媒体公司，提供固定自行车、跑步机和室内划船机，并配备联网触摸屏，该设备包括内置传感器、可跟踪功率输出等指标，为用户提供有关其表现和排行榜排名的实时反馈,以便与其他用户竞争。新冠疫情期间,数字化健身服务使之高居美国健身娱乐业企业复合增长率榜首,并重塑行业数字化转型模式。

## 二 数据驱动需求导向明确

国外主要市场的工业或者其他行业的高成长企业,在智改数转中都突出体现了数据驱动与需求导向明确的特点。工业领域,高成长企业更注重数字化技术本身,而在商业领域的高成长企业,更加聚焦业务流程数字化,即技术、业务数字化优先级顺序有所差异,但都以数据驱动为转型动力,以需求对接为转型方向。制造业数智化技术创新与应用非常普遍,相关举措主要集中在投资和实施新技术方面,如物联网(IoT)、人工智能、边缘计算和云计算等多元化数字技术创新开发。如西门子开发基于产品和生产全周期的数字化平台、业务和技术,形成横向集成与垂直整合的数字化优势,实现价值链高效转化。商业领域的业务流程智改数转模式非常突出。例如,成立于2017年的美国Play Kits是根据孩子的生物学和成长大数据提供儿童发展产品,重塑学龄前儿童产品市场,位居2023年零售业第二的高成长企业;其创新性地将学习和游戏时间与神经科学结合起来,提供阶段性学习和游戏必需品,产品下沉社区并通过旗舰订阅计划、周度发展数字报告以及移动应用程序,提供通用与个性化服务,填补关键且充满挑战的三岁儿童市场空白,也重塑了数字内容与数字渠道的商业模式。数智化改善需求导向在员工赋权、参与以及与客户体验相结合方式上表现尤为显著。例如,2018年成立的美国Noise企业是服务于营销企业数字化转型的高成长营销企业,其业务核心就是帮助企业围绕数据和个性化客户体验进行组织转型,转向数据驱动的营销组织。

## 三 业态边界重塑

高成长企业通过智改数转表现出显著的增长性,往往以转型方式重塑业态边界,带来远超预期的成长空间。从欧洲市场来看,2021年,成立于2016年的荷兰Swappie由于三年复合增长率为477.5%名列高成长企业榜首,其公司业务因供应链与流程的数字化整体控制,重塑了循环智能手机在线购买模式；2022年，成立于2017年的Tripledot Studios 由于三年复合增长率为794.65%名列高成长企业榜首，其公司业务因创建移动游戏的集体经验而重塑游戏创作工作室形态。从美国市场来看，2021年，全球医疗技术公司Axonics由于三年复合增长率为855%名列高成长企业榜首，尽管已有20年发展历史，其仍通过原生业务程序网络优化与数字化转型，创建了医疗服务与数据服务无缝结合的数字化业态；2022年，CDL 1000因三年复合增长率为721.49%名列高成长企业榜首，其公司业务是作为数字货代经纪人，通过全流程物流数字化，重塑贸易商物流通关与运输操作模式。再看日本市场，Counterworks由于三年复合增长率为207.4%名列高成长企业榜首，通过将商业设备租赁转型为在线平台商业模式，重塑地产业数字商业形态。韩国市场中，Haegin由于三年复合增长率为543.4%名列高成长企业榜首，通过数字游戏整合体育、社交、游戏多业态，形成移动休闲社交游戏新业态。

## 四 可持续增长能力提升

高成长企业智改数转不仅提升企业竞争力、行业与国际影响力，更为重要的是提高了企业自身可持续的增长能力。高成长企业无论是B2B或B2C、产品生产或服务供给，其数字化、人工智能转型不仅涉及"专项"模式或融合发展，更体现在整个组织能够依赖持续、系统化的创新力而获得持久增长能力。这种创新力源于数字化塑造了具备动态适应的组织形态以及员工能力，形成企业可持续、高成长绩效。例如，丰田公司在员工发展层面，推崇所有员工都需要成为变革的推动者，这就涉及允许了解特定工作场所需求的员工使用无代码或低代码开发工具来独立转变其业务运营。为此，丰田信息系统部门与埃维诺合作创建了卓越中心（CoE），以加强内部成员的技能获取、自主学习和支持选项。CoE支持促进内部数字化转型，优先事项包括关注支持员工发展的数字化教育、支持员工自我发展的数字化普及、员工治理的数字化支持等。由此，丰田持续保持着长达25年的行业头部企业地位，也成就了一个创建足够灵活、富有弹性的组织以应对动态变化并保持持久增长力的行业典范。

## 第三节　国外高成长企业智改数转模式

基于高成长企业智改数转模式的广泛性、可比性、典型性原则，本节聚焦欧美高成长企业智改数转三大模式：数智生态模式、交互体验模式、数智解决方案模式，选取三类典型行业：金融业、零售业和制造业，详细比较并说明国外高成长企业智改数转情况。

### 一　数智生态模式

数智生态模式在金融业高成长企业智改数转中得到充分体现，尤其以金融科技公司为代表。由于数智化应用，金融科技公司即使在市场下行或调整期间仍然呈现高弹性成长性。金融科技是指利用技术和创新为个人和组织提供新的或更高效的金融服务。这一概念于2014年前后出现，随着技术作用的增强，在行业媒体和学术界广受欢迎。金融科技由初创企业、现有企业、政府和欧盟等超级组织推动。金融科技进展正在许多不同领域以不同的速度发生，人工智能聊天机器人是近期最受关注的。金融科技公司深化数字化转型可以分为"前台"与客户的关系、"后台"与供应商和合作伙伴的关系，或具有更多动态链接的"生态系统"。由于新兴市场金融科技企业成长与收益在全球占比中持续增长，关注国际金融企业数字生态模式无疑具有重要意义。以金融业高成长企业为代表，数字生态模式主要体现在以下三个方面。

#### （一）与消费者关系的"前台"数智化生态

通过文本或语音进行交互的聊天机器人的使用非常广泛，改变了前台流程模块及与消费者金融服务生态关系。流程改变包括六个方面：一是快速信息导入，无须提交个人信息，因为这些信息是通过与另一个组织的应用程序层编程（API）接口从其他来源获取的；二是通过自动化分析，全年365天，每天24小时快速响应请求；三是无须提出请求即可自动交付服务，例如由智能合约和物联网触发的保险赔付；四是物联网、智能手表等可穿戴设备，用于收集数据和调整保险费率；五是超级应用程序汇集了包括金融服务在内的多种服务；六是通过分析面部表情和信息来了解客户的情绪语气可实现量身定制的解决方案。通过六个方面流程的改变，实现人性化、便利化、及时性、动态性的金融消费前台生态关系。

（二）数字关系驱动的"后台"数智化生态

通过大数据分析驱动与决策，改变后台流程业务，形成数字驱动的金融业务管理生态。流程业务改变包括六个方面：一是利用人工智能和机器学习分析风险；二是利用大数据更好地检测欺诈；三是分析结构化和非结构化数据；四是汇集专家作出决策所需的信息，例如保险承保人所需的相关规定；五是通过 API 请求和接收数据，处理应用程序；六是更定期、自动化的审计。通过六个方面流程业务的改变，实现高度智慧化分析与数字化运行的金融管理后台生态。

（三）"前台"与"后台"的数智生态链接

金融前后台数智功能相结合，提供新型金融服务与生态关联，创新数字金融融入其他服务组合。例如，数字贷款、先买后付融资、机器人金融顾问等。国外主要市场中，以数智生态模式为主导的高成长金融企业，包括 Marshmallow、illimity Bank、Lightyear 等。

**二 交互体验模式**

交互体验模式在国外零售业市场的高成长企业智改数转中表现突出。2022 年，美国排名前二十五的零售商的销售额增长均超过 25%，表现出强劲的增长态势。欧洲零售格局以食品行业企业为主，主要分布在德国、法国和英国，年度增长率超过 300%，可与金融、高科技企业媲美。两大地区零售业市场的优异表现离不开数字化转型，尤其是数字化转型彻底改变了企业运营以及与客户互动的方式。通过集成数字技术，零售企业可以提高效率、客户体验和市场覆盖范围。这种转变通常涉及使用电子商务平台、数据分析、人工智能和其他数字工具在销售、营销和客户服务方面进行创新。零售领域的数字化转型的本质在于采用新技术来满足不断变化的消费者需求。根据 Juniper Research 调研，2023 年借助人工智能进一步增强数字体验的零售业态市场份额将高达 1120 亿美元，借助电商的时尚数字零售市场将超过 3000 亿美元。鉴于中国线上零售在全球市场的重要影响力，聚焦国际零售业高成长企业数字化转型具有重要的借鉴意义。零售业高成长企业数字交互体验模式突出表现在以下三个方面。

1. 全渠道数字零售增强客户体验。这种方法集成了各种客户接触点，包括在线、店内和移动渠道，以提供无缝的购物体验。例如，迪卡侬通过集成应用程序、系统和数据来实现全渠道体验，实现了破纪录的增长。他们的数字化转型包括个性化电子商务应用程序、基于云的订单管理系统、通过移动扫描和支付进行的无现金结账以及用于库存管理的 RFID 标签。这种集成使客户能够享受跨数字商店和实体商店的无缝旅程，对业务增长产生积极影响。

2. 区块链技术提升供应链管理的零售增值。区块链技术带来了高透明度和可追溯性，在去中心化账本中记录每笔交易，并关联客户特征性信息，提供后续更好的个性化数字服务。沃尔玛和 IBM 等零售巨头已经启动了区块链应用程序来跟踪产品来源并确保质量，展示了该技术在供应链中提高透明度和效率的潜力。此外，智能合约自动化支付和交付，简化了供应链管理并减少错误。

3. 增强现实（AR）模式的零售数智化水平。增强现实通过增强客户与品牌的关系正在彻底改变零售业。预计几乎所有智能手机用户都将成为 AR 的忠实用户。零售商正在利用 AR 创造身临其境的购物体验。例如，星巴克的 AR 体验可以向顾客介绍他们的咖啡之旅。AR 显著影响店内和在线转化率，商店添加 3D 内容的商家平均转化率提升 94%。

### 三　数智解决方案模式

数智解决方案模式在国外主要市场的制造业企业智改数转中表现突出。数字化转型对制造业的影响是巨大的。Mordor Intelligence 对制造业数字化转型市场进行预估，表示 2024—2029 年预测期内复合年增长率高达 19.40%[①]。制造业数字化转型包括安全性、质量、产量、效率、收入和可持续性的改进，也包括降低成本以保持市场竞争力。由此，制造业智改数转是组织实施新的数字技术来改进制造过程的各

---

① Digital Transformation in Manufacturing Market Size. Mordor Intelligence，2022.

## 第四章 国际视角：高成长企业智改数转的发展现状

个方面，既可以是整体方案，也可以是关键领域的解决方案。典型领域包括：机器人流程自动化、用于一线员工管理的移动应用程序、ERP 系统和知识工作自动化等，这些领域无不涉及系统性、多部门关联的数智解决方案。从历史数据以及转型模式来看，制造业高成长企业中的大型高科技企业，如思科、微软、英特尔、IBM、西门子等；初创企业，如 Exotec、Flexciton 等，均以数智化解决方案模式进行成功转型。以下通过三种转型方式对数智化解决方案模式进行说明。

1. 预测维护导向型数智方案。预测性维护是一种帮助制造商监控设备和机械磨损迹象的方法。它还可以帮助预测何时需要更换零件或者是否需要在出现故障之前进行修复。预测维护数字化系统的适配应用在机械、建筑施工和维护工程、化工工程等领域尤其重要，不仅是单一技术部门技术，更是整体设备或工程体系的数字化运作。卡特彼勒是世界领先的建筑和采矿设备制造商，已经转变为一家硬软件公司，在人工智能和数字孪生（物理过程和对象的实时虚拟表示）领域处于领先地位。卡特彼勒近五年增长率超过 50%，其数字化转型部门持续分析来自数十亿个物联网传感器的信息，以进一步改进其当前的硬件和软件产品目录，进而彻底改变传统采矿业作业模式。

2. 智创集成解决方案。集成解决方案涉及特定场景、特定群体的个性化产品或服务的开发、制造与应用，智创化以开放式数字生态系统协调内外利益各方，共同设计和实施方案，以实现产品或服务的最大价值。飞利浦曾经是一家以产品为中心的传统实体，现已转型成为医疗保健领域集成解决方案的领导者。飞利浦数字医疗转型采用以 HealthSuite 数字平台为中心，会集整个医疗保健行业的利益相关者，共同开发解决方案。他们没有展示现成的产品，而是合作解决真正的医疗保健障碍。由此，飞利浦以开创健康科技的"操作系统"来引领健康医疗产品的制造变革。

3. 智能制造方案提供商。制造业领域很大程度上依赖于数字智能改造方案提供商的创新探索。Flexciton 创建于 2016 年，致力于提供以人工智能驱动的优化平台，帮助复杂制造企业改善生产效率与生产力。Flexciton 的一个典型案例是利用生成式人工智能等数字工具优化晶圆厂调度问题，使芯片制造更加高效和可持续。其数字工具是基于云的混合调度模型,遵循全局调度程序确定的优先级排名,利用全局调度程序实现生产效率的核心要求,利用工具集调度程序实现更微观层面设备或工具的运行。Flexciton自初建以来,年增长率超过25%,成功开拓了人工智能驱动的晶圆厂智能制造新模式。

# 第五章　国内视角：高成长企业智改数转的发展现状

本章基于国内视角，对高成长企业智改数转发展现状进行研究。首先，分析政策完善及平台建设对国内制造业转型升级的支持，讨论了数字技术促进国内高成长企业向智能制造、服务型制造转型的主要趋势；其次，分析并总结了国内高成长企业在打造数智化运营体系、数智化服务体系、数智化生态体系中呈现的主要特征；再次，通过典型案例的呈现，讨论高成长企业智改数转在降本增效、推动企业创新、构建数字生态等方面取得的主要成效；最后，深入分析高成长企业智改数转所面临的资金投入不足、技术及数据应用能力弱、复合型人才缺乏等主要困境。

## 第一节　国内高成长企业智改数转的主要趋势

党的二十届三中全会《决定》提出"健全促进实体经济和数字经济深度融合制度""加快构建促进数字经济发展体制机制"等重要任务，作为制造业大国，我国积极推动国内制造业的转型升级，瞄准重点领域发力，把握制造业转型升级趋势。随着新一代信息技术的不断发展，制造业的高质量、智能化发展成为先进制造业的重点发展方向。2015年发布的《中国制造2025》涵盖了我国制造业未来的10个重点发展领域，为中国制造业的整体提升奠定了基础。我国在智能制造战略上发展的深度和广度日益提升，越来越多的高成长企业加入智改数转的行列中，在这一发展阶段中也展现出许多新变化，呈现出几大发展趋势。

## 一　制造强国战略不断走深向实

作为制造业大国,我国十分重视工业制造业的转型升级,深入实施智能制造工程,在政策完善、平台建设等方面给予高成长企业智改数转强有力的支撑。一是不断完善政策以驱动智改数转。"智改数转"将重点聚焦在智能化和数字化层面,是我国智能制造发展新阶段的新要求,也为我国高成长企业的发展指明方向。2021年,工业和信息化部公布《"十四五"智能制造发展规划》,提出"十四五"及未来相当长一个时期,推进智能制造,要立足制造本质,紧扣智能特征,推动制造业实现数字化转型、网络化协同、智能化变革;2022年,我国陆续发布《关于巩固回升向好趋势加力振作工业经济的通知》《"十四五"扩大内需战略实施方案》等多项政策,聚焦新一代信息技术、高端装备、新材料、新能源等重点领域,围绕5G、集成电路、人工智能等产业链核心环节,加快发展先进制造业集群;2023年,工信部等五部门联合印发《制造业可靠性提升实施意见》,提出聚焦机械、电子、汽车等重点行业,对标国际同类产品先进水平,补齐基础产品可靠性短板,推进工业现代化进程。二是搭建数字平台助力企业智能升级。数字化平台通过数字化手段集聚企业发展所需的政策法规、业务知识、专业机构、融资渠道、政务指南等,并通过整合高校、企业、研究机构和网络等各方资源,为高成长企业降低采购成本、拓宽销售渠道提供数字化改造的优秀案例和高质量运行的智能模型。另外,高成长企业也可以通过平台建设将各自关于智能制造的实践经验和能力禀赋开放赋能给同领域的中小企业,以及产业链上下游相关主体,从而形成对整个产业智能化升级的重要支撑。

## 二　数字技术赋能企业智能制造

智能制造系统将资源要素及其过程状态转化为数字化信息,并通过算法优化的方式对这些资源要素进行高效配置,从而实现以数据为驱动的柔性化生产,促进高成长企业向智能制造转变。一是智能制造能力成熟度水平逐步提升。根据中国电子技术标准化研究院发布的《智能制造成熟度指数报告(2022)》的数据,2022年我国有32%的高成长企业达到智能制造能力成熟度一级，21%的高成长企业达到成熟度二级，12%的高成长企业迈进成熟度三级，4%的高成长企业达到四级及以上的高成熟度。相比2021年成熟度数据，一级及以下的低成熟度企业占比减少6个百分点，三级以上的高成熟度企业数量增加了5个百分点，这意味着我国高成长企业正在加快向智能化、数字化制造业转型的步伐，逐渐提高智能化程度，引领中国式智能制造发展。二是产业集群建设步伐加快。新一代信息技术快速发展，高成长企业产业集群建设步伐加快，形成一批具有全国影响力的先进制造业和战略性新兴产业集群。2022年11月，工信部正式公布了45个国家级先进制造业集群的名单，根据工信部数据，45个国家级集群在2022年产值超20万亿元。此外，我国已累计建成5G基站284万个，5G应用融入97个国民经济大类中的60个。人工智能核心产业规模达到5000亿元，高成长企业数量近4000家，优势产业进一步巩固提升。三是企业投入数智化转型的研发经费逐年递增。国家统计局的统计数据显示，2019—2021年，尽管企业生产经营受到新冠疫情限制、国际关系紧张等内外部多重影响，通用设备制造业、专用设备制造业、汽车制造业、通信和其他电子设备制造业等多个重要领域仍然保持着研发经费逐年增长的态势，基本上都达到2%以上的研发投入强度。高成长企业重视创新技术的研发，积极寻求关键技术的突破、创新及自主可控，通过关键技术赋能企业高质量发展，从而强化品牌实力。

### 三 服务型制造与数字化相融合

服务型制造是高成长企业转型的重要趋势，数字化技术和平台在促进高成长企业工厂转型为服务型制造过程中起着不可或缺的作用，数字化如同"润滑剂和连接器"融合于服务型制造转型升级全过程。一是提升用户体验的制造服务化。高成长企业结合智能化技术分析用户使用情况及相关需求，通过"硬件产品+软件系统+增值服务"模式，追踪和识别市场需求，创造全新的价值空间，提升企业的市场洞察力和响应能力，并进一步通过人工智能的深度挖掘和预测分析功能，精准识别消费者对产品的现实需求和潜在需求，实现技术创新由经验驱动到数据驱动，促进产品服务创新。二是产品线上化扩大企业服务规模。数字化转型帮助高成长企业对服务的内容和流程进行解构与重新编码，使其能够以数字化的形式在虚拟空间中交易（如远程运维、在线培训等），从而打破时空同步属性，降低服务成本，促进制造企业服务规模的扩张。三是企业供应链动态协同能力增强。在新一代信息技术的支持下，高成长企业内部各领域、各环节之间，高成长企业与外部用户之间，可以实现更高频的数据联系，高成长企业可以更动态地掌握产品的状态和用户使用状况、需求变化，大大加强跨组织的供应链动态协同，实现供应链和产业链的社会化补链、强链，这为高成长企业实现产品全生命周期的实时动态控制与管理提供了技术支撑，极大地提升了制造效率和服务能力。

## 第二节　国内高成长企业智改数转的主要特征

自国务院颁布《中国制造2025》行动纲领以来，越来越多的高成长企业加入智改数转的行列中。2021年中国潜在高成长企业总量由2019年的296家增长至595家，三年内实现翻倍增长，同年新晋潜在高成长企业359家，同比增长44.8%。高成长企业的加速涌现，是中国新经济高质量发展的重要标志。高成长企业深入贯彻党的二十大精神，通过智改数转实现智能化改造和数字化转型，促进数字经济和实体经济深度融合，充分释放"智改数转"的发展动能，在这一发展过程中呈现出以下主要特征。

### 一　智改数转打造数智化运营体系

高成长企业以数据为基础、以场景为导向、以算法为支撑，通过大数据、现代机器学习等方式，为传统运营赋予主动性、人性化及动态可视化的属性，形成了以数据生产、存储、交互、分析和应用为核心的数智化运营体系。

一是智改数转加快了资产数字化。高成长企业通过智改数转实现智能化改造和数字化转型的关键在于资产数字化。资产数字化将实体企业基于真实交易产生的各类资产映射到虚拟世界之后，实现了实体资产与数字化资产的一对一锚定,而数字化资产在虚拟世界流通时也具备线下流通时的各种属性,这使得价值交换过程得到了改善,交易更加便利。通过资产数字化,资产管理也变得更加智能化、高效化、精益化。高成长企业实现资产数字化后,资产管理的各个环节被打通,管理者可以实时掌握资产动态信息,实现资产全生命周期管理和精细化经营,资产运用、监管的安全性、针对性、及时性和有效性都得到了大幅提高,帮助高成长企业在存量时代中获得更大的竞争优势。

二是智改数转提高了产业数联度。高成长企业实现资产数字化后,客户需求、技术研发、商业模式、资产管理等多方面发生变化,产业数联成为企业外部组织方式变化的重要体现。基于智改数转的实现和数据的打通,高成长企业实现了组织的社交化与网络化,这使企业中的每个人都能更有效地与他人联系并分享资源、信息、技能和知识,也使企业能够与客户、产业链上下游的合作伙伴以及其他相关利益人进行链接与沟通。例如,企业可以利用社交化服务平台建立起企业和客户及终端消费者的数字化互动生态,及时获取用户的数据和反馈,从而能更好地指导产品的设计。这种基于智改数转的企业外部组织方式带来了产业数联的协同效应,使企业与外部各个共生伙伴的合作方式从原来的线性、树状的平面结构转化为网状的立体结构,提高了共享和互动的便捷度,由此催生了产业链的重构与价值提升。

三是智改数转促进了决策数智化。决策数智化最重要的两个关键元素是"数"和"智","数"就是数字化,从消费端到供给端的全域、全场景、全链路的数字化,"智"就是智能化,是基于数字化的闭环,完成由经验决策向机器决策的演进,从而实现对市场需求变化的精准响应、实时优化和智能决策。过往的企业决策,管理者往往依赖经验,或是依靠低效率的信息收集方式,如问卷调研、来自渠道商的信息汇总等。而高成长企业通过智改数转实现的数智化决策,则是数据支撑下的高效决策乃至自动化决策。实现决策数智化的高成长企业,可以在大数据处理、机器学习和人工智能的基础上,通过挖掘大量内部和外部数据中所蕴含的信息以及对企业整体情况的分析,发现业务规律,预测市场需求,改善工作流程,作出更好的决策,制定更加行之有效的战略,支撑企业的数字化营销、品牌建设、产品创新、智能制造、销售和分销以及渠道管理,创造"端到端"商业价值,从而实现持续增长、高效运营。

## 二 智改数转构建数智化服务体系

高成长企业通过整合数字化技术和智能化工具,构建以客户为中心,以用户体验、用户满意、用户忠诚为核心的数智化服务体系。

### (一)智改数转带来服务集成化

高成长企业数智化服务体系的一个显著特征是集成化。在数智化服务体系中,高成长企业通过整合先进的数字化工具和平台,如企业资源规划、客户关系管理和人力资源管理系统,实现了数据的统一管理和业务流程的集成化。这种集成性不仅消除了信息孤岛,还极大提高了服务效率,通过升级客户成功服务模式,以数字化服务平台为支撑,融合线上与线下服务,依托体系化的管理思路、专业化的服务组织、智能化的服务手段,为用户提供统一界面、统一标准、统一模式的服务保障。这种集成体系也可以帮助企业简化重复性任务,减少人为错误,同时释放员工的时间,让他们专注于更有价值的创造性工作。数智集成化服务系统为高成长企业提供了一种高效、协调一致的工作方式,从而使他们在激烈的市场竞争中保持领先地位。

### (二)智改数转创造服务个性化

个性化是高成长企业数智化服务体系的另一个关键特征。高成长企业利用人工智能(AI)和机器学习技术,提供智能化的服务,如智能客服、智能推荐等。通过智能化的服务帮助高成长企业更深入地理解客户需求,提供更加精准和个性化的服务。例如,通过分析客户的行为和偏好,企业可以提供定制化的产品推荐,从而提高客户满意度和忠诚度。与此同时,智改数转通过对生产全过程、产品与设备全周期、全产业链的工业互联网应用,不仅强化了数据、技术、资本、劳动、土地等要素的泛在连接与弹性供给,还释放了数据生产力推动各类要素及时、高效跨部门、跨企业、跨链条、跨区域流动,从而提升了生产效率。绿城科技产业集团从实际运营需求出发,自建了数字化平台,解决了"数字化需求和供给"的精准对接,打造出更符合真实需求、更具系统性思维和持续迭代的数字化平台，实现了"数字化赋能园区运营体系重构、园区运营经验驱动数字化平台持续迭代"的良性循环。

（三）智改数转激发服务创新性

高成长企业数智化服务体系的核心是数据驱动和持续创新。数智化创新服务体系基于云管端 + AIoT 等新技术群落，通过一套结合云计算、数据中台和移动端的开放解决方案，构建无边界协同和全局优化的开放技术体系，其要解决的核心问题从提升效率转向满足多场景下的全生命周期实时需求，全面支撑高成长企业模式创新、产品创新、组织创新、管理创新。聚时科技研发积累了数百个深度学习模型，基于机器学习的大规模 ADC，实现半导体制造的 YMS 良率管理的数字化闭环，针对工业控制场景，开发专用大规模深度网络、深度强化学习、Sim-to-Real 与机器人 AI 控制系统，实现了 AI 工控与复杂机器人柔性系统的技术创新。

### 三　智改数转形成数智化生态体系

数智化生态体系是在数字化、网络化、智能化背景下，以高成长企业为主体，以技术为驱动，以协同为原则，形成的以产业链、价值链、创新链为核心的生态体系。

（一）智改数转整合要素共振

数智化生态体系将综合利用人工智能、大数据、区块链、物联网、云计算等新兴技术，有效整合产品、材料、资金、人才、服务等各类资源要素，将各个环节、各个企业的优势资源进行有效对接。通过现代化基础设施体系实现要素配置的灵活性、可扩展性，加大产业链内产品或服务的流动性，提升产业链整体资源利用效率，高效解决高成长企业供需错配问题，优化产业配置，为高成长企业行业实现数智化赋能。深圳市企企通科技有限公司专注工业赋能与供应链数字化赋能解决方案，为企业构建采购与供应链数字化管理软件及工业供应链赋能平台。通过 AI、云计算、物联网、工业互联、大数据等技术，借助 iPaaS 第三方应用市场，建立起连通企业和企业之间的巨大生态网络，双边赋能采购方和供应商，实现企业间的互联互通，为企业采购数字化管理与工业供应链发展降本增效。

（二）智改数转串联链路集成

以5G、人工智能、工业互联网等为代表的通信网络基础设施能够有效连接重大科技基础设施、数智化升级后的传统基础设施，并通过组织平台化模式的优化，打通产业链体系、供应链体系、创新链体系等之间的链接通道。高成长企业针对不同研发环节的技术特征，构建数智化创新生态系统成员的多元耦合适配，实现上下游成员以"产学研用"为科研链的耦合数字平台，科研链的上游包括高校、研究院等从事基础研究的科研机构，科研链的下游包括从事产品应用的集成商企业。数智化创新生态系统通过重塑"产学研用"合作的业务模式，降低信息不对称性，打造跨学科、跨领域、跨部门的多重跨界融合体系，为政府治理端、产业组织端、用户应用端提供及时、精准、全周期的媒介匹配，实现业务流程全环节平台化，实现创新环境数字化、智能化和生态化，为突破"卡脖子"技术创新提供平台支撑。与此同时，通过充分发挥数字平台融合交互、价值创造和资源匹配的通用性，鼓励高成长企业构建平台、中小微企业应用平台，进而实现跨部门、跨组织和跨行业的融合发展。

（三）智改数转加速结构优化

"智改数转"除了赋能高成长企业已有部门的转型升级，还可以通过促进分工细化与跨界融合发展加速一些新行业、新业态的诞生、发展、壮大，从而优化产业结构，发挥倍增作用。比如，促进网络、存储和算力等数字基础设施的建设；推动支撑数字信息处理的终端设备、相关电子元器件、高度应用数字化技术的智能设备的制造及数字服务部门的发展；利用数字孪生、人工智能、5G、区块链、VR/AR、边缘计算、试验验证、仿真技术等新一代信息技术与先进制造技术深入融合实现智能制造等。

## 第三节　国内高成长企业智改数转的主要成效

自《中国制造2025》发布以来，尤其是2019年至2021年国家多次下发推动企业智能化改造的相关文件，引导企业在数字经济时代加快改造,"智改数转"政策的推出是战略推进过程中对新问题、新阶段的积极应对。工信部数据显示,截至 2021 年 10 月底,全国工业企业关键工序数控化率、经营管理数字化普及率和数字化研发设计工具普及率分别达 54.6%、69.8% 和 74.2%,"十三五"以来分别增加 9.2 个、14.9 个和 12.2 个百分点。制造业数字化转型不断加快,以两化深度融合为本质特征的中国特色新型工业化道路更加宽广,步伐更加坚定,成效更加显著。全国 31 个省份和各有关部门都制定了相应的发展规划和落实方案,明确了推动"智改数转"的总体要求、主要目标、重点任务及保障措施。"智改数转"行动计划自启动以来,越来越多的高成长企业深入实施智能化改造和数字化转型,在许多方面都取得了显著成效,为高质量发展提供智慧支持。

## 一 "智慧"工作实现降本增效

### (一)运营模式逐步优化

高成长企业应用工业互联网平台,打造基于智能算法的数字化运营平台。数字化智能运营平台是企业数字化转型的重要组成部分,它可以帮助企业实现各个方面的数字化,包括管理、生产、销售等,从而提高企业的整体运营效率和市场竞争力。在销售端可实现对客户订单需求的快速响应,灵活应对市场变化,提升企业面对不确定性环境的决策能力,加强客户黏性;在办公端可提升企业不同部门间的沟通效率,对外实现员工与企业客户的沟通管理。2022 年 11 月,国务院发布了《中小企业数字化转型指南》,提出要大力推进管理数字化,实施企业数字化转型"一把手"负责制,构建与数字化转型适配的组织架构,制定绩效管理、考核方案和激励机制等配套管理制度,该制度在全国多地推行。例如,湖南方恒新材料技术股份有限公司、江苏寅昊智能装备有限公司等高成长企业均借助一体化 ERP 平台,构建适配全企业数智化需求的新管理体系,重新定义和连接客户、项目、销售、采购、仓库、生产、财务、售后、人资、办公等各个环节,公司数据实现互联互通,企业全员随时随地查收信息、响应客户、处理订单、沟通协作,保障上下游信息和协作的一致性、高效率。

### （二）生产效率不断提高

智能改造、数字化转型是高成长企业实现生产效率提升的重要手段，企业通过自动化生产流程、数据化生产管理、供应链数字化及联网协作与协同等方式对生产流程进行全面优化和升级，可有效提高生产效率和产品品质。截至2023年12月底，我国已培育421家国家级示范工厂、万余家省级数字化车间和智能工厂。大飞机、新能源汽车、高速动车组等领域示范工厂研制周期平均缩短近30%、生产效率提升约30%；钢铁、建材、民爆等领域示范工厂安全水平大幅提升，碳排放减少约12%。国家两化融合公共服务平台服务工业企业18.3万家，这些企业的数字化研发设计工具普及率达到79.6%，关键工序数控化率达到62.2%。例如，中天科技装备电缆有限公司与中国电信南通分公司合作，投资2000余万元，以"精益生产"模式打造了仓储物流、集中供料、视觉识别及孪生集成等多个场景，达成了产能提升30%、内部空间利用率提升40%、搬运浪费减少20%、质量管理提升15%的目标，项目年效益达1000余万元，将"智改数转"实实在在转化成了企业效益。

### （三）成本资源高效节约

"智改数转"提高了高成长企业的研发能力，通过智能化、信息化技术的应用，产品的研发周期缩短，研发费用降低，综合成品率提升，有效降低企业的综合成本，减少人力及物力资源的浪费。工信部数据显示，江苏各类智能制造试点示范项目建成后，企业生产效率提升30%以上，生产能耗平均降低10%，综合成本降低20%以上，产品质量和竞争力显著提高。以江苏省三元轮胎有限公司为例，其建立全流程智能化车间后，设备在线联网率达到90%以上，硫化工序基本实现了无人生产，项目用工较传统工艺减少1500多人，产品交付及时率100%，年降低生产成本约2500万元。南京汽车锻造有限公司进行系统信息化改造后，PDM系统减少产品设计成本至少10%，缩短产品设计周期20%以上，增强了协同设计的能力，设计变更周期也明显缩短。

## 二 "数智"赋能企业创新发展

### (一)增强企业创新能力

"智改数转"是高成长企业提升创新能力的关键举措,企业利用互联网新技术新应用对传统产业进行全方位、全角度、全链条的改造,同时坚持创新驱动,不断增强科技支撑能力,以提高全要素生产率,释放数字经济对经济发展的放大、叠加、倍增作用。2023年第五届全球工业互联网大会发言人指出,据不完全统计,目前中国已建成2500多个高水平数字化车间和智能工厂,近十年来,工业互联网产业规模已超1.2万亿元。据测算,2022年工业互联网核心产业增加值已达约9389亿元,从现在到2025年复合增长率将保持在每年20%左右,呈现快速增长态势。例如,海天调味食品股份有限公司自2008年起开启数字化转型,年均投入超2亿元,用于工艺技术和生产模式创新,自主研发制造多套独有的设备及系统,支撑"数智化"技术落地。无锡一棉纺织集团有限公司通过逐年持续的"智改数转",不断加强技术创新、管理创新、产品创新,积极建设智能化车间、大数据分析平台,采用先进的紧密纺纱技术,成为纺织行业"特高支纱技术创新中心",一直以来保持着中国棉纺织行业"排头兵"的地位。

### (二)推动生产模式变革

数字化时代下,企业不再只是单纯地销售产品或提供服务,而是转变为一个完整的服务生态系统,通过创新企业生存模式,为客户提供更多元的价值。"智改数转"对制造业的叠加作用主要在于对生产、经营等业务价值实现逻辑的改变。"智改数转"可以有效推动协同研发设计、远程设备操控、设备协同作业、柔性生产制造、现场辅助装配、机器视觉质检、设备故障诊断、厂区智能物流、无人智能巡检、生产现场监测等典型应用场景的生产模式创新。例如,江苏洋河酒厂股份有限公司自2013年启动以ERP为核心的"前中后台一体化"数字平台建设起,至今十年"智改数转"的历程使洋河在生产、管理、渠道、消费"四端"应用场景中,通过智能化改造数字化转型不断推动生产模式的创新,实现了降成本、提质量、减能耗、增效益、树口碑的良好局面，在行业内率先建成数字化、智能化、集成化的智慧工厂，智慧酿造车间、智慧制曲车间、智能包装生产透明工厂等项目都是洋河"智改数转"的典型实践范本。2022年，"洋河股份营销数字化"更是入选清华大学教学案例，在数字化应用创新方面处于领先地位。

### 三 "点链"融合构建数字生态

产业链供应链优化升级是经济高质量发展的重要内容。2024年3月25日，工信部部长金壮龙出席中国发展高层论坛2024年年会，围绕在国际合作中推动产业链供应链优化升级发表主旨演讲，倡导深化产业链供应链协同创新合作，大力推进科技创新和产业创新深度融合，实施制造业重点产业链高质量发展行动。

（一）促进企业内产业链上下游协同

"智改数转"促进高成长企业产业链上下游协同关键在于数据生产、存储、交互、分析和应用带动技术、资金、人才、物资等要素的优化配置，可以大大降低生产企业内部的摩擦成本，优化产业链的结构和布局，增强产业链的创新能力和竞争力。工信部数据显示，2023年中央企业战略性新兴产业完成投资2.18万亿元，同比增长32.1%。依托中央企业产业链融通发展共链行动，开展了13场产业链供需对接活动，累计发布产业链供需清单超过1000项，带动产业链各类主体5000余家。例如，江苏盛虹石化产业集团有限公司借助数字力量全面布局工业互联网大平台，打通"数据孤岛"，实现了全产业链内部与外部的数字化协同。通过供应链协同的创新，盛虹石化新产品研发周期从100天缩短到50天，能源利用率提升20%；生产管理数字化和生产调度智能化大大提高了企业生产柔性，快速应对市场变化，带动直接经济效益约每年6000万元。

（二）建立企业间数字化协作产业链

推行"智改数转"的高成长企业可以打破产业链的大数据孤岛，通过数据驱动企业运营和业务模式的创新，积极联合数字科技企业与产业链上下游企业，实现生产信息的纵向集成和产业链的横向集成。产业链大企业"建平台"，中小企业"用平台"，基于产业链协作平台开展协同采购、协同制造、协同销售、协同配送，以上游带动下游，建立起数字化协作产业链。根据《产业链供应链数字经济发展报告（2023）》，近年来我国产业链供应链数字化转型步伐明显加快，新增企业数量实现新突破，重点项目建设加快推进，呈现强劲增长态势。2022年产业链供应链数字经济市场规模达43.82万亿元，2018—2022年整体市场规模年均复合增长率达11.59%。2023年产业链供应链数字经济市场规模有望达到51.65万亿元。例如，亨通集团在企业外部全面打通上下游供应链、销售链，构建大数据支撑、网络化共享、智慧化协作的上下游全产业链体系，建设的远程可视化监造平台带动了产业链上下游近1万家企业开展智能化改造，推动了行业、产业高质量发展。

（三）形成协同发展数智化产业园区

产业园区是经济高质量发展的重要载体，也是"智改数转"的重要阵地。国务院发布的《"十四五"数字经济发展规划》明确提出，推动产业园区和产业集群数字化转型，标志着园区作为新型基础设施建设和数字经济建设的重要组成部分进入新阶段。园区推动"智改数转"走出去、引进来，打造协同发展生态圈。高成长企业借助产业园区资源赋能产业数字化智能化发展，提升企业产业链、供应链现代化水平。《2020中国数字产业园区研究报告》数据显示，目前我国数字产业园区数量已达到4700余家，总面积超过1.8亿平方米。截至2020年我国数字化经济规模达到35.8万亿元，同比增长7.6%，在数字化的大潮中，园区数字化已成为产业发展的必要选择。例如，苏州工业园区以电子信息为主导产业，重点关注集成电路、新型显示、光子等领域，加快形成关键软硬件产业生态链。为提升电子信息产业链供应链创新能力，增强稳定性和竞争力，园区通过机制创新、要素集聚、平台搭建等途径，形成龙头企业、配套企业、高等院校、科研院所、第三方平台、金融机构等协同联动、竞合共生的生态发展格局。在2023年江苏省独角兽企业和瞪羚企业评估结果中，全省独角兽、潜在独角兽和瞪羚企业苏州工业园区分别入选5家、70家和182家，三项均列江苏省第一。

## 第四节　国内高成长企业智改数转的主要困境

近年来，尽管国家高度重视制造业智能化改造和数字化转型，但也面临着不少问题，存在着多种风险和挑战。综合来看，主要面临数智化转型投入不足、技术基础和数据应用能力不足、企业复合型专业人才不足等问题。

### 一　数智化转型投入不足

根据 2023 年 6 月工信部发布的《关于开展中小企业数字化转型城市试点工作的通知》，拟在 2023—2025 年分三批组织开展中小企业数字化转型城市试点工作，奖补资金的使用原则是"企业出一点、服务商让一点、政府补一点"，选中的试点区域相较于之前的财政支持工作已经在很多方面获得了改善，但在支持力度上仍需加大，奖补资金覆盖的范围及程度有限，且对于经济尚不发达的试点区域而言落实仍有难度。由此可见，高成长企业进行"智改数转"不是一"转"永逸的，而是一个循序渐进、不断投入，不断提升的过程，当前阶段企业数智化转型仍面临各方资金投入不足的困境。

（一）政府财力支持不足

政府政策扶持主要体现在政府数字化有关政策法规的制订、出台及地方政府部门的有效监督上。近年来政府强有力的政策支持，对高成长企业开展智改数转有着重要的激励作用。尽管国家目前已经出台了数字化发展的总体策略，但我国的智改数转仍然需要得到政府财力支持，来进行科研创新和数据基础设施建设。在部分地区，数据资源发展不均衡已经成为常态，这不仅影响了区域数据资源供应，也影响着该领域未来的成长。同时政策帮扶对象多为大企业或龙头标杆企业，很多自身能力较弱的中小企业无法享受政策利好，由此错失转型发展的良机。而相关政策，如增加对高成长企业的财政补贴和贷款支持的不足，导致企业在智改数转转型时缺乏良好的政策资金支持，从而影响企业发展。

## （二）企业投资意愿不强

根据埃森哲发布的《2022中国企业数字化转型指数》，企业数字化转型取得显著成效的比例仅占17%，我国企业数字化转型指数下降，企业数字化转型投入减少较为明显。由于数字化转型是一项涉及企业整体业务、跨职能的系统性改革工程，投资见效慢、周期长，但不少高成长企业又往往急于见到成效，用传统的绩效指标衡量转型效果，而不是根据企业实际情况与部署计划去配套针对性的评估体系，就难以对数智化转型进程与价值做到阶段性、渐进式的评估。这种情况下，在短期内企业会判断数智化部署"失灵"，管理层也会质疑数智化价值，导致数智化投资持续性弱，形成恶性循环。

## （三）企业转型资金有限

据调查，一个中小型企业数字化转型的成本为10万—100万元，而大型企业的数字化转型成本更是高达数百万甚至上亿元。企业的"智改数转"呈现投入高、见效慢、周期长的特点，具有强烈转型需求的高成长企业常常由于资金有限而望而却步，或者半途而废。"智改数转"的成本不仅包括购买和安装基础设施、升级智能设备和应用软件的成本，还包括对整个企业的组织结构、制造过程、业务流程、商业模式等进行重构的成本。一个有实力的高成长企业要想顺利完成"智改数转"，需要长期持续不断投入成本，动辄要花费千万元甚至上亿元。而大部分中小高成长企业规模小、盈利少、融资难，难以为转型持续投入大量资金，当其面对市场竞争激烈、上下游供应链短缺、市场行情低迷、经济环境波动等问题时，该类企业首要考虑的是生存问题，而不是将有限的资金投入到"智改数转"之中。

## 二 技术基础和数据应用能力不足

根据《中小企业数字化转型分析报告（2020）》的数据，89%的中小企业处于数字化转型探索阶段。许多高成长企业的技术基础较差，对数字化、智能化新技术的应用能力较弱，技术迭代更新推进较慢，从而影响了企业"智改数转"的进程和效力。

### （一）智改数字技术基础支撑不足

大部分中小型高成长企业在"智改数转"过程中，信息基础设施、智能化设备和数字化转型设施配置不到位；在操作系统、工业软件等方面技术应用能力不够，在平台数据采集、总结、分析等方面不能深入。同时，企业设备设施联网率低，设备网络化智能化改造程度低，部门间信息不通畅。很多高成长企业虽然已经开始 O2O 销售和服务，但是重点仍旧是放在线下产品的营销上，而对线上销售和服务改进缺乏内在动力。这些都导致企业"智改数转"建设水平低，数据获取成本高，转型协同体系不健全等问题。

（二）企业数据孤岛严重

数据是数智化的基础，实现数据在系统间的顺畅流动是高成长企业数智化面临的重要课题。当前多数企业缺乏覆盖企业经营各环节、全流程的数据链，内部数据分散在各业务系统中，各系统因为数据标准不同或网络连接问题无法互通，形成"数据孤岛"。同时，外部数据融合度不高，无法及时全面感知数据的分布与更新。受限于数据的规模、种类以及质量，数据标准混乱、数据质量参差不齐、数据的应用程度比较低，数智化应用主要集中在精准营销、舆情感知和风险控制等有限场景，甚至出现各交互场景数据未整合，系统间数据孤岛化严重等现象，阻碍了数据的共享应用。不同业务系统往往存在技术标准不统一，数据不能充分联通的问题，导致数据在各个系统之间流转不畅。数据就像是企业的血液，需要全面流动才能更高效，如果只能实现数据的局部循环，容易导致组织"营养不良"。

（三）数据要素驱动不足

数据是数字化转型的核心驱动要素，能够打破传统要素有限供给对增长的制约，不断催化和转化传统生产要素。由于企业数据治理的复杂性以及企业数据安全的敏感性，目前高成长企业现场数据采集率不高，不同业务条线间存在数据壁垒、数据开发利用水平和能力不足、数据要素作用尚未充分发挥等问题，主要体现在三个方面：第一，数据采集不全面，仅有较少的企业能够实现在线自动采集并上传现场数据。第二，数据共享不足，仅有较少的企业实现了产品、物料、资产、组织、供应商、客户等数据的企业级标准化；仅有较少的高成长企业建立企业级数据交换平台，实现全企业多源异构数据的在线交换和集成共享。第三，数据开发利用不充分，许多中小型高成长企业仅开展了简单报表应用，多数国内高成长企业尚未开展专门数字化建模。

### 三 企业复合型专业人才不足

据中国信息通信研究院发布的《数字经济就业影响研究报告》，2020年中国数字化人才缺口接近1100万人，随着全行业的数字化推进，需要更广泛的数字化人才引入，人才需求缺口依然在持续扩大。尤其是高成长企业在推行"智改数转"这一系统性工程的进程中更是离不开高端复合型人才的有力支撑，虽然企业数字化转型成效初显，但企业用人机制较不成熟、数字人才缺口较大等仍是企业发展桎梏。

**（一）用人机制较不成熟**

当前许多高成长企业在数字化用人机制上存在用人难、留人难的囧状，企业一方面高标准招聘数字化人才，另一方面却"高开低走"，造成留人难的局面。同时，由于企业对数字人才的激励不足，在岗位体系、绩效考核和激励机制上相对不灵活，很多高成长企业没有系统规划数字人才、构建数字人才岗位序列、考虑完善激励制度。许多中小高成长企业也尚未建立数字人才的培养和赋能体系，企业外部知识获取渠道短缺，内部知识沉淀和共建共享不足，无法对员工开展创新进行赋能，导致企业的人才储备不足。此外，部分企业在人才培养计划制订方面存在缺乏特色、类型模糊、创新性和多样性不足等问题，没有针对培养对象的学历专业、岗位特点等因材施教，人才培养最终沦为"纸上谈兵"，导致培养出来的人才适应能力和创新能力不足。

**（二）复合型人才供不应求**

"智改数转"的趋势使中小高成长企业对数字化人才的需求暴涨，仅掌握智能技术、信息技术的人才或仅熟悉相关专业的人才已不能满足"智改数转"的需要，企业真正需要的是能够横跨多领域、具有强能力高素质的复合型人才。以制造业为例，当前的中小制造企业普遍缺乏信息技术和制造工业知识兼备、可直接从事制造流程智能化和数字化的专业技术人才，特别需要既掌握智能数字技术、又精通制造业务流程，既明白业务的数字化切入点、制造流程优化点、产品创新点以及全流程管理方案，又熟悉智能化、网络化、数字化工具技术应用的跨领域综合性人才。同时，有些高成长企业规模偏小，员工福利水平有限，对复合型人才缺乏吸引力，导致具有数字技能和业务技能的综合性人才不断流失，严重阻碍了企业"智改数转"的顺利推行。

（三）顶层认识不足

部分企业领导针对企业数字化转型在认知上存在局限性，片面地认为企业转型升级仅仅是信息部门的"单打独斗"。同时有很多高成长企业在推进数字化的过程中，将数字化作为一种信息技术的应用，并没有真正上升到战略层面，导致仅仅依靠单一的数字部门或者信息部门来推动数字化。但实际上并非如此，数字化是一个企业的核心战略，并不是单纯依靠信息技术的应用，而是需要融合的力量。此外还有信息部门存在位势低与资源不到位等问题，导致数字化与经营方面"两张皮"，难以实现数字技术与经营策略的融合。因此，必须深刻洞察数字化的本质，并认识到高成长企业的目标是要实现业务活动数字化、数据业务活动化，而且只有实现这两者之间的互动融合，并时刻警惕掉入数字工具陷阱，才能真正抓住机遇，助力高成长企业迈向"智改数转"新征程。

# 第六章　区域视角：基于"五力模型"的江苏评估

江苏省作为我国东部沿海发达地区，是我国企业智改数转发展的重要样本，具有代表性、典型性和先进性。除了独角兽、潜在独角兽和瞪羚等高成长企业，根据不同标准，市场上还存在大量的潜在高成长企业。本章将高成长企业的样本由独角兽、潜在独角兽和瞪羚拓展到具有高成长前景行业的重点企业以及专精特新企业，在江苏省13个地级市展开问卷调查，连续两年对上述构建的高成长企业智改数转的五维评价体系进行测算。问卷采用线上形式，2022年在江苏省发放问卷并回收2119份，其中有效问卷1811份，2023年发放问卷863份，其中有效问卷714份，本章将从高成长企业智改数转的五大维度深入分析智改数转情况，并对地区和行业智改数转进行评估分析，第一节将展示江苏省2023年"五力模型"评估结果，第二节将对2023年与2022年的测算结果进行对比。

## 第一节　基于"五力模型"的智改数转评估

### 一　江苏省2023年"五力模型"的总体评估

整体来看，江苏省高成长企业智改数转呈现出"两高三低"的特点，即数字要素整合力发展水平较高、数字技术支撑力发展水平较高，而数字系统集成力、数字理念贯彻力以及数字场景应用力发展水平相对较低。表6.1显示了基于问卷调查的江苏省高成长企业智改数转五维指标体系的评价结果。

表 6.1　　　江苏省高成长企业智改数转五维评估结果

| 准则层 | 要素层 | 智改数转具体数值 | 均值 |
|---|---|---|---|
| 数字理念贯彻力 | 发展规划 | 0.387 | 0.264 |
| | 组织架构 | 0.322 | |
| | 人才培养 | 0.163 | |
| | 资金投入 | 0.182 | |
| 数字要素整合力 | 数据标准性 | 0.409 | 0.484 |
| | 数据统一性 | 0.669 | |
| | 数据及时性 | 0.332 | |
| | 数据全面性 | 0.525 | |
| | 数据安全性 | 0.485 | |
| 数字技术支撑力 | 硬件技术 | 0.240 | 0.304 |
| | | 0.199 | |
| | | 0.427 | |
| | 软件技术 | 0.325 | |
| | | 0.329 | |
| 数字系统集成力 | 纵向集成 | 0.170 | 0.269 |
| | | 0.208 | |
| | 横向集成 | 0.217 | |
| | | 0.325 | |
| | 集成模式 | 0.427 | |
| 数字场景应用力 | 研发设计 | 0.190 | 0.228 |
| | | 0.235 | |
| | | 0.227 | |
| | 生产制造 | 0.224 | |
| | | 0.198 | |
| | | 0.191 | |
| | | 0.161 | |
| | 经营管理 | 0.359 | |
| | | 0.212 | |
| | | 0.338 | |
| | | 0.174 | |

## 第六章 区域视角：基于"五力模型"的江苏评估

具体来看，江苏省高成长企业数字要素整合力的绝对优势明显。表6.1显示，数字要素整合力得分高达0.484，在"五力"中排名第一，比排名第二的数字技术支撑力高59.21%，优势明显。其中，数据的统一性评分最高，为0.669；数据及时性的评分较低，仅为0.332；近年来，为进一步完善行业规范的产品数据标准，我国工信部及各省市发布了多项产品数据标准，发布了338项行业标准及98项行业标准样品的研制结果，并进行市场化检验。而数据的及时性较差表明江苏省高成长企业数据统计及处理的时限较长，及时性有待加强。值得一提的是，江苏省高成长企业的数据安全性相对较高，为0.485。近年来工信部出台了多项关于数据安全标准体系的规定，用于规范数据收集、存储、使用、加工、传输方面技术产品要求，提高各企业的重要数据和核心数据的安全，江苏省高成长企业的数据安全评分也印证了该标准体系取得了显著成效。

江苏省高成长企业数字技术支撑力发展水平相对较高。从表6.1可以看出，数字技术支撑力的得分均值为0.304，在"五力"中排名第二，其中数字化硬件技术支撑力（平均0.289）略低于软件技术支撑力（平均0.327）。数字化的硬件和软件是实现企业智改数转的基础支撑条件。江苏省5G、工业互联网等基础设施建设速度加快，但因资金投入、设备管理等问题全行业高成长企业的智能制造装备率、智能设备联网率皆不高，需进一步加大智能设备的使用率，积极参与和利用工业互联网平台，提升智能化生产水平。相对来说，江苏省高成长企业数字化软件的评分较高，这与各企业积极进行信息网络建设及积极开展企业上云有关。

江苏省高成长企业数字系统集成力相对薄弱。表6.1显示，数字系统集成力的得分为0.269，在"五力"中排名第三，其中纵向集成水平最低，仅为0.189，其次为横向集成能力（平均0.271），集成模式较高，为0.427。数字系统集成是优化数据管理、促进数据安全和集成的重要方式。江苏省高成长企业纵向集成和横向集成能力皆需发力，亟须加速大数据应用、内部集成互联网络建设，积极参与数字化协同制造平台建设，实现跨企业资源共享和协同优化。

江苏省高成长企业数字理念贯彻力有待进一步提升。从表6.1的评估结果中可以明显看出，数字理念贯彻力的得分均值为0.264，在"五力"中排名第四。其中，人才培养和资金投入整体情况不佳，分值分别只有0.163、0.182。资金整体投入力度低、人才（特别是复合型的数字化人才）培养进程缓慢是江苏省高成长企业智改数转面临的较为突出的问题。目前江苏省在企业智能化改造和智改数转三年行动计划中提出通过加大政策资金专项支持、创新金融服务、强化人才支撑等方式保障企业智改数转的顺利实施。

江苏省高成长企业数字场景应用力有较大提升空间。表6.1的评估结果表明，数字场景应用力的得分均值仅为0.228，在"五力"中排名最末，比排名第一的数字要素整合力低112.3%，数字场景应用力急需提升。从具体数据看，江苏省高成长企业在研发设计环节的生产线规划、产品设计改进及工艺流程设计方面的数字化水平较低，在生产制造环节的生产物料配送、仓储物流、产品检测检验等环节数字化技术应用率也不高，在经营管理环节的财务及成本核算的数字化改造方面存在较大的提升空间。数字化时代，江苏省高成长企业的生产决策者需在对市场、客户、产品、价值链等整个管理流程进行重新审视的基础上，构建数字经济时代所需要的管理理念。

除此之外，专精特新中小企业作为数字经济发展的主力军，也是智改数转的主战场、中国制造的重要支撑，是聚焦产业链关键环节、解决"卡脖子"技术难题、构建新发展格局的关键所在。江苏省不仅是高成长企业大省和创新资源大省，也是在全国范围内率先开展专精特新企业培育的省份。因此，有必要从专精特新视角对江苏省高成长企业进行整体化评估。图6.1展示了按专精特新类型划分的江苏省高成长企业智改数转的五维评估结果。显而易见，就智改数转评分而言，国家级专精特新企业 > 省级专精特新企业 > 市级专精特新企业 > 以上都不是。近年来，江苏省深入实施企业数字化赋能专项行动，加快传统制造装备联网、关键工序数控化等数字化改造，促进企业生产过程柔性化及系统服务集成化，分行业分领域编制智能化改造和智改数转实施指南，推行专精特新企业智能制造顾问和两化融合管理体系

第六章　区域视角：基于"五力模型"的江苏评估

贯标制度。完善"上云用平台"产品目录，支持专精特新企业设备上云和业务系统向云端迁移，组织省重点工业互联网平台针对专精特新企业需求，开发集成一批面向典型场景和生产环节的工业App。在各项政策的支持下，专精特新企业智改数转水平相对非专精特新企业有了大幅提升。

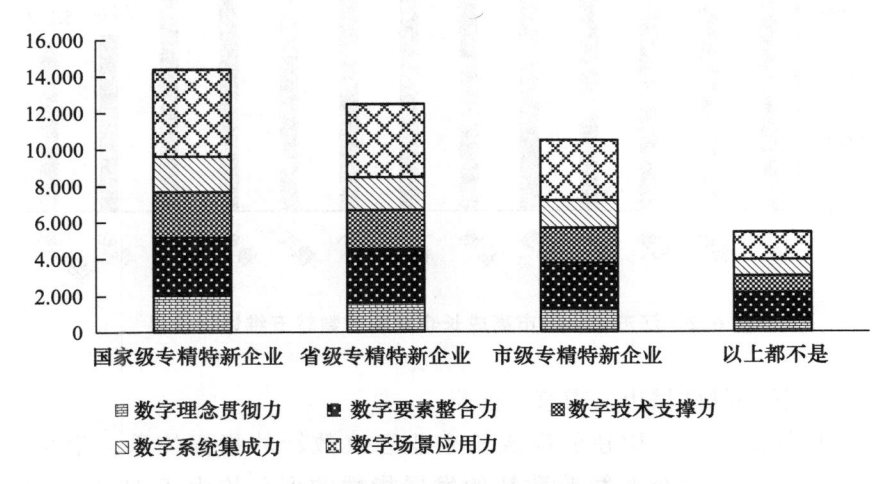

**图6.1　按专精特新类型划分的江苏省高成长企业智改数转五维评估结果**

## 二　江苏省2023年"五力模型"的地区比较

（一）江苏省高成长企业智改数转的区域梯队分析

江苏数字经济发展较快、成效显著，但受制于不同城市自身经济发展水平、产业特征、人才资源等原因，各城市高成长企业智改数转的现状存在梯队差异。目前，各地政府均已出台相应政策来加快推进企业的"智改数转"，对企业智改数转支持力度也越来越显著。图6.2为根据问卷数据和"五力模型"测算的各个城市的综合指数。根据测算情况，南京、苏州高成长企业的智改数转程度较高，位于第一梯队；无锡、泰州、南通、盐城、常州、扬州六个城市的高成长企业智改数转程度较高，位于第二梯队；镇江、徐州、宿迁、淮安、连云港五个城市的高成长企业智改数转程度较弱，位于第三梯队。

▶ 实践篇

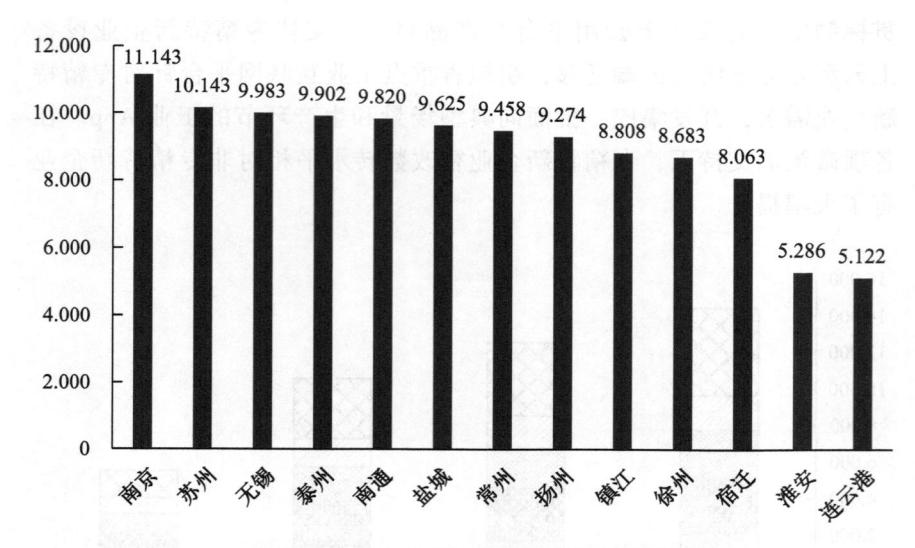

```
11.143  10.143  9.983  9.902  9.820  9.625  9.458  9.274  8.808  8.683  8.063  5.286  5.122
南京    苏州    无锡   泰州   南通   盐城   常州   扬州   镇江   徐州   宿迁   淮安   连云港
```

图 6.2　江苏省十三市高成长企业智改数转五维评估结果

**1. 第一梯队城市：南京、苏州**

根据五力模型构建的高成长企业智改数转的指标体系，南京、苏州两市高成长企业智改数转的发展指数的评分均大于 10 分，其中，南京市位居首位，总分高达 11.143 分（见图 6.2）。南京市高度重视数字经济发展，陆续出台了《南京市"十四五"数字经济发展规划》《南京市推进数字经济高质量发展实施方案》《南京市推进数字经济高质量发展 2023 年工作要点》等政策文件。2022 年，南京市数字经济核心产业项目投资增速 4.2%，高于全社会固定资产投资增速 0.7 个百分点，数字经济核心产业项目投资额不断扩大、增长速度稳步提升，为南京市经济发展提供了新动能。此外，南京市还由市委书记任第一组长、市长任组长，统筹推进全市数字经济发展工作，其力度之大，使南京市的数字经济综合发展水平位居全国城市前列。苏州市出台了专项贷款贴息奖励政策，推动银行对企业智能化改造给予信贷倾斜，针对企业设备"联网难"导致"不能转"的难题，采用外部引进和本地培育"双管齐下"的办法，发挥高端平台在苏州市集中布局优势，引导平台载体赋能增效。在政策的支持下，两座城市高成长企业的智改数转进度突飞猛

## 第六章 区域视角：基于"五力模型"的江苏评估

进，在全省中排名前列。

深入探究第一梯队城市高成长企业智改数转发展指数较高的原因，我们发现两个城市均具有各自的产业优势和特色，且在数字要素整合力方面发展突出。例如，南京市注重推动智能化发展、新产业发展。由于本身就有软件谷、软件产业，加之南京市又是江苏省高校和科研院所集中地，这让区域内企业在数字化的技术应用上和要素配置上具有先天优势；苏州市的鲜明特点在于经济水平高，并且数字工作起步早、布局实，数字产业规模大、企业好，具有先行先发、集群发展等优势。由于数字要素是企业智改数转的根本，这也是体现城市智改数转的基础要素，要素整合力在这两个城市中的优势相对明显，从图6.3可知，南京、苏州两个城市在这项指数得分上分别为0.631和0.573。但从整体来看，这两个城市的高成长企业在数字技术支撑力得分中等偏上，在数字理念贯彻力、数字场景应用力、数字系统集成力上的得分相对较低，尤其是在数字场景应用力方面，两个城市都存在较大短板。

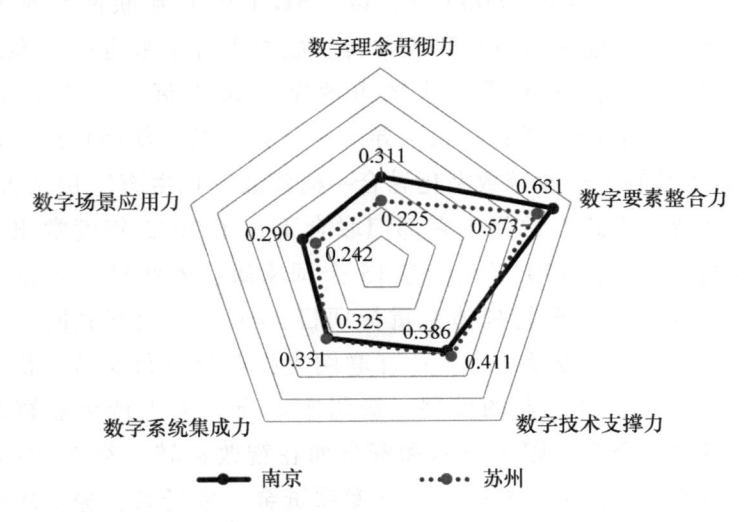

图6.3 江苏第一梯队城市高成长企业的"五力模型"指数

### 2. 第二梯队六市：无锡、泰州、南通、盐城、常州、扬州

第二梯队城市中，无锡、泰州、南通、盐城、常州、扬州六市

的高成长企业智改数转发展指数分别为9.983、9.902、9.820、9.625、9.458、9.274（见图6.2），均在9—10分之间，六个城市的高成长企业智改数转发展水平相对均衡。无锡市出台《无锡市加快智能化改造数字化转型绿色化提升推动制造业降本降耗降碳三年行动计划（2022—2024年）》，拟定了一系列推动企业智能化改造、智改数转、绿色化提升的任务，明确将开展千企画像、千企改造、千企领航、千企上云、千企转型、千企创新等工程。泰州市以应用为主导、企业为主体、园区为主阵地，开展企业"数字画像"，帮助企业发现短板缺项，明确目标路径和主攻方向，实施"千企诊断"，以免费诊断为突破口，为促进企业迈出"智改数转"关键第一步提供了助力。2022年以来，泰州市已建成5个省级智能制造示范工厂，第一批161家星级上云企业，培育19家工业互联网标杆工厂和平台、36家智能车间和62家贯标试点企业。南通市在船舶、电子信息和高端纺织三个行业已建成工业互联网标识解析二级节点，累计注册企业超16000家，以"5G+工业互联网"带动了南通市的企业智能化改造和智改数转。盐城市近年来也持续推进企业"智改数转"，发布了《盐城市数字经济发展三年行动计划（2022—2024年）》，维持四大主导产业优势并激发新增长点，通过"企业智改数转—产业链数字化融合—构建数字化生态"层层推进，打造盐城智造模式。常州市多部门联合下达了2022年度常州市工业互联网专项资金720万元，对15个国家级、省级试点示范荣誉项目，17个两化融合管理体系贯标项目，41个工业互联网标识解析二级节点项目，以及4个工业互联网支撑项目进行支持，积极推动全市工业互联网产业的发展。扬州市政府大力支持企业智改数转。针对中小企业受限于技术和资金而在智改数转上存在"不愿、不会、不能"的困境，扬州市设立专项资金，多场景、深层次推动企业"智改数转"，全面推进企业的智改数转进度。

从图6.4可知，在第二梯队城市中，数字要素整合力的拉动效用明显，数字技术支撑力和数字理念贯彻力发展水平相对值中等，数字场景应用力最弱。无锡、泰州、南通、盐城、常州、扬州六市数字要

## 第六章 区域视角：基于"五力模型"的江苏评估

素整合力的得分分别为 0.481、0.494、0.477、0.494、0.518、0.534。与"五力模型"中的其余各项相比，各个城市的数字要素整合力的得分明显高于其余分项。同时，部分指标上存在明显短板，例如在场景应用上，六个城市的平均得分为 0.26，显著低于数字要素整合力。这表明第二梯队城市的高成长企业正处于智改数转的筹备阶段，已经拥有了智改数转的相应基础条件，在数据的标准性、统一性以及全面性等方面已初显成效，但在具体转型模式和实际应用上还未系统开展，未来还需在数字要素完备的基础上，来对"五力"中的其余分项进行推动。

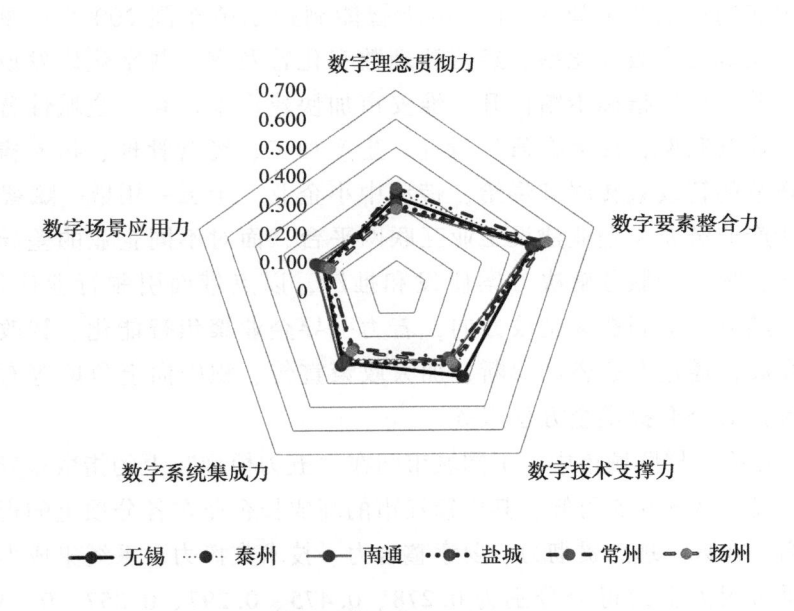

图6.4 江苏第二梯队城市高成长企业的"五力模型"指数

### 3. 第三梯队五市：镇江、徐州、宿迁、淮安、连云港

第三梯队中，镇江、徐州、宿迁、淮安和连云港五市的高成长企业智改数转发展指数得分分别为 8.808、8.683、8.063、5.286、5.122（见图6.2），均处于9分以下。尽管这些城市在高成长企业智改数转方面与第一和第二梯队城市相比稍显不足，但近几年也越

加重视。例如镇江市立足打造标杆示范智能制造骨干企业，用一系列有力举措和温情服务，助力企业加速智能化改造。镇江市通过组织诊断服务商，按照"智改数转"诊断标准环节及流程内容，开展线上线下精准诊断服务，为800家规上工业企业进行"数字画像"，"一企一方案"对症下药，提供个性化解决方案，带动企业实施技术改造。徐州市坚持"一企一策"开展"智改数转"示范试点企业培育，推进智能制造示范工厂建设，支持大型高成长企业开展系统集成应用创新。宿迁市深入实施"龙头带动、百企智造、千企上云、万企联网"四大工程，加快推进企业"智改数转"，已建成省级智能制造示范车间32个、市级智能制造示范车间200个，重点企业关键工序数控化率、经营管理数字化普及率、数字化研发设计工具普及率等指标不断提升。淮安市加快建设本地化、全域性普惠型工业互联网，加大在研发设计、生产加工、经营管理、物流售后等环节的智改数转服务供给，带动中小企业"上云—用数—赋智"，支持产业链龙头企业建设工业互联网平台，面对不同企业的差异化需求，加强云服务解决方案研发和推广，以点带面引领行业应用。连云港以智能制造为主攻方向，着力引导企业聚焦智能化、智改数转发展，通过专家咨询诊断、加大政策宣传、积极向上争取等有关支持，对企业提供全方位服务。

在第三梯队城市中，不同城市间在"五力模型"上的指数差异较为明显。从图6.5可知，其中镇江市的高成长企业在各分项上的得分较高，在数字理念贯彻力、要素整合力、技术支撑力、系统集成力和场景应用力上的得分分别为0.278、0.475、0.297、0.257、0.232。这些城市在企业智改数转中不存在错位发展的格局，总体发展指数高的城市在各项指数上也相对较高，在"五力"的各项指标上，不同城市的差异较为明显，表明这些城市的高成长企业在智改数转过程中缺乏一定亮点和优势，未能形成各自的数字产业特色，并且企业的各项指数相对而言整体较低，未来还需结合各自区域的产业特色，集中优势进行转型，力争打造出具有亮点的数字化产业群，为高成长企业的全面数字化提供助力。

第六章　区域视角：基于"五力模型"的江苏评估

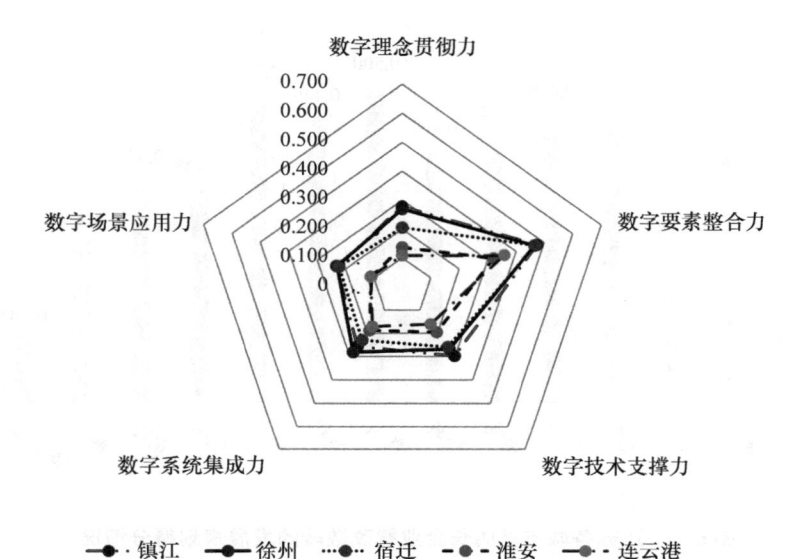

图6.5　江苏第三梯队城市高成长企业的"五力模型"指数

（二）基于"五力模型"的区域分项分析

1. 数字理念贯彻力

（1）发展规划

在发展规划方面，各城市高成长企业智改数转的发展规划与整体排名不完全一致，苏州市更应重点推进智改数转的顶层设计。如图6.6所示，在发展规划上，得分最高的是常州市，高达0.500分，其次是镇江（0.475）、泰州（0.469）、扬州（0.449）、南京（0.442）、无锡（0.442）等市，而淮安、苏州、连云港三市的智改数转发展规划较弱。智改数转发展规划有助于企业明确发展目标、有效调配资源、统一行动、控制风险以及获得竞争优势，省市地区应配合各企业做好智改数转的需求分析，建立跨部门合作机制，开展智改数转顶层设计的培训和推广。

▶ 实践篇

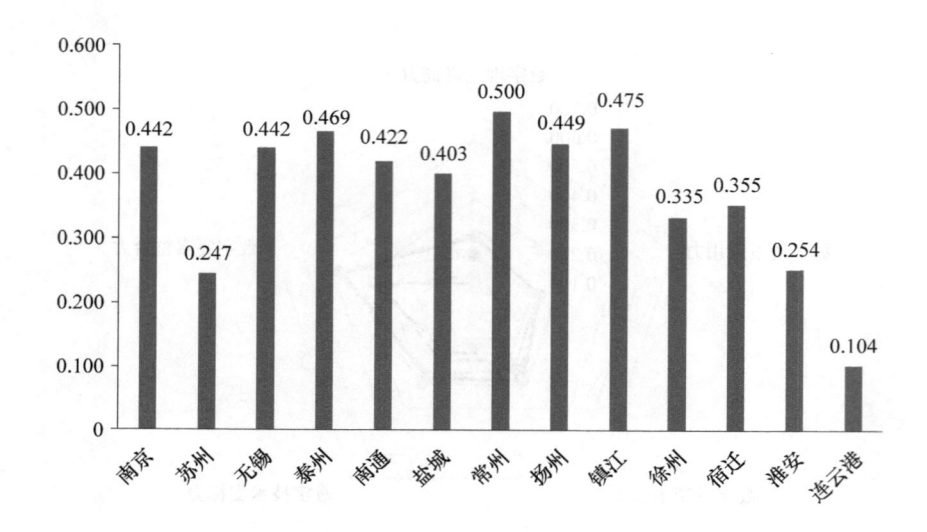

**图 6.6　江苏各城市高成长企业智改数转的发展规划得分情况**

（2）组织架构

由图 6.7 可知，在组织架构方面，第二梯队的泰州市排名最高，数字化组织架构得分为 0.521，组织架构在不同城市中分布未与区域发展指数相匹配，呈现参差不齐的现象。泰州、常州二市的高成长企业数字化组织架构得分较高，南京、盐城等七市的得分相对中等，苏州、宿迁、淮安、连云港四市的得分相对不足。一般情况下，高成长企业设立专门信息化部门的程度较高，企业内部数字化建设和执行情况相对良好，但部分地区智改数转的理念还处于初始阶段，例如连云港市智改数转理念不够成熟、数字产业发展还不充分、示范应用场景还不够丰富、开放共享程度还不高，企业数字化组织架构发展迟缓。

（3）人才培养

在企业的人才培养上，由图 6.8 可知无锡市的得分虽然最高，但是也仅为 0.231，且各城市整体得分偏低，这表明了各市的高成长企业在数字化人才培养方面还有较大提升空间。根据《江苏省车联网人才白皮书》显示，在智能车辆、信息交互、基础设施三大领域，全省智能网联汽车人才缺口总数为 1 万多人。由于产业发展太快，导致供

第六章　区域视角：基于"五力模型"的江苏评估

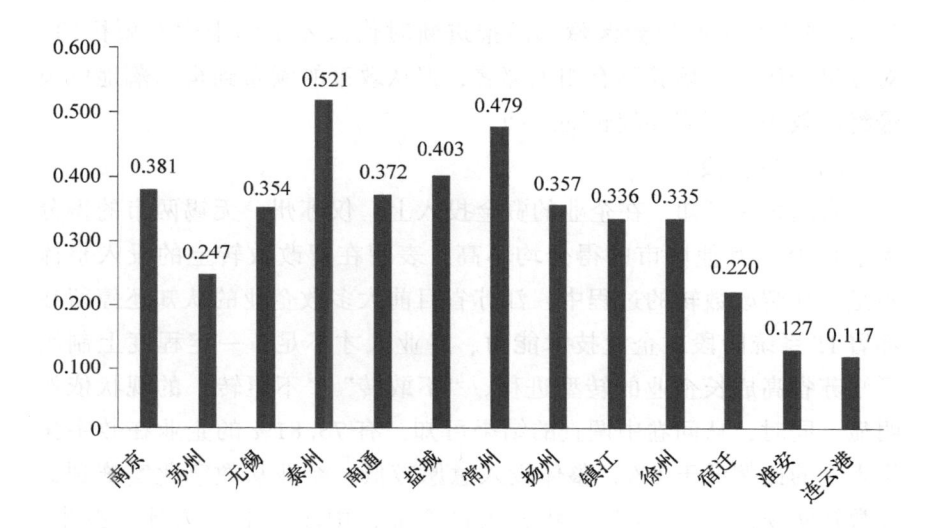

图 6.7　江苏各城市高成长企业智改数转的组织架构得分情况

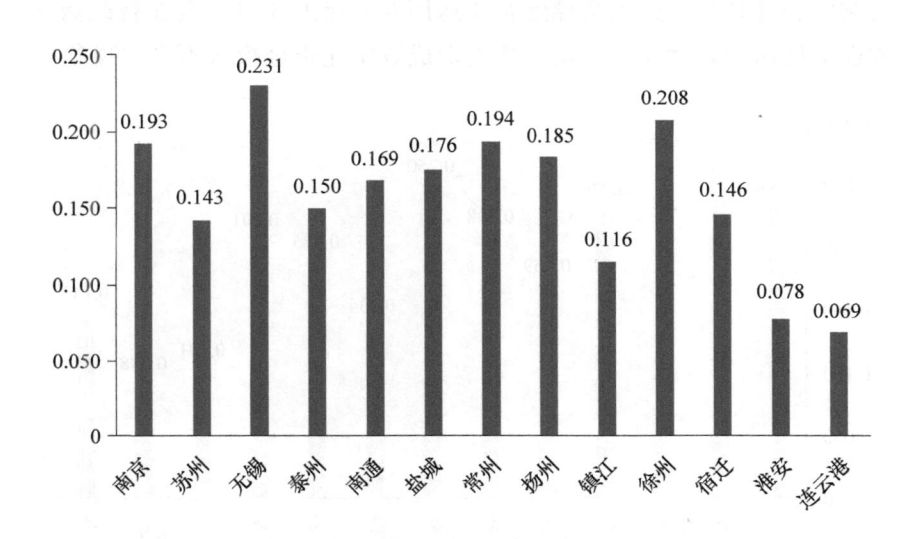

南京 0.381、苏州 0.247、无锡 0.354、泰州 0.521、南通 0.372、盐城 0.403、常州 0.479、扬州 0.357、镇江 0.336、徐州 0.335、宿迁 0.220、淮安 0.127、连云港 0.117

图 6.8　江苏各城市高成长企业智改数转的人才培养得分情况

南京 0.193、苏州 0.143、无锡 0.231、泰州 0.150、南通 0.169、盐城 0.176、常州 0.194、扬州 0.185、镇江 0.116、徐州 0.208、宿迁 0.146、淮安 0.078、连云港 0.069

需脱节、行业标准动态变化、岗位人才标准缺失。尽管江苏省发布的《江苏省人力资源社会保障部门推进新时代人才工作十大专项行动》对数字经济人才培养已有相关部署,但从政策的颁布到全面落地以及最终起效用,还需要较长的时间。

(4) 资金投入

由图 6.9 可知,在企业的资金投入上,仅苏州、无锡两市的得分大于 0.25,其他城市的得分均不高,表明在智改数转上的投入整体不足。在智改数转的过程中,江苏省目前大多数企业的认知还停留在部署 IT 系统阶段,企业技术能力、专业人才不足,一定程度上制约了江苏省高成长企业的转型进程,"不敢转""不愿转"的现状依然明显。同时,从问卷中调查的结果可知,有 73.81% 的企业在数字化投入上的比例低于 1%,整体投入意愿较低。企业从数字化实施到智改数转实现需要 7—9 年。相较大型企业,中小企业在人才、技术、资金等层面更为匮乏,这是不少中小企业"望而却步"的主要原因。并且根据上述人才培养方面的分析结果,在缺乏相应数字人才进行战略制定和管理时,这也会导致企业运用专业化人才对资金在智改数转方面的使用和调拨能力不足,从而形成数字化资金投入不高的现象。

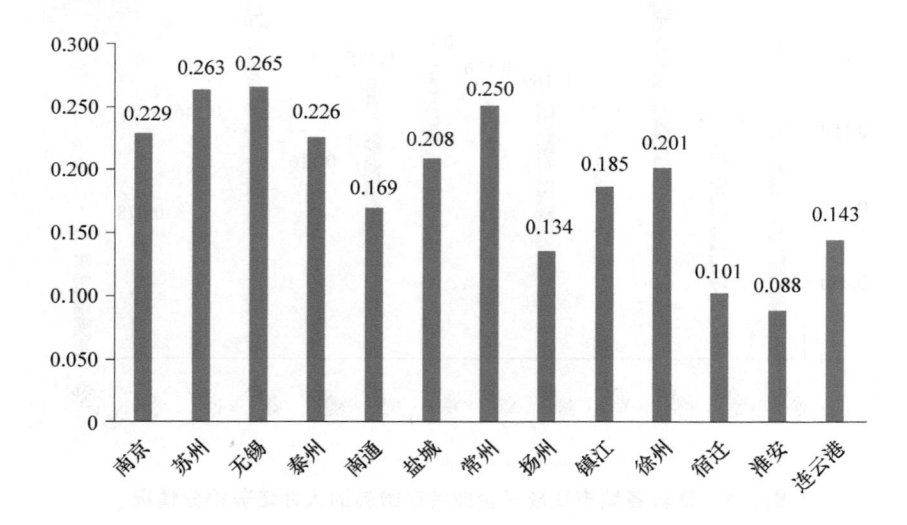

图 6.9 江苏各城市高成长企业智改数转的资金投入得分情况

|  |  |
|---|---|
| 南京 | 0.229 |
| 苏州 | 0.263 |
| 无锡 | 0.265 |
| 泰州 | 0.226 |
| 南通 | 0.169 |
| 盐城 | 0.208 |
| 常州 | 0.250 |
| 扬州 | 0.134 |
| 镇江 | 0.185 |
| 徐州 | 0.201 |
| 宿迁 | 0.101 |
| 淮安 | 0.088 |
| 连云港 | 0.143 |

## 2. 数字要素整合力

### （1）数据标准性

由图 6.10 可知，在数据标准性方面，排名第一的为扬州（0.498），其次为泰州（0.486）、常州（0.472）、南京（0.467）、无锡（0.450）等。近年来江苏省积极推动数据标准化工作，建立完善元数据、主数据、数据接口、数据交换共享、数据行业应用以及数据安全、隐私防护等方面的通用标准，企业数据标准水平稳步提升。但淮安、连云港等城市受自身发展条件和发展水平限制，高成长企业数据标准性相对较低。

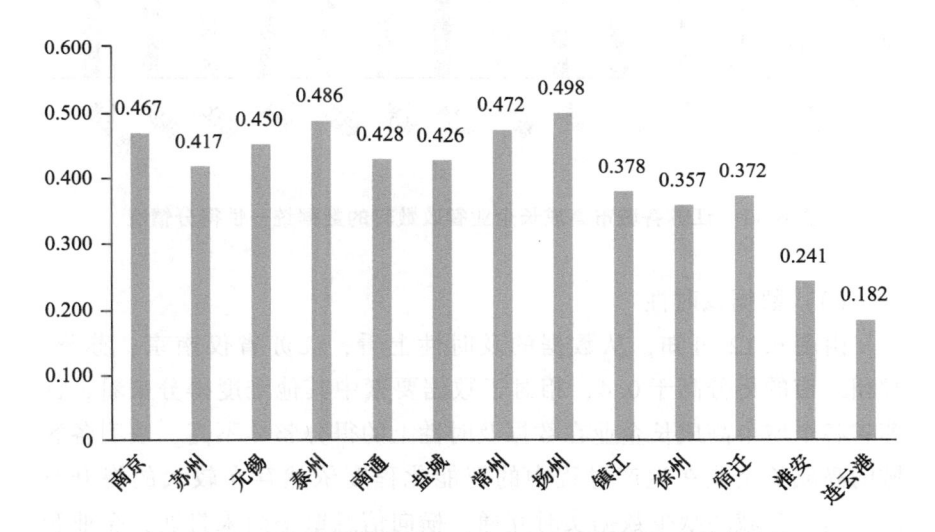

图 6.10 江苏各城市高成长企业智改数转的数据标准性得分情况

### （2）数据统一性

由图 6.11 可知，在数据统一性方面，南京市得分最高，为 0.945，数据统一性与各城市高成长企业智改数转水平基本一致。江苏省按照"1+13+N"的总体框架，加快推进全省大数据"两地三中心"建设，推动 13 个设区市分中心和省级 N 个行业分中心建设，形成全省一体化大数据中心体系，统一智能感知、云网环境、数据共享、应用技术等基础支撑平台建设，夯实数字政府一体化基座，这些措施为各个区域企业智改数转过程中统一性的建立提供了基础。

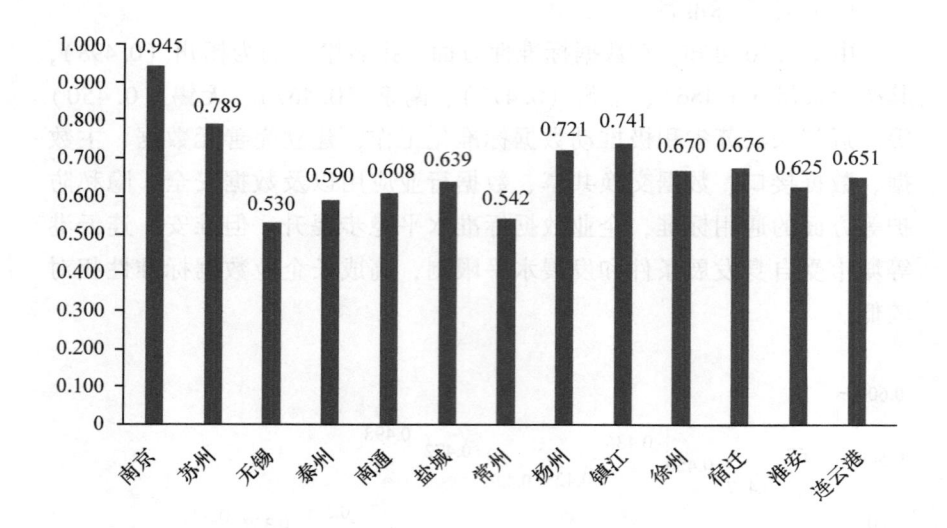

图中数据:
- 南京 0.945
- 苏州 0.789
- 无锡 0.530
- 泰州 0.590
- 南通 0.608
- 盐城 0.639
- 常州 0.542
- 扬州 0.721
- 镇江 0.741
- 徐州 0.670
- 宿迁 0.676
- 淮安 0.625
- 连云港 0.651

图6.11　江苏各城市高成长企业智改数转的数据统一性得分情况

（3）数据及时性

由图6.12可知，从数据的及时性上看，江苏省仅南京、苏州、常州三市的得分高于0.4，相对于数据要素中其他维度得分来看，江苏省各个城市高成长企业在数据及时性上的得分整体不高，表明各区域的高成长企业在生产过程中的智能化程度依然存在较大的提升空间。由于市域间缺少数据实时互通，横向信息壁垒尚未打通，企业智改数转过程中难以及时获得数据反馈。同时，江苏省的传统企业在实际智改数转过程中，由于业务模式众多，难以用一套系统的数字信息系统来反馈企业的实际生产状况，数据反映的时效性存在问题。例如，江苏中圣集团在打造一套项目管理平台，实现数字化项目管控，以期提升项目交期的准确率，在项目推动的过程中他们发现，项目管理覆盖面太广，涉及经营、设计、工艺、采购、检验、制造等全业务环节，各基层业务部门信息化认知层次差距较大，业务部门骨干人员较为繁忙，很难聚集起团队。同时，项目涉及多部门职责的交叉，协调沟通困难。

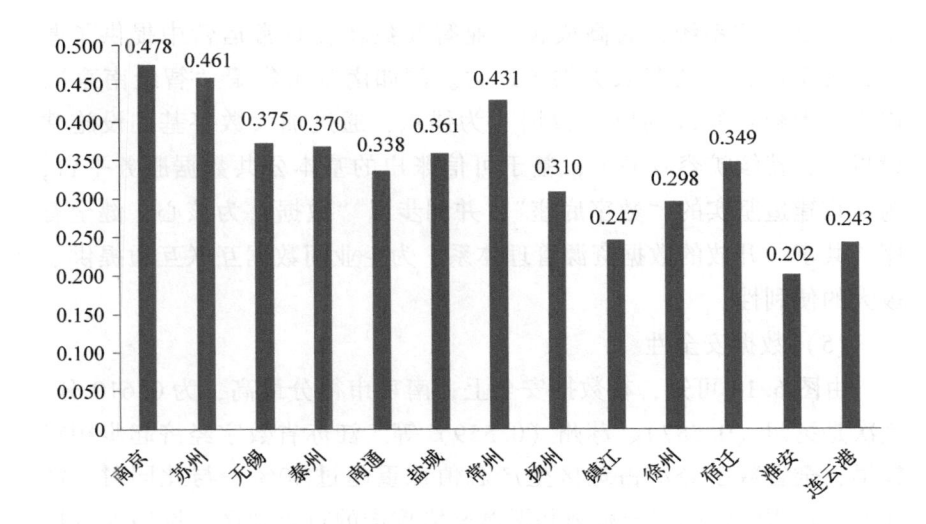

图6.12 江苏各城市高成长企业智改数转的数据及时性得分情况

**（4）数据全面性**

由图6.13可知，在数据全面性方面，南京市排名最高，为0.655分，其次是苏州（0.641）、南通（0.608）、常州（0.604）等市。这些城市在数字化建设过程中，起步早、投入大，已形成初具规模的城

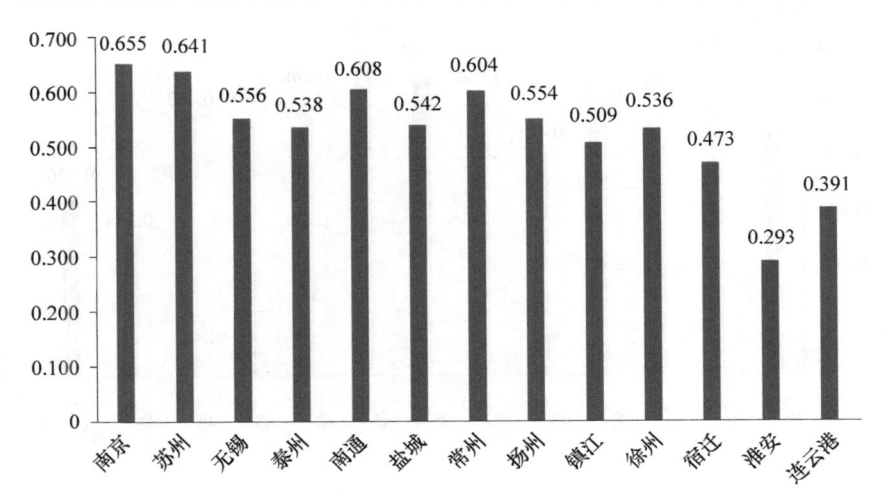

图6.13 江苏各城市高成长企业智改数转的数据全面性得分情况

市数字平台和系统,为高成长企业智改数转在日常运营中提供了基础,为企业数据的获取提供了助力。例如南京市集聚"智绘南京",南京市大数据管理局以"数据"为锚点,通过加大数字基础设施建设投入,持续扩容政务云,基于可信账户的基本公共数据服务平台,为南京建造坚实的"数字底座";并同步以"数据"为核心,健全有序、共享、开放的数据资源管理体系,为企业间数据互联互通提供了极大的便利性。

(5) 数据安全性

由图 6.14 可知,在数据安全上,南京市得分最高,为 0.610 分,其次是扬州(0.587)、苏州(0.559)等。江苏省数字经济起步相对较早,全省数字经济占地区生产总值比重超过 40%。与此同时,江苏省也是遭受网络安全威胁和恶意网络攻击的重点地区,网络安全形势复杂严峻。而国务院发布的《关键信息基础设施安全保护条例》主要聚焦金融、能源、电力、通信、交通等重点领域,有关高成长企业的数据信息保护措施相对较弱,因而未来需要在这些行业中着重加强。

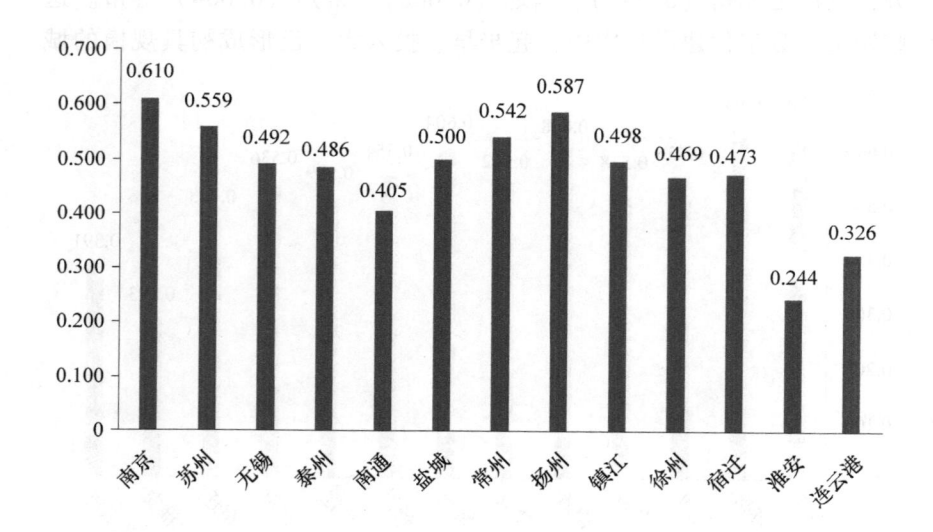

图 6.14 江苏各城市高成长企业智改数转的数据安全性得分情况

## 3. 数字技术支撑力

### （1）硬件技术

企业的智能制造装备拥有情况是支撑智改数转的保障。调查发现，智能制造装备拥有程度较高的城市多集中于第一梯队城市。其中以苏州领衔，由图6.15可知，其得分为0.417。根据中国企业数据库企查猫的数据，目前江苏省智能制造装备企业最多的城市为苏州。截至2022年6月，苏州市共有相关智能制造装备企业732家。而第二梯队和第三梯队的城市，受访企业的智能制造装备拥有程度均相对较低。从整个江苏省来看，企业智能制造基础优势较为集中，未能均衡化发展。

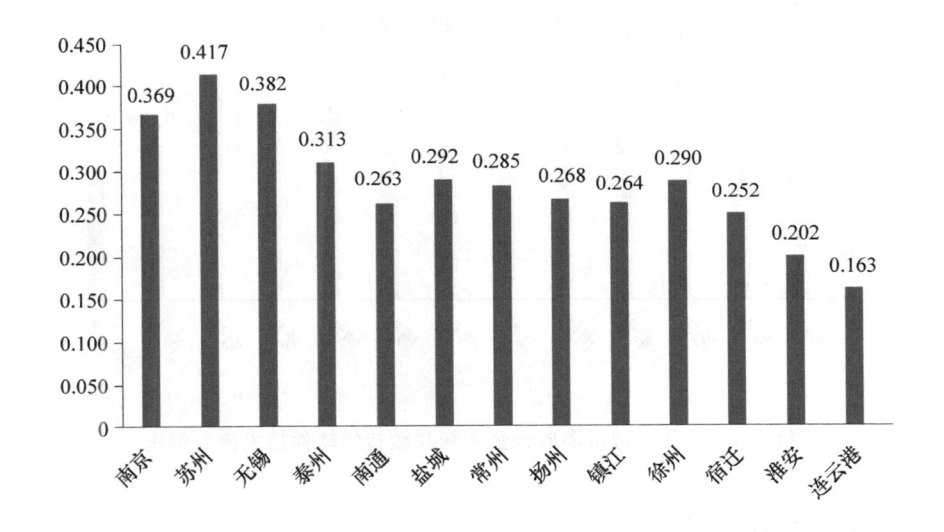

**图6.15　江苏各城市高成长企业智改数转的硬件技术得分情况**

### （2）软件技术

近年来江苏省坚持把数字经济作为转型发展的关键增量，将工业互联网平台建设及应用作为赋能企业智改数转升级的重要途径。截至2023年第二季度，全省5G基站总数达21.6万个，排名全国第二。截至2024年2月5日，江苏省全省13个设区市全部建成千兆城市，江苏"双千兆"示范省建设取得重要进展。由图 6.16 可知，在信息网络建设方面，江苏省各城市得分均较高，苏州、南京、扬州三市的得分分别为 0.428 分、0.412 分、0.380 分。但在云服务的使用上，各个区域得分整体偏低，还有待改进。企业"上云"是企业提高业务实力、发展水平和商务变革的重要路径。江苏省部分高成长企业缺乏利用信息技术推动业务商业模式变革创新的认知，信息技术促进企业业态创新的作用还未得到有效发挥。

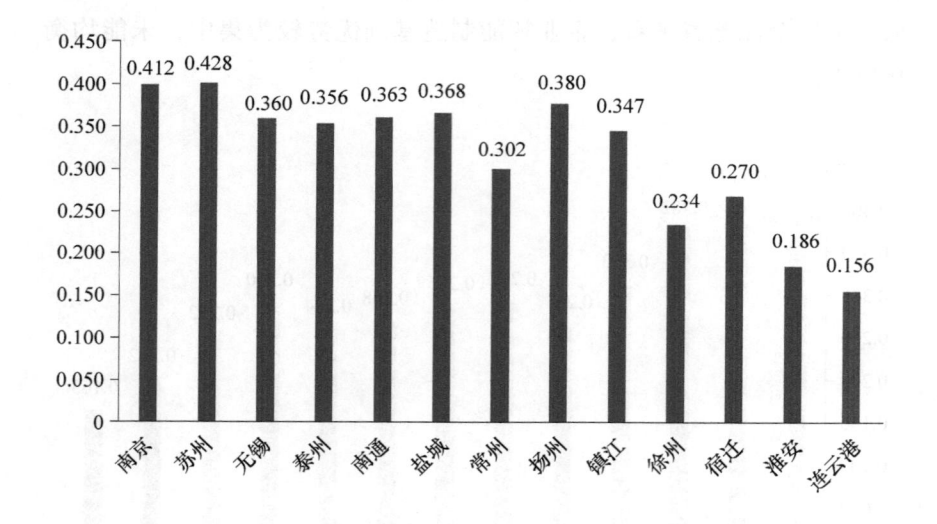

图 6.16　江苏各城市高成长企业智改数转的软件技术得分情况

### 4. 数字系统集成力

(1) 纵向集成

企业纵向集成互联网情况是评价企业是否实现从底层传感器或数据采集系统到 MES，再到 ERP 互通和数据集成的过程，通过把企业产品规划、设计、生产、管理、销售、服务等核心业务中的知识积淀融合到软件系统中，以此提升企业全流程工作效率，其本质是将工业知识软件化。由图 6.17 可知，江苏省各个市在内部集成互联网程度普遍不高，其中只有南通市和南京市得分相对较高，得分分别为

# 第六章 区域视角：基于"五力模型"的江苏评估

0.276 分和 0.239 分，其中南通市位居榜首。而宿迁、淮安、连云港三个城市的得分均不足 0.15 分。虽然从 2007 年起，江苏省就发布了《江苏省软件产业促进条例》，但工业软件分类并未受到足够重视，不少省内大型企业还缺乏对智能制造时代工业软件重要性的深度理解和认识，主动布局工业软件发展的意识不强，而纯软件企业由于缺少深厚的工业知识和工业技术数据积累，进入工业软件领域存在天然的专业技术屏障。

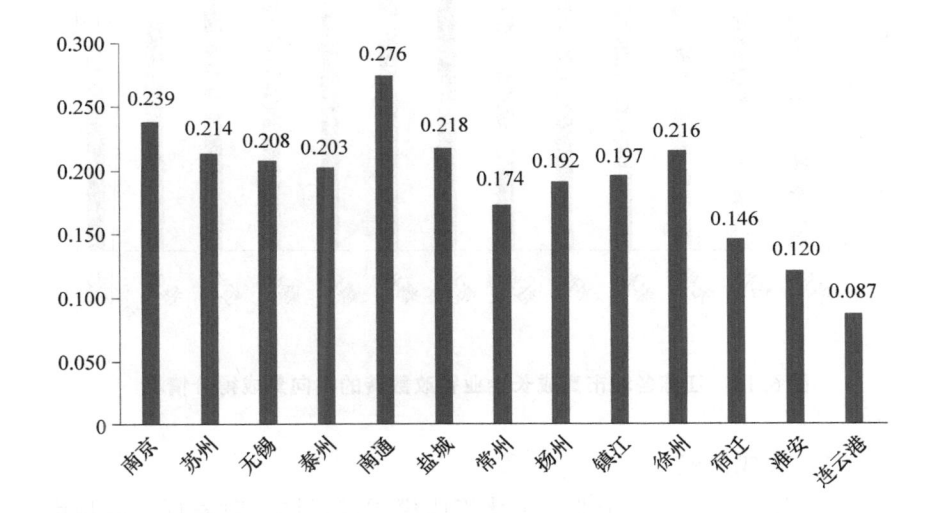

图 6.17　江苏各城市高成长企业智改数转的纵向集成得分情况

（南京 0.239、苏州 0.214、无锡 0.208、泰州 0.203、南通 0.276、盐城 0.218、常州 0.174、扬州 0.192、镇江 0.197、徐州 0.216、宿迁 0.146、淮安 0.120、连云港 0.087）

（2）横向集成

企业的横向集成是评价企业能否通过系统实现相关数据跨企业自动传输、创新、制造和服务等资源的整合以及生产过程和供应链协同优化的重要指标。从横向集成的调查结果来看，企业仍面临"综合集成"跨越困境，江苏省高成长企业设计、制造、采购、销售等核心业务环节的数字化基础建设虽取得明显进展，但跨部门、跨业务环节的数据集成共享水平仍有待提升。由图 6.18 可知，排名第一的南通仅有 0.332 分。江苏省信息技术服务商数量众多，具有核心技术、能力、有行业知名度的领军型服务商相对较少，自主可控的软硬件供给能力有待提升，一体化、整体性的解决方案服务供给能力依然不足，产业链上下游之间衔接不够顺畅，工业软件、信息物理系统（CPS）等融合支撑和行业解决方案有待发展壮大。

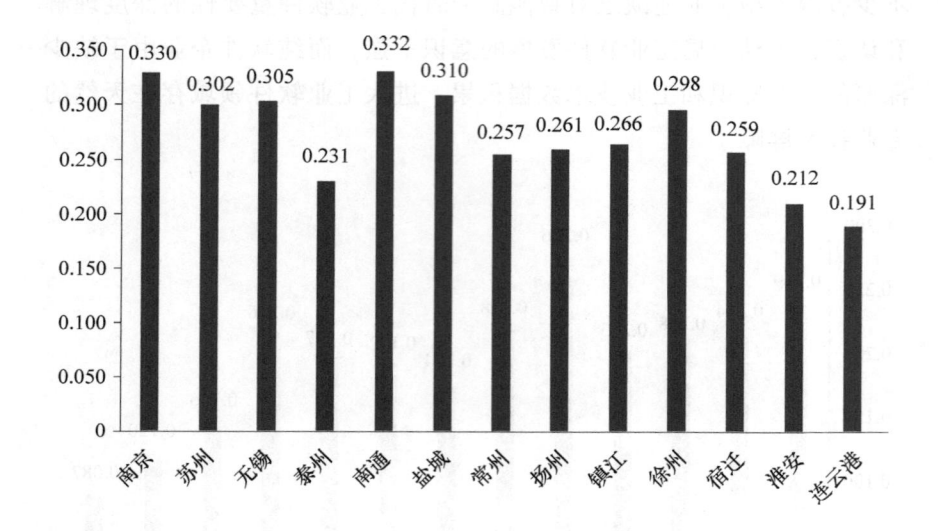

图6.18　江苏各城市高成长企业智改数转的横向集成得分情况

（南京 0.330、苏州 0.302、无锡 0.305、泰州 0.231、南通 0.332、盐城 0.310、常州 0.257、扬州 0.261、镇江 0.266、徐州 0.298、宿迁 0.259、淮安 0.212、连云港 0.191）

（3）集成模式

在对各市的高成长企业数字化集成模式进行调查时发现，苏州市高成长企业在网络协同化制造、共享制造、服务型定制和个性化定制模式上具有比较优势。截至2023年5月，苏州市入选首批国家级服务型制造示范城市；张家港市入选国家先进高成长企业与现代服务业融合发展试点区域名单，全市国家级服务型制造示范企业（项目、平台）总数位居全国第一，省级"两业融合"试点、首批省"两业融合"发展标杆引领典型单位数量均为全省第一。与苏州市相比，第三梯队城市中的连云港、宿迁和淮安等城市受限于自身产业的局限，企业之间的信息互通壁垒和技术瓶颈普遍存在，在资源的集聚能力和业态创新方面的能力较差，导致在网络协同化制造、共享制造等方面的发展程度不高。

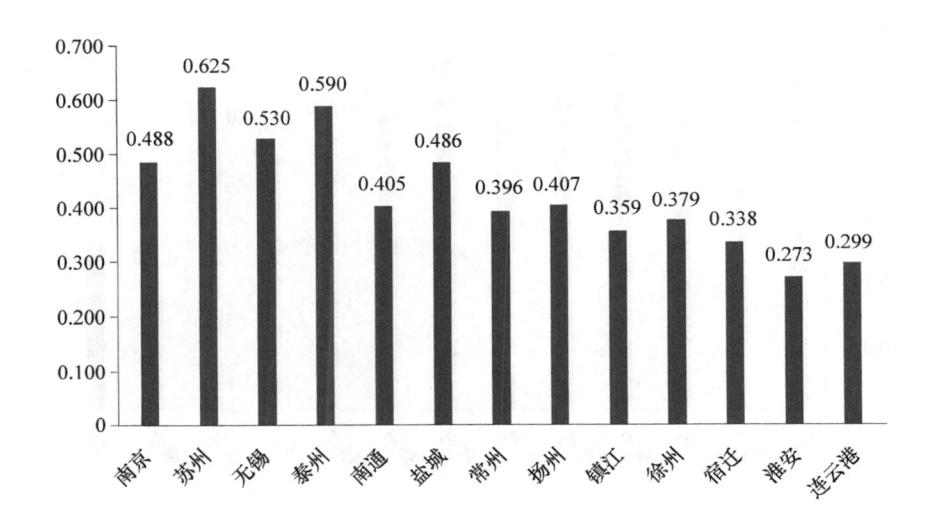

图 6.19　江苏各城市高成长企业智改数转的集成模式得分情况

5. 数字场景应用力

（1）研发设计

在高成长企业的研发设计方面，江苏省各市的得分以南京市最高，其研发设计的构成指标—车间规划、产品设计以及工艺管理上数字化应用得分分别为 0.229、0.305 和 0.295，并且在该维度上的平均得分为 0.276 分。南京市在 2021 年就已开始大力推动在数字场景上的应用，发布的 160 个数字经济应用场景总投资额达 40 亿元，包含智慧政务、智能制造、智能交通等十多个类别，这些应用场景生动展现了涵盖经济、社会、文化、城市治理等领域的数字化新图景。相对于南京市，连云港市、淮安市的高成长企业在研发设计的数字化应用方面得分较低，区域间高成长企业的数字应用程度差异明显，头部城市还未起到全面带动作用，这些差距也暗示着数字化应用程度较低区域的高成长企业在未来的智改数转上存在较大的提升空间。

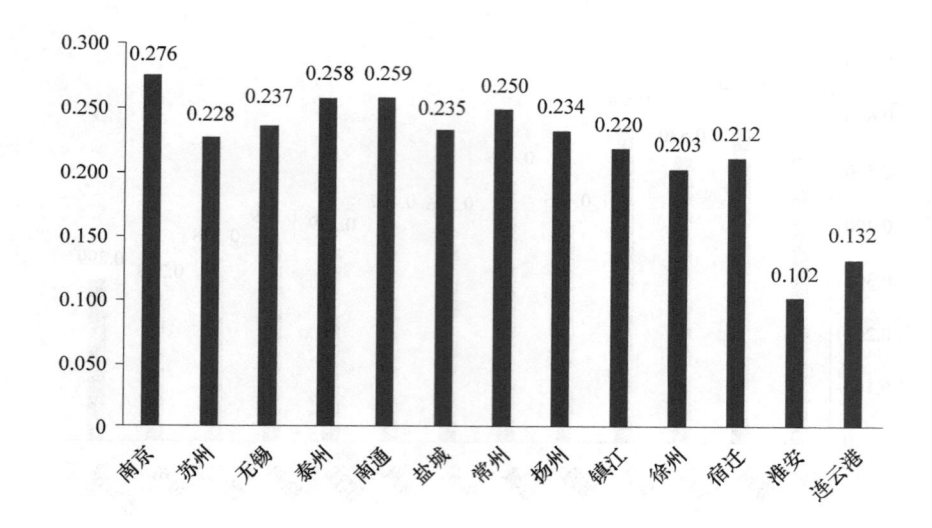

图 6.20　江苏各城市高成长企业智改数转的研发设计得分情况

（2）生产制造

江苏各城市高成长企业在生产制造上的得分整体偏低，作为得分最高的南通市，生产制造的构成指标生产作业计划编制、物料配送、产品检测检验和仓储物流的得分分别为 0.293、0.220、0.389 和 0.220，在该维度的均分为 0.280 分，而其他城市均低于此数值。生产制造作为企业的核心流程，其数字化应用程度整体不高，表明核心硬件的数控技术不足。江苏作为高成长企业大省，前期大量传统机械化和自动化装备因设计之初在数据采集、数字化控制、网络控制等方面存在考虑不足等现象，进行数字二次改造升级难度较大，影响了装备网络接入和互联互通。虽然目前江苏省电子信息领域高新技术企业超过 8000 家，面向移动通信、物联网、大数据等领域布局建设省级以上重点实验室、工程技术研究中心等各类创新服务平台 400 余家，但企业的硬件环境与软件发展进程还未均衡匹配，从而形成了在核心生产制造上应用程度不高的现象。

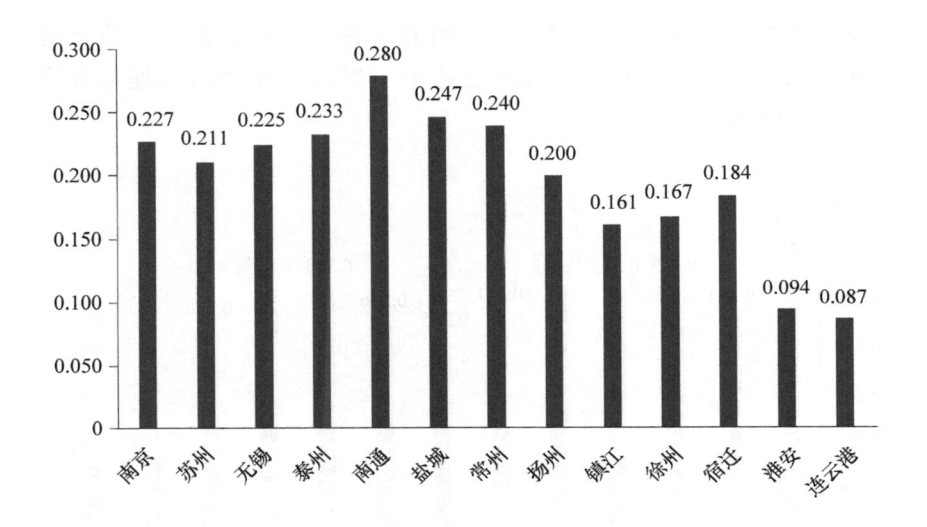

图6.21 江苏各城市高成长企业智改数转的生产制造得分情况

柱状图数据：南京0.227，苏州0.211，无锡0.225，泰州0.233，南通0.280，盐城0.247，常州0.240，扬州0.200，镇江0.161，徐州0.167，宿迁0.184，淮安0.094，连云港0.087

（3）经营管理

与研发设计和生产制造相比，江苏省各市高成长企业在经营管理方面的得分相对较高。从该维度各项的得分来看，企业在财务成本的控制上数字化应用程度最高。由图6.22可知，在第一梯队城市中，南京市得分最高，为0.362分，并且在经营管理的构成指标实际采购和销售过程，南京的得分为0.427分，也高居榜首。当前，以实体经济发展为主的江苏省，正积极响应促进数字技术与实体经济深度融合，数字化的应用降低了企业经营过程中的成本，并提高了管理效率。在第一梯队城市中，高成长企业在实际经营管理过程采用一些高科技企业的信息技术，将数字技术运用到企业的实际管理过程中。例如，南京的携程商旅针对客户诉求提需到最终落地，设立多中心来驱动用户体验升级，为更多类型的企业提供全链路、数字化、专业化的商旅解决方案。无锡的科艾思将信息技术与生命科学行业的实际需求相结合，为医疗行业搭建底层平台，围绕药械企业日常经营管理、生产流通、市场营销等业务方向提供一体化、智改数转支撑和服务。与第一梯队城市相比，目前第二、第三梯队城市对高科技信息技术领先企业上引进力度还有待提升。目前信息化技术领先的企业多居于南京、苏州和无锡等城市,淮安、连云港等城市则较少,这也在一定程度上造成了城市企业经营管理与数字化融合不够的现象。

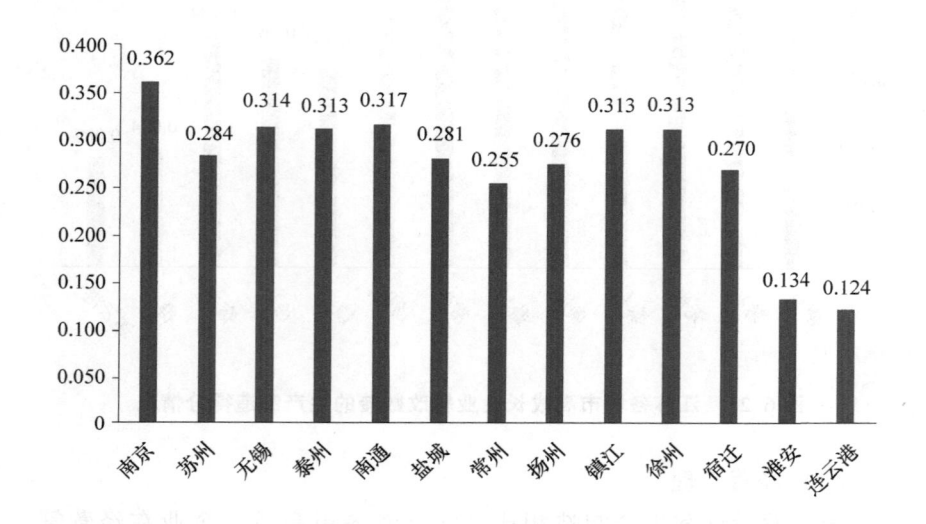

**图 6.22　江苏各城市高成长企业智改数转的经营管理得分情况**

南京 0.362　苏州 0.284　无锡 0.314　泰州 0.313　南通 0.317　盐城 0.281　常州 0.255　扬州 0.276　镇江 0.313　徐州 0.313　宿迁 0.270　淮安 0.134　连云港 0.124

### 三　江苏省 2023 年"五力模型"的行业比较

从行业视角来看,各细分行业因其自身行业的特性,各行业智改数转的优势、面临的问题存在差异性,进而导致各行业智改数转进程也不尽相同。本研究依据江苏省税务局的统计标准将江苏省高成长企业分为高技术行业和非高技术行业,分类讨论高技术行业和非高技术行业智改数转的差异性。其中,医药,通用设备,专用设备,汽车,铁路、船舶、航空航天和其他运输设备,电气机械和器材,计算机、通信和其他电子设备,仪器仪表,金属制品、机械和设备为高技术行业,其他行业为非高技术行业。

总体来看,江苏省高技术行业的智改数转相对较为均衡,在每一个环节上的得分相对较高,转型进程快于非高技术行业。由于高技术行业的新技术特性,企业转型文化氛围要明显好于非高技术行业,其在原料采购、产品营销、软硬件设施等领域也表现出明显的领先趋势。而非高技术行业由于本身产品的技术含量较低，在生产流程和供应链管理中推进智改数转的意愿不强。测算结果显示，高技术行业的平均得分为10.962，比非高技术行业的得分（7.754）高41.37%。除此之外，高技术行业呈现以下三个特点。

1. 转型战略清晰但资金人才投入不足

从表6.2中可以看出，江苏省高技术行业中的医药（0.625）、铁路、船舶、航空航天和其他运输设备（0.682）、专用设备（0.492）在智改数转方面的规划和实施方案有较为明确的方向，对数字化建设和执行较为积极。相反，在重要的资金和人才投入方面，江苏省高技术行业和非高技术行业的得分较低，多数在0.25分以下，智改数转的资金和人才投入还不足。因此，在人才方面江苏省亟须充分挖掘本省丰富的科教资源，为行业培养和输入高质量的数字化人才。而相对于高技术行业而言，非高技术行业更难吸引高质量数字化人才，政府更应加大培育和引导力度。在资金方面，由于智改数转周期长，资本需求量大，很难在短期内取得明显的收益，高、非高技术行业中的多数企业不愿意轻易尝试智改数转。

2. 技术特性强但整合力有待提升

智改数转软硬件的支撑颇为重要，相对于非高技术行业而言，高技术行业的技术特性明显，关键工序数控力较强，主动建设内部信息专网和云服务平台，并更加注重保障数据安全，知识产权意识较强。从表6.2中可以看出，医药、汽车等高技术行业数字技术支撑力的得分均在0.45分左右，而非高技术行业多数低于0.3分（见表6.3），但其中化学纤维行业，石油、煤炭及其他燃料加工业的数字技术支撑力较为突出，与高技术行业均值相当。数字要素整合力是实现智改数转的重要基础，而非高技术行业的得分多数在0.45分以下（见表6.3），与高技术行业存在一定差距，特别是在采用数字化方式及时获取生产数据方面。但其中的化学纤维和石油、煤炭及其他燃料加工业较为突出，数字要素整合力明显高于其他非高技术行业。

表 6.2 江苏省高技术行业"五力"评估结果

| 一级维度 | 二级维度 | 电气机械和器材 | 计算机、通信和其他电子设备 | 金属制品、机械和设备修理 | 汽车 | 铁路、船舶、航空航天和其他运输设备 | 通用设备 | 医药 | 仪器仪表 | 专用设备 |
|---|---|---|---|---|---|---|---|---|---|---|
| 数字理念贯彻力 | 发展规划 | 0.375 | 0.366 | 0.408 | 0.438 | 0.682 | 0.351 | 0.625 | 0.347 | 0.492 |
| | 组织架构 | 0.453 | 0.409 | 0.309 | 0.438 | 0.511 | 0.274 | 0.500 | 0.486 | 0.388 |
| | 人才培养 | 0.208 | 0.330 | 0.194 | 0.242 | 0.227 | 0.186 | 0.278 | 0.324 | 0.208 |
| | 资金投入 | 0.234 | 0.345 | 0.235 | 0.250 | 0.170 | 0.148 | 0.250 | 0.417 | 0.284 |
| | 均值 | 0.318 | 0.363 | 0.287 | 0.342 | 0.398 | 0.240 | 0.413 | 0.394 | 0.343 |
| 数字要素整合力 | 数据标准性 | 0.417 | 0.417 | 0.433 | 0.533 | 0.606 | 0.351 | 0.556 | 0.324 | 0.492 |
| | 数据统一性 | 0.719 | 0.560 | 0.644 | 0.725 | 0.682 | 0.537 | 0.667 | 0.972 | 0.682 |
| | 数据及时性 | 0.313 | 0.316 | 0.355 | 0.483 | 0.417 | 0.252 | 0.389 | 0.231 | 0.423 |
| | 数据全面性 | 0.469 | 0.517 | 0.489 | 0.563 | 0.739 | 0.389 | 0.708 | 0.694 | 0.616 |
| | 数据安全性 | 0.531 | 0.517 | 0.464 | 0.613 | 0.682 | 0.417 | 0.583 | 0.556 | 0.540 |
| | 均值 | 0.490 | 0.466 | 0.477 | 0.583 | 0.625 | 0.389 | 0.581 | 0.556 | 0.551 |
| 数字技术支撑力 | 硬件技术 | 0.229 | 0.345 | 0.272 | 0.417 | 0.379 | 0.205 | 0.250 | 0.278 | 0.297 |
| | | 0.281 | 0.259 | 0.239 | 0.342 | 0.341 | 0.154 | 0.333 | 0.278 | 0.227 |
| | 软件技术 | 0.375 | 0.453 | 0.520 | 0.525 | 0.852 | 0.400 | 0.500 | 0.486 | 0.597 |
| | | 0.281 | 0.302 | 0.303 | 0.550 | 0.398 | 0.252 | 0.583 | 0.208 | 0.492 |
| | | 0.406 | 0.237 | 0.347 | 0.500 | 0.511 | 0.323 | 0.750 | 0.486 | 0.398 |
| | 均值 | 0.315 | 0.319 | 0.336 | 0.467 | 0.496 | 0.267 | 0.483 | 0.347 | 0.402 |

续表

| 一级维度 | 二级维度 | 电气机械和器材 | 计算机、通信和其他电子设备 | 金属制品、机械和设备修理 | 汽车 | 铁路、船舶、航空航天和其他运输设备 | 通用设备 | 医药 | 仪器仪表 | 专用设备 |
|---|---|---|---|---|---|---|---|---|---|---|
| 数字系统集成力 | 纵向集成 | 0.250 | 0.216 | 0.173 | 0.250 | 0.303 | 0.135 | 0.361 | 0.370 | 0.265 |
| | 横向集成 | 0.198 | 0.216 | 0.219 | 0.283 | 0.303 | 0.172 | 0.361 | 0.185 | 0.278 |
| | 集成模式 | 0.229 | 0.230 | 0.202 | 0.392 | 0.341 | 0.154 | 0.389 | 0.185 | 0.234 |
| | 均值 | 0.333 | 0.374 | 0.355 | 0.417 | 0.852 | 0.311 | 0.444 | 0.463 | 0.404 |
| | | 0.375 | 0.453 | 0.520 | 0.525 | 0.443 | 0.400 | 0.500 | 0.486 | 0.597 |
| | | 0.277 | 0.297 | 0.294 | 0.373 | 0.511 | 0.234 | 0.411 | 0.338 | 0.355 |
| 数字场景应用力 | 研发设计 | 0.344 | 0.151 | 0.192 | 0.300 | 0.417 | 0.143 | 0.375 | 0.278 | 0.237 |
| | 生产制造 | 0.281 | 0.244 | 0.248 | 0.467 | 0.379 | 0.252 | 0.333 | 0.324 | 0.341 |
| | | 0.313 | 0.244 | 0.243 | 0.433 | 0.303 | 0.227 | 0.333 | 0.370 | 0.309 |
| | | 0.271 | 0.273 | 0.227 | 0.408 | 0.398 | 0.186 | 0.333 | 0.231 | 0.284 |
| | | 0.328 | 0.302 | 0.248 | 0.425 | 0.341 | 0.148 | 0.333 | 0.278 | 0.294 |
| | | 0.250 | 0.280 | 0.254 | 0.338 | 0.341 | 0.164 | 0.333 | 0.278 | 0.275 |
| | | 0.234 | 0.237 | 0.179 | 0.338 | 0.398 | 0.093 | 0.333 | 0.208 | 0.218 |
| | 经营管理 | 0.406 | 0.366 | 0.365 | 0.475 | 0.284 | 0.280 | 0.667 | 0.347 | 0.502 |
| | | 0.266 | 0.237 | 0.217 | 0.325 | 0.568 | 0.203 | 0.417 | 0.139 | 0.369 |
| | | 0.313 | 0.259 | 0.384 | 0.550 | 0.398 | 0.329 | 0.417 | 0.278 | 0.455 |
| | | 0.219 | 0.216 | 0.204 | 0.288 | | 0.132 | 0.417 | 0.208 | 0.265 |
| | 均值 | 0.293 | 0.255 | 0.251 | 0.395 | 0.394 | 0.196 | 0.390 | 0.267 | 0.323 |

表 6.3　江苏省非高技术行业"五力"评估结果

| 一级维度 | 二级维度 | 纺织服装、服饰业 | 纺织业 | 非金属矿物制品 | 废弃资源综合利用 | 黑色金属冶炼和压延加工 | 化学纤维 | 家具制造、造纸和纸制品 | 酒、饮料和精制茶 | 木材加工制品 |
|---|---|---|---|---|---|---|---|---|---|---|
| 数字理念贯彻力 | 发展规划 | 0.208 | 0.486 | 0.224 | 0.104 | 0.255 | 0.625 | 0.197 | 0.500 | 0.048 |
| | 组织架构 | 0.208 | 0.394 | 0.128 | 0.104 | 0.231 | 0.586 | 0.132 | 0.250 | 0.048 |
| | 人才培养 | 0.046 | 0.170 | 0.118 | 0.000 | 0.123 | 0.391 | 0.022 | 0.333 | 0.032 |
| | 资金投入 | 0.069 | 0.231 | 0.112 | 0.000 | 0.093 | 0.313 | 0.066 | 0.250 | 0.096 |
| | 均值 | 0.133 | 0.320 | 0.146 | 0.052 | 0.176 | 0.479 | 0.104 | 0.333 | 0.056 |
| 数字要素整合力 | 数据标准性 | 0.255 | 0.401 | 0.214 | 0.069 | 0.231 | 0.547 | 0.263 | 0.417 | 0.128 |
| | 数据统一性 | 0.417 | 0.602 | 0.705 | 1.042 | 0.278 | 0.781 | 0.461 | 0.500 | 0.288 |
| | 数据及时性 | 0.162 | 0.370 | 0.321 | 0.347 | 0.262 | 0.599 | 0.329 | 0.333 | 0.096 |
| | 数据全面性 | 0.243 | 0.648 | 0.433 | 0.417 | 0.324 | 0.781 | 0.263 | 0.625 | 0.240 |
| | 数据安全性 | 0.208 | 0.486 | 0.304 | 0.833 | 0.370 | 0.625 | 0.296 | 0.375 | 0.144 |
| | 均值 | 0.257 | 0.502 | 0.395 | 0.542 | 0.293 | 0.667 | 0.322 | 0.450 | 0.179 |
| 数字技术支撑力 | 硬件技术 | 0.139 | 0.262 | 0.171 | 0.556 | 0.185 | 0.443 | 0.132 | 0.333 | 0.128 |
| | | 0.139 | 0.262 | 0.150 | 0.139 | 0.093 | 0.417 | 0.132 | 0.333 | 0.096 |
| | 软件技术 | 0.174 | 0.347 | 0.256 | 0.729 | 0.301 | 0.664 | 0.296 | 0.250 | 0.288 |
| | | 0.278 | 0.208 | 0.240 | 0.417 | 0.255 | 0.586 | 0.164 | 0.375 | 0.048 |
| | | 0.174 | 0.347 | 0.176 | 0.104 | 0.208 | 0.664 | 0.263 | 0.250 | 0.144 |
| | 均值 | 0.181 | 0.285 | 0.199 | 0.389 | 0.208 | 0.555 | 0.197 | 0.308 | 0.141 |

第六章 区域视角：基于"五力模型"的江苏评估

续表

| 一级维度 | 二级维度 | 纺织服装、服饰业 | 纺织业 | 非金属矿物制品 | 废弃资源综合利用 | 黑色金属冶炼和压延加工 | 化学纤维 | 家具制造、造纸和纸制品 | 酒、饮料和精制茶 | 木材加工制品 |
|---|---|---|---|---|---|---|---|---|---|---|
| 数字系统集成力 | 纵向集成 | 0.069 | 0.247 | 0.096 | 0.069 | 0.077 | 0.547 | 0.132 | 0.417 | 0.128 |
| | 横向集成 | 0.162 | 0.231 | 0.160 | 0.208 | 0.093 | 0.365 | 0.132 | 0.167 | 0.128 |
| | 集成模式 | 0.162 | 0.216 | 0.171 | 0.139 | 0.185 | 0.417 | 0.197 | 0.250 | 0.128 |
| | 均值 | 0.231 | 0.309 | 0.256 | 0.208 | 0.417 | 0.495 | 0.241 | 0.333 | 0.417 |
| 数字场景应用力 | 研发设计 | 0.174 | 0.347 | 0.256 | 0.729 | 0.301 | 0.664 | 0.296 | 0.250 | 0.288 |
| | 生产制造 | 0.160 | 0.270 | 0.188 | 0.271 | 0.215 | 0.497 | 0.200 | 0.283 | 0.218 |
| | 经营管理 | 0.174 | 0.255 | 0.128 | 0.104 | 0.116 | 0.391 | 0.099 | 0.000 | 0.144 |
| | 均值 | 0.093 | 0.170 | 0.075 | 0.278 | 0.231 | 0.443 | 0.154 | 0.000 | 0.160 |
| | | 0.162 | 0.185 | 0.085 | 0.069 | 0.216 | 0.469 | 0.110 | 0.250 | 0.096 |
| | | 0.093 | 0.293 | 0.128 | 0.208 | 0.139 | 0.521 | 0.110 | 0.125 | 0.128 |
| | | 0.139 | 0.185 | 0.128 | 0.104 | 0.116 | 0.469 | 0.099 | 0.000 | 0.000 |
| | | 0.035 | 0.255 | 0.080 | 0.208 | 0.093 | 0.391 | 0.164 | 0.250 | 0.096 |
| | | 0.104 | 0.139 | 0.128 | 0.104 | 0.069 | 0.508 | 0.132 | 0.125 | 0.000 |
| | | 0.104 | 0.417 | 0.128 | 0.208 | 0.278 | 0.469 | 0.263 | 0.375 | 0.048 |
| | | 0.139 | 0.116 | 0.096 | 0.104 | 0.162 | 0.469 | 0.066 | 0.125 | 0.000 |
| | | 0.069 | 0.417 | 0.096 | 0.417 | 0.231 | 0.703 | 0.329 | 0.500 | 0.000 |
| | | 0.000 | 0.185 | 0.096 | 0.208 | 0.139 | 0.273 | 0.132 | 0.125 | 0.048 |
| | 均值 | 0.101 | 0.238 | 0.109 | 0.170 | 0.163 | 0.464 | 0.151 | 0.170 | 0.066 |

续表

| 一级维度 | 二级维度 | 农副食品加工 | 皮革、毛皮羽毛及其制品 | 其他 | 石油、煤炭及其他燃料加工 | 食品 | 文教、工美、体育和娱乐用品 | 橡胶和塑料制品 | 印刷和记录媒介复制 | 有色金属冶炼和压延加工 |
|---|---|---|---|---|---|---|---|---|---|---|
| 数字理念贯彻力 | 发展规划 | 0.294 | 0.125 | 0.380 | 0.625 | 0.428 | 0.104 | 0.398 | 0.170 | 0.478 |
| | 组织架构 | 0.184 | 0.125 | 0.345 | 0.833 | 0.395 | 0.156 | 0.284 | 0.057 | 0.331 |
| | 人才培养 | 0.123 | 0.000 | 0.140 | 0.278 | 0.154 | 0.069 | 0.123 | 0.076 | 0.074 |
| | 资金投入 | 0.074 | 0.063 | 0.165 | 0.208 | 0.230 | 0.052 | 0.170 | 0.114 | 0.184 |
| | 均值 | 0.169 | 0.078 | 0.258 | 0.486 | 0.302 | 0.095 | 0.244 | 0.104 | 0.267 |
| 数字要素整合力 | 数据标准性 | 0.270 | 0.167 | 0.353 | 0.833 | 0.461 | 0.417 | 0.445 | 0.303 | 0.294 |
| | 数据统一性 | 0.588 | 0.125 | 0.580 | 0.417 | 0.855 | 0.521 | 0.710 | 0.795 | 0.809 |
| | 数据及时性 | 0.319 | 0.083 | 0.327 | 0.556 | 0.285 | 0.243 | 0.341 | 0.417 | 0.245 |
| | 数据全面性 | 0.294 | 0.313 | 0.505 | 1.042 | 0.592 | 0.417 | 0.582 | 0.625 | 0.478 |
| | 数据安全性 | 0.331 | 0.375 | 0.495 | 0.417 | 0.526 | 0.260 | 0.540 | 0.511 | 0.515 |
| | 均值 | 0.360 | 0.213 | 0.452 | 0.653 | 0.544 | 0.372 | 0.524 | 0.530 | 0.468 |
| 数字技术支撑力 | 硬件技术 | 0.294 | 0.125 | 0.183 | 0.556 | 0.241 | 0.000 | 0.275 | 0.227 | 0.294 |
| | | 0.343 | 0.083 | 0.173 | 0.417 | 0.132 | 0.104 | 0.170 | 0.265 | 0.270 |
| | 软件技术 | 0.184 | 0.375 | 0.300 | 0.417 | 0.395 | 0.156 | 0.426 | 0.170 | 0.551 |
| | | 0.184 | 0.188 | 0.305 | 0.417 | 0.395 | 0.365 | 0.313 | 0.284 | 0.257 |
| | 均值 | 0.221 | 0.188 | 0.315 | 0.417 | 0.296 | 0.104 | 0.270 | 0.284 | 0.257 |
| | 均值 | 0.245 | 0.192 | 0.255 | 0.444 | 0.292 | 0.146 | 0.291 | 0.246 | 0.326 |

续表

| 一级维度 | 二级维度 | 农副食品加工 | 皮革、毛皮、羽毛及其制品 | 其他 | 石油、煤炭及其他燃料加工 | 食品 | 文教、工美、体育和娱乐用品 | 橡胶和塑料制品 | 印刷和记录媒介复制 | 有色金属冶炼和压延加工 |
|---|---|---|---|---|---|---|---|---|---|---|
| 数字系统集成力 | 纵向集成 | 0.147 | 0.125 | 0.150 | 0.417 | 0.219 | 0.069 | 0.180 | 0.076 | 0.123 |
| | 横向集成 | 0.221 | 0.208 | 0.197 | 0.417 | 0.241 | 0.278 | 0.199 | 0.038 | 0.172 |
| | 集成模式 | 0.196 | 0.208 | 0.207 | 0.417 | 0.307 | 0.208 | 0.256 | 0.152 | 0.123 |
| | | 0.270 | 0.250 | 0.293 | 0.556 | 0.373 | 0.313 | 0.294 | 0.152 | 0.221 |
| | | 0.184 | 0.375 | 0.300 | 0.417 | 0.395 | 0.156 | 0.426 | 0.170 | 0.551 |
| | 均值 | 0.203 | 0.233 | 0.229 | 0.444 | 0.307 | 0.205 | 0.271 | 0.117 | 0.238 |
| 数字场景应用力 | 研发设计 | 0.147 | 0.188 | 0.180 | 0.000 | 0.197 | 0.104 | 0.156 | 0.227 | 0.184 |
| | | 0.098 | 0.167 | 0.177 | 0.278 | 0.219 | 0.174 | 0.218 | 0.152 | 0.172 |
| | | 0.147 | 0.167 | 0.187 | 0.278 | 0.241 | 0.139 | 0.170 | 0.114 | 0.147 |
| | 生产制造 | 0.196 | 0.250 | 0.207 | 0.417 | 0.285 | 0.139 | 0.246 | 0.114 | 0.196 |
| | | 0.257 | 0.125 | 0.125 | 0.208 | 0.230 | 0.052 | 0.241 | 0.057 | 0.221 |
| | | 0.110 | 0.188 | 0.175 | 0.625 | 0.230 | 0.156 | 0.185 | 0.057 | 0.147 |
| | | 0.184 | 0.125 | 0.160 | 0.417 | 0.164 | 0.104 | 0.227 | 0.057 | 0.184 |
| | 经营管理 | 0.221 | 0.250 | 0.365 | 0.417 | 0.428 | 0.469 | 0.398 | 0.114 | 0.221 |
| | | 0.184 | 0.250 | 0.170 | 0.417 | 0.132 | 0.156 | 0.227 | 0.057 | 0.184 |
| | | 0.221 | 0.250 | 0.350 | 0.833 | 0.263 | 0.208 | 0.199 | 0.114 | 0.294 |
| | | 0.257 | 0.125 | 0.190 | 0.208 | 0.263 | 0.052 | 0.185 | 0.057 | 0.147 |
| | 均值 | 0.184 | 0.189 | 0.208 | 0.372 | 0.241 | 0.159 | 0.223 | 0.102 | 0.191 |

### 3. 产品设计领先但系统集成需加强

数字化技术应用能直接引发行业变革，加速行业实现数字化的新型创新。从表6.2中可以看出，数字化技术的应用对高技术行业研发产生了更加明显的正向效应，高技术行业重点产品设计的数字化应用率远高于非高技术行业，其中汽车高成长企业尤为突出。但随着数字化与行业融合程度的加深，以及数字技术扩散和外溢效应的扩展，也必将给非高技术行业的智改数转带来更多的原动力。通过计算数据也可以发现，江苏省高、非高技术行业数字系统集成力整体评分较低，多数集中于0.2—0.3分，其中在大数据运用方面评分最低。而运用大数据技术，可对市场趋势及生产规模作出准确预测和判断，制订合理生产计划，降低库存积压率，甚至实现"零库存"，其重要性不言而喻。由此可见，在大数据应用方面，江苏省高、非高技术行业企业皆须加快步伐。

## 第二节 基于"五力模型"的智改数转比较

通过对比2022—2023年江苏省高成长企业智改数转情况，可以更好地评估地区智改数转发展趋势，识别智改数转中存在的问题，制定更具针对性的发展策略和规划，进而推动地区数字化改革和创新。

### 一 江苏省2023年与2022年高成长企业智改数转的总体情况对比

与2022年相比，江苏省2023年高成长企业智改数转得分稳中有增，整体上升8.99%。从"五力"结果来看，数字要素整合力、数字理念贯彻力、数字系统集成力的得分均呈上升趋势，尤其是数字系统集成力，上升比率高达51.98%，其次是数字要素整合力（10.50%）、数字理念贯彻力（3.13%）。而数字技术支撑力和数字场景应用力略微下降。《江苏省制造业智能化改造和数字化转型三年行动计划（2022—2024年）》《江苏省算力基础设施发展专须规划》等一系列政策，致力于加快建设数字化智能制造体系，加强工业互联网创新应用，推进"上云用数赋智"行动，提升企业数字化、网络化、智能化水平。在一系列政策的推动下，要素整合力、理念贯彻力和系统集成力等均有一定程度的提升。但数字技术支撑力和数字场景应用力主要还是依靠企业自身建设，高成长企业应当积极寻找与自身业务能力匹配的数字化场景，加速推进企业智改数转。

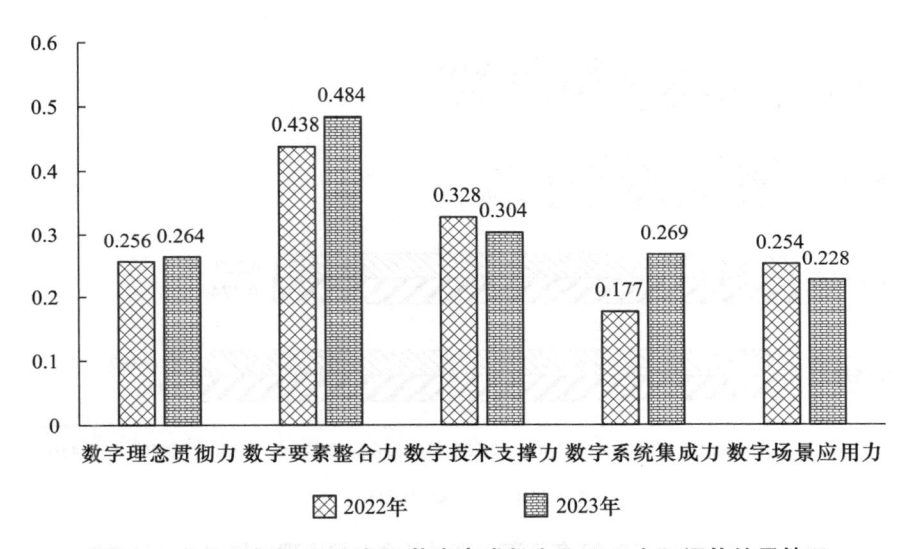

**图6.23　2022年与2023年江苏省高成长企业"五力"评估结果情况**

与2022年相比，江苏省2023年高成长企业数字理念贯彻力75%的指标呈现上升趋势。如图6.24所示，2023年江苏省高成长企业人才培养、发展规划、资金投入评分分别上升了5.81%、4.59%、4.49%。2023年各企业积极明确智改数转目标、制定智改数转战略、引进数字领域专业人才，确定智改数转所需的资金投入和资源配置，数字化的发展规划、人才培养、资金投入有了大幅提升。但由于指标的整合不够完善，数字化组织架构评分略微下降，未来应积极推进各环节资源整合，促进企业数字理念贯彻力的发展。

与2022年相比，江苏省2023年高成长企业要素整合力中80%的指标出现上升。如图6.25所示，2023年江苏省高成长企业数据及时性、数据安全性、数据全面性、数据统一性均出现不同程度上升，四个指标的增长率分别为12.3%、5.85%、13.70%、20.98%（根据各指标得分情况计算，下同），其中数据统一性上升幅度最高。2023年，江苏省贯彻落实《国家标准化发展纲要》，建立健全数据分类分级保护制度，加强数据全生命周期安全管理和技术防护，建立数据采集和实时监控系统，数字要素整合力进一步提升。

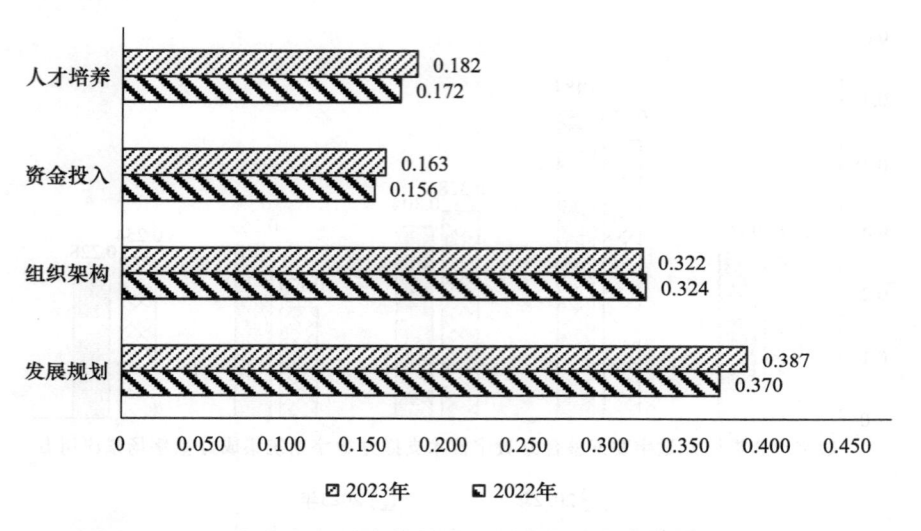

|  | 2023年 | 2022年 |
|---|---|---|
| 人才培养 | 0.182 | 0.172 |
| 资金投入 | 0.163 | 0.156 |
| 组织架构 | 0.322 | 0.324 |
| 发展规划 | 0.387 | 0.370 |

图6.24　2022年与2023年江苏省高成长企业数字理念贯彻力分项情况

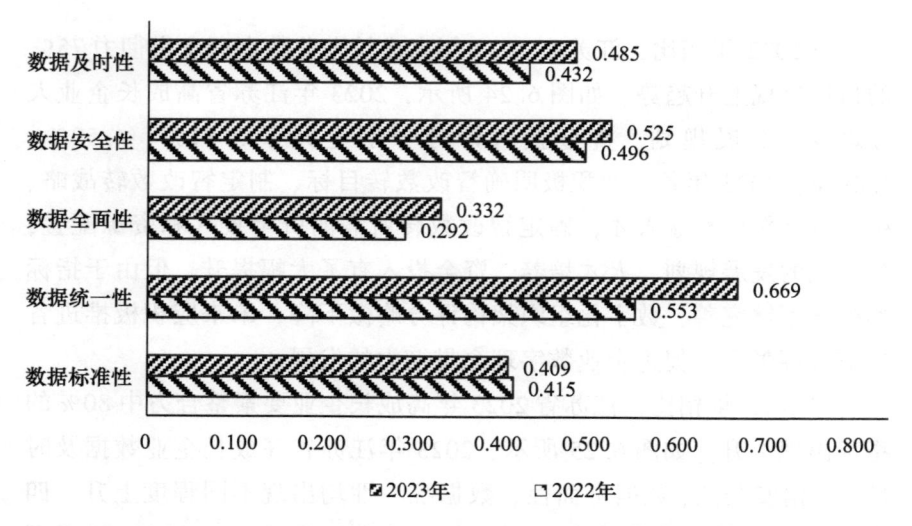

|  | 2023年 | 2022年 |
|---|---|---|
| 数据及时性 | 0.485 | 0.432 |
| 数据安全性 | 0.525 | 0.496 |
| 数据全面性 | 0.332 | 0.292 |
| 数据统一性 | 0.669 | 0.553 |
| 数据标准性 | 0.409 | 0.415 |

图6.25　2022年与2023年江苏省高成长企业数字要素整合力分项情况

## 第六章 区域视角：基于"五力模型"的江苏评估

与2022年相比，江苏省高成长企业硬件技术取得长足发展，但软件技术发展相对不足。2023年，江苏省软硬件研发并进，积极推动重大装备研发应用，全面实施国家软件发展战略，持续开展关键核心技术攻关，培育壮大工业软件生态体系，深化软件名城、名园建设，硬件技术有了长足的发展。但软件技术涉及软件开发、测试、运维、市场推广等各个环节，可能因市场需求不足、产业链不完善或管理和组织体系等问题，软件技术的发展不甚理想。未来应加大对软件技术研发和创新的投入，建立健全的软件技术管理体系和组织机制，促进软件产业链的健康发展。

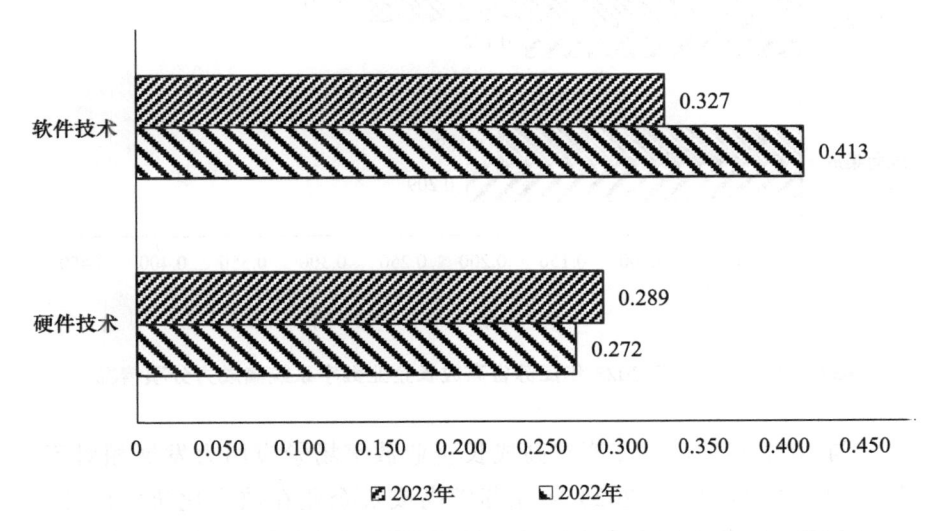

| | 2023年 | 2022年 |
|---|---|---|
| 软件技术 | 0.327 | 0.413 |
| 硬件技术 | 0.289 | 0.272 |

图6.26　2022年与2023年江苏省高成长企业数字技术支撑力分项情况

与2022年相比，江苏省高成长企业数字系统集成力2/3的指标出现了上升。如图6.27所示，2023年江苏省数字化横向集成和集成模式指标均出现上升，而纵向集成则呈现下降趋势。近年来，各企业积极探索建立统一的数据交换渠道和业务协作框架，促进不同业务部门和合作伙伴之间的数字化协同工作，通过应用程序接口（API）、数据标准化、云计算平台、数据仓库和数据湖、企业服务总线（ESB）等一系列手段促进数字化的横向集成和集成模式。但可能由于仅考虑对外集成，而忽略了企业内部不同层级和不同业务流程之间的信息交互、业务协作和资源整合，企业的数字化纵向集成略微下降。未来企业应加强企业内部数据共享和流程协作，提高效率，减少重复工作，提高企业乃至地区整体的数字系统集成力。

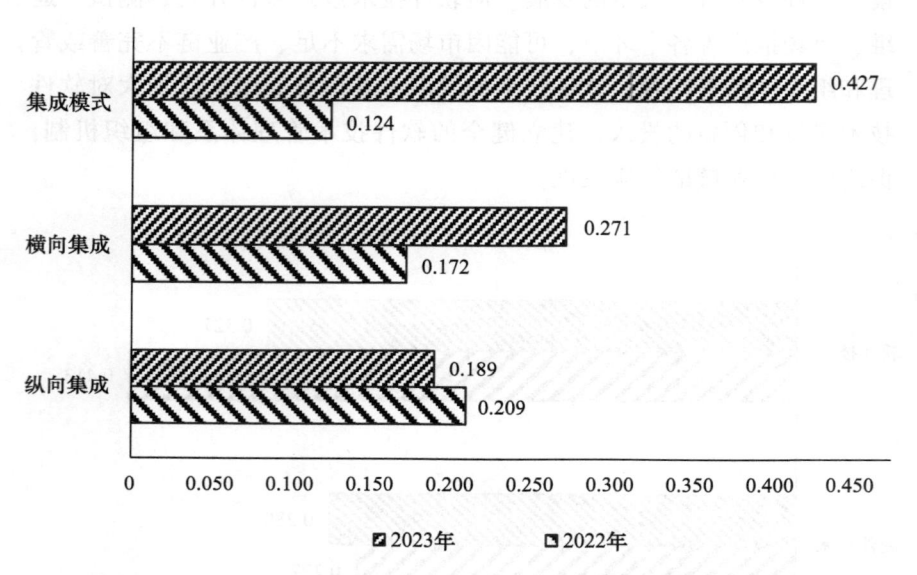

图 6.27　2022 年与 2023 年江苏省高成长企业数字系统集成力分项情况

与 2022 年相比，江苏省高成长企业数字场景应用力发展相对不足。如图 6.28 所示，2023 年江苏省高成长企业在数字化研发设计、生产制造、经营管理三个方面均出现了下降，并且研发设计下降幅度最大。通过数字化研发设计、生产制造和经营管理，企业可以实现产品开发周期的缩短、生产过程的智能化和精细化、企业经营决策的科学化和精细化，从而提升企业的竞争力和市场地位，未来企业应在这三个方面加强拓展。

## 第六章 区域视角：基于"五力模型"的江苏评估

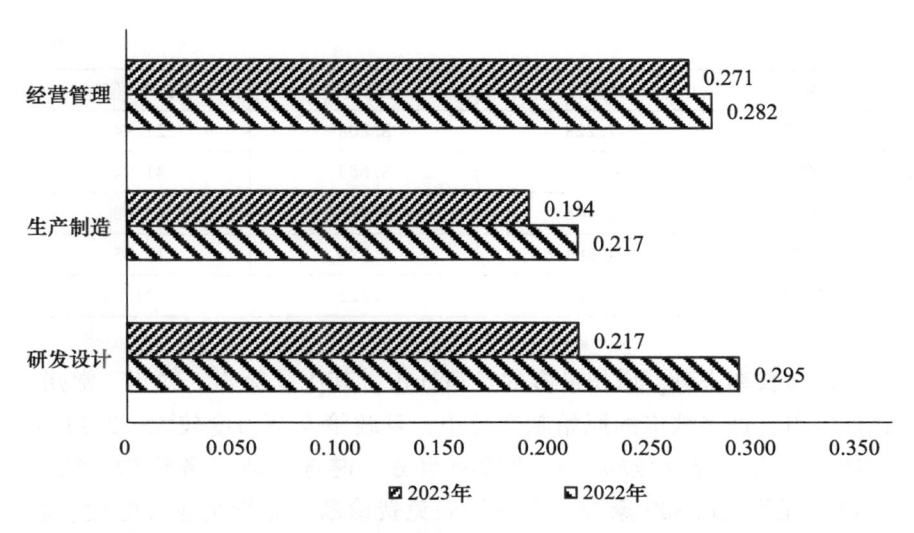

图6.28　2022年与2023年江苏省高成长企业数字场景应用力分项情况

### 二　江苏省2022年与2023年高成长企业智改数转的区域情况对比

与2022年相比，2023年江苏省84.62%的城市高成长企业智改数转得分均呈现上升趋势。如表6.4所示，宿迁、徐州、泰州等11个城市的高成长企业智改数转得分上升，仅连云港和无锡两市的高成长企业智改数转得分下降。

表6.4　2022—2023年江苏省高成长企业智改数转得分情况

| 城市 | 2022年 | 2023年 | 增长率（%） |
| --- | --- | --- | --- |
| 南京 | 10.518 | 11.143 | 5.94 |
| 苏州 | 9.118 | 10.143 | 11.24 |
| 无锡 | 9.988 | 9.983 | -0.05 |
| 泰州 | 7.313 | 9.902 | 35.40 |
| 南通 | 9.062 | 9.820 | 8.36 |
| 盐城 | 7.901 | 9.625 | 21.82 |
| 常州 | 7.019 | 9.458 | 34.75 |
| 扬州 | 8.484 | 9.274 | 9.31 |

续表

| 城市 | 2022年 | 2023年 | 增长率（%） |
|---|---|---|---|
| 镇江 | 7.223 | 8.808 | 21.94 |
| 徐州 | 6.126 | 8.683 | 41.74 |
| 宿迁 | 5.448 | 8.063 | 48.00 |
| 淮安 | 4.684 | 5.286 | 12.85 |
| 连云港 | 6.504 | 5.122 | −21.25 |

从增长率来看，增长最多的是宿迁市，其次是徐州、泰州、常州、镇江等市，这些城市的原始基数较小，且政策支持力度较大。2023年宿迁市实施"智改数转"免费诊断服务，遴选专业服务机构，统筹1200万元为全市800家规上企业开展免费诊断，分析企业智能化、数字化短板，为企业提供"针对性"科学解决方案，全力加速"智改数转"进程。除此之外，宿迁市还强化资金支持，引导数智提升，积极落实"5321"工程奖补政策，引导企业迈开"智改数转"步伐，不断加强在智能工厂（车间）、工业互联网标杆工厂、标识解析、星级上云等关键领域的建设与改造。2023年以来，宿迁市共兑现智改数转相关项目奖补资金5721.98万元，支持项目156个。南京市由于本身基础较好，增长率在江苏省所有城市中处于中等偏下水平。

从城市排名来看，46.15%的城市出现了上升，15.38%的城市保持不变，38.47%的城市出现下降。如表6.5所示，泰州、常州、苏州、徐州、宿迁和淮安六市的高成长企业智改数转排名上升，南京和盐城两市的智改数转排名不变，而无锡、南通、镇江、扬州和连云港五市的智改数转排名下降。从变动情况来看，泰州排名上升最多，其次是常州、苏州、宿迁、徐州等。2023年，泰州市鼓励新建项目加大智数投入力度，壮大增量，支持企业围绕智能装备、首台（套）重大装备开展技术攻坚。到2023年，智改数转项目投入覆盖亿元企业80%以上，城市整体高成长企业智改数转排名也有了大幅提高。南京市连续稳坐全省高成长企业智改数转第一的位置，这与南京市政府和企业的共同努力密切相关。

表6.5　2022—2023年江苏省高成长企业智改数转排名情况

| 城市 | 2022年 | 2023年 | 变动情况 |
| --- | --- | --- | --- |
| 南京 | 1 | 1 | 0 |
| 苏州 | 3 | 2 | 1 |
| 无锡 | 2 | 3 | -1 |
| 泰州 | 7 | 4 | 3 |
| 南通 | 4 | 5 | -1 |
| 盐城 | 6 | 6 | 0 |
| 常州 | 9 | 7 | 2 |
| 扬州 | 5 | 8 | -3 |
| 镇江 | 8 | 9 | -1 |
| 徐州 | 11 | 10 | 1 |
| 宿迁 | 12 | 11 | 1 |
| 淮安 | 13 | 12 | 1 |
| 连云港 | 10 | 13 | -3 |

### 三　江苏省2022年与2023年高成长企业智改数转的行业情况对比

2022—2023年，江苏省高技术行业和非高技术行业智改数转得分均有上升，非高技术企业增长率（1.04%）小于高技术行业增长率（14.59%）。如图6.29所示，江苏省高技术行业中66.7%的行业智改数转得分上升。其中，上升最多的是金属制品、机械和设备修理业，增长率高达43.72%，其次是医药（38.48%），铁路、船舶、航空航天和其他运输设备行业（37.67%）、汽车制造业（30.05%），专用设备行业（28.09%），电气机械和器材行业（2.83%）；仅通用设备行业，仪器仪表行业，计算机、通信和其他电子设备高成长企业三个行业的得分下降，且下降不足20%。2023年，江苏省对16个先进高成长企业集群和50条重点产业链上的企业实施"智改数转"项目建设，采取政府购买"智改数转"诊断服务、智能制造项目贷款贴息和建设补助等方式，加大资金政策支持力度，高技术行业智改数转进度加快。而对非高技术行业来说（见图6.30），仅个别行业如文教、工美、体育和娱乐用品制造业，食品制造业智改数转得分上升，其他行业智改数转成效不明显。

▶ 实践篇

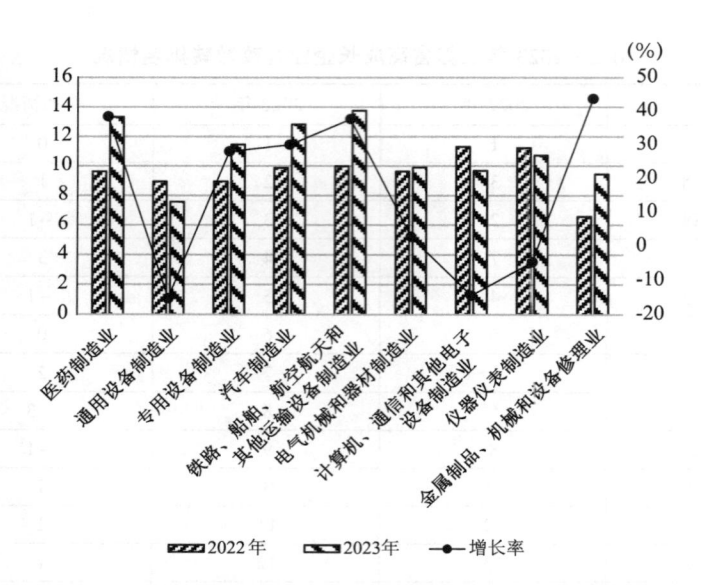

图 6.29 2022—2023 年江苏省高技术行业智改数转得分情况

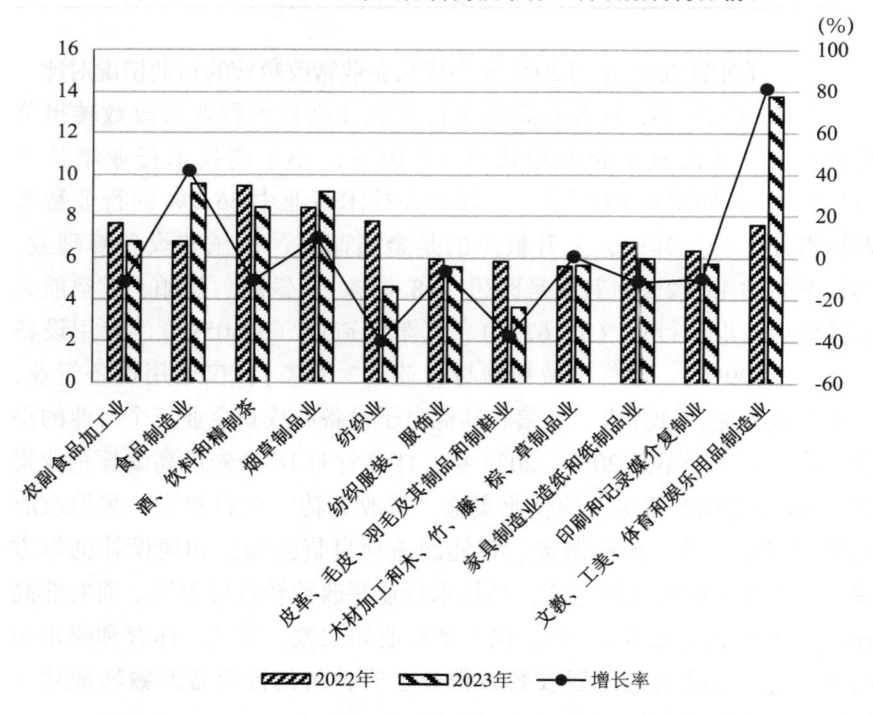

图 6.30 2022—2023 年江苏省非高技术行业智改数转得分情况

表6.6 2022—2023年江苏省高技术行业智改数转"五力对比"

单位:%

| 一级维度 | 年份/增长率 | 医药 | 通用设备 | 专用设备 | 汽车 | 铁路、船舶、航空航天和其他运输设备 | 电气机械和器材 | 计算机、通信和其他电子设备 | 仪器仪表 | 金属制品、机械和设备修理业 |
|---|---|---|---|---|---|---|---|---|---|---|
| 数字理念贯彻力 | 2022年 | 0.309 | 0.264 | 0.28 | 0.256 | 0.331 | 0.292 | 0.352 | 0.333 | 0.185 |
| | 2023年 | 0.413 | 0.240 | 0.343 | 0.342 | 0.398 | 0.318 | 0.363 | 0.394 | 0.287 |
| | 增长率 | 33.72 | -9.14 | 22.60 | 33.46 | 20.16 | 8.80 | 3.06 | 18.17 | 54.98 |
| 数字要素整合力 | 2022年 | 0.521 | 0.415 | 0.428 | 0.499 | 0.48 | 0.492 | 0.524 | 0.547 | 0.384 |
| | 2023年 | 0.581 | 0.389 | 0.551 | 0.583 | 0.625 | 0.490 | 0.466 | 0.556 | 0.477 |
| | 增长率 | 11.43 | -6.20 | 28.62 | 16.90 | 30.21 | -0.49 | -11.16 | 1.56 | 24.19 |
| 数字技术支撑力 | 2022年 | 0.367 | 0.37 | 0.35 | 0.376 | 0.349 | 0.383 | 0.422 | 0.378 | 0.273 |
| | 2023年 | 0.483 | 0.267 | 0.402 | 0.467 | 0.496 | 0.315 | 0.319 | 0.347 | 0.336 |
| | 增长率 | 31.70 | -27.89 | 14.90 | 24.11 | 42.18 | -17.86 | -24.42 | -8.14 | 23.16 |
| 数字系统集成力 | 2022年 | 0.197 | 0.176 | 0.185 | 0.2 | 0.215 | 0.181 | 0.259 | 0.237 | 0.105 |
| | 2023年 | 0.411 | 0.234 | 0.355 | 0.373 | 0.443 | 0.277 | 0.297 | 0.338 | 0.294 |
| | 增长率 | 108.69 | 33.12 | 92.12 | 86.67 | 106.13 | 53.08 | 14.83 | 42.60 | 179.74 |
| 数字场景应用力 | 2022年 | 0.269 | 0.279 | 0.274 | 0.315 | 0.313 | 0.289 | 0.352 | 0.372 | 0.184 |
| | 2023年 | 0.390 | 0.196 | 0.323 | 0.395 | 0.394 | 0.293 | 0.255 | 0.267 | 0.251 |
| | 增长率 | 45.04 | -29.74 | 17.72 | 25.42 | 25.97 | 1.41 | -27.46 | -28.16 | 36.36 |

表6.7 2022—2023年江苏省非高技术行业智改数转"五力对比"

单位:%

| 一级维度 | 年份/增长率 | 农副食品加工业 | 食品 | 酒、饮料和精制茶 | 纺织业 | 纺织服装、服饰业 | 皮革、毛皮、羽毛及其制品和制鞋业 | 木材加工和木、竹、藤、棕、草制品业 | 家具造纸和纸制品业 | 印刷和记录媒介复制业 | 文教、工美、体育和娱乐用品 | 石油、煤炭及其他燃料加工业 |
|---|---|---|---|---|---|---|---|---|---|---|---|---|
| 数字理念贯彻力 | 2022年 | 0.207 | 0.212 | 0.255 | 0.27 | 0.226 | 0.163 | 0.195 | 0.135 | 0.235 | 0.167 | 0.38 |
| | 2023年 | 0.169 | 0.302 | 0.333 | 0.320 | 0.133 | 0.078 | 0.056 | 0.104 | 0.104 | 0.095 | 0.486 |
| | 增长率 | -18.60 | 42.23 | 30.72 | 18.60 | -41.11 | -52.07 | -71.24 | -22.84 | -55.67 | -42.82 | 27.92 |
| 数字要素整合力 | 2022年 | 0.375 | 0.383 | 0.396 | 0.475 | 0.392 | 0.347 | 0.359 | 0.335 | 0.352 | 0.32 | 0.466 |
| | 2023年 | 0.360 | 0.544 | 0.450 | 0.502 | 0.257 | 0.213 | 0.179 | 0.322 | 0.530 | 0.372 | 0.653 |
| | 增长率 | -3.92 | 42.00 | 13.64 | 5.59 | -34.45 | -38.76 | -50.00 | -3.77 | 50.65 | 16.10 | 40.08 |
| 数字技术支撑力 | 2022年 | 0.254 | 0.269 | 0.374 | 0.302 | 0.291 | 0.189 | 0.17 | 0.214 | 0.248 | 0.289 | 0.246 |
| | 2023年 | 0.245 | 0.292 | 0.308 | 0.285 | 0.181 | 0.192 | 0.141 | 0.197 | 0.246 | 0.146 | 0.444 |
| | 增长率 | -3.50 | 8.43 | -17.56 | -5.47 | -37.95 | 1.41 | -17.04 | -7.77 | -0.72 | -49.54 | 80.67 |
| 数字系统集成力 | 2022年 | 0.187 | 0.109 | 0.329 | 0.18 | 0.183 | 0.117 | 0.13 | 0.119 | 0.159 | 0.15 | 0.125 |
| | 2023年 | 0.203 | 0.307 | 0.283 | 0.270 | 0.160 | 0.233 | 0.218 | 0.200 | 0.117 | 0.205 | 0.444 |
| | 增长率 | 8.79 | 181.67 | -13.88 | 50.03 | -12.72 | 99.43 | 67.65 | 67.70 | -26.15 | 36.57 | 255.56 |
| 数字场景应用力 | 2022年 | 0.247 | 0.189 | 0.268 | 0.23 | 0.227 | 0.186 | 0.161 | 0.158 | 0.186 | 0.174 | 0.171 |
| | 2023年 | 0.184 | 0.241 | 0.170 | 0.238 | 0.101 | 0.189 | 0.066 | 0.151 | 0.102 | 0.159 | 0.372 |
| | 增长率 | -25.58 | 27.63 | -36.40 | 3.39 | -55.50 | 1.82 | -59.28 | -4.74 | -45.38 | -8.39 | 117.82 |

# 第七章 城市视角：基于"五力模型"的南京智改数转评估

高成长企业是现代产业发展的"领跑者"、新经济发展的"生力军"。近年来南京市涌现出一批势头强劲、特色突出的高成长企业，成为推动战略性新兴产业加快发展、构建现代产业发展新体系、构筑城市综合竞争优势的重要力量。本章选取南京市 12 个区的高成长企业作为研究对象，通过问卷调查方式获取一手数据，对上述构建的高成长企业智改数转的五维评价体系进行测算。

## 第一节 基于"五力模型"的南京智改数转评估

表 7.1 展示了基于问卷调查的南京市高成长企业智改数转五维指标体系的评价结果。整体来看，南京市高成长企业智改数转呈现"一力统领，四力协同"的特点，即数字要素整合力统领，数字理念贯彻力、数字技术支撑力、数字系统集成力、数字场景应用力四力协同发展。从五力的得分来看，南京市各力的得分均大于江苏省其他城市，得分最高的是数字要素整合力，高达 0.631 分，其次是数字技术支撑力（0.386）、数字系统集成力（0.325）、数字理念贯彻力（0.311）、数字场景应用力（0.290）。

### 一 要素整合领先优势明显

从要素整合情况来看，表 7.1 显示，南京市高成长企业数字要素整合力得分高达 0.631，在五力中排名第一，这比排名第二的数字技术支撑力高 63.47%，优势明显。其中，数据统一性的评分高达 0.945，其次是数据全面性（0.655）、数据安全性（0.610）、数据及时性（0.478）、数据标准性（0.467）。数字要素整合不仅是当代科技发展的一大趋势，也是创新和竞争力的关键所在。通过要素整合，企业可以提高效率、精准决策、增强用户体验和促进创新等。近年来，南京市积极推动数据要素市场培育，助力建立统一大市场。2021年3月以来，南京市积极配合省市政务数据级联工作，与省大数据中心积极对接省市两级数据分布、技术规范、系统保障等内容。截至2023年5月，南京市已将市本级2936个政务数据目录同步至省共享交换平台，挂接数据资源868个。此外，省级大数据中心也在逐步建立省市两级数据目录回流共享机制，现省级部门和省内各地市已有近2万条数据目录同步至南京市共享交换平台。

## 二 硬件技术支撑能力不足

从硬件支撑能力来看，南京市高成长企业数字技术支撑力得分为0.386分，在五力中排名第二，硬件技术得分（平均得分0.369）小于软件技术得分（平均得分0.412），其中硬件技术中的智能制造设备联网情况不太乐观。企业智改数转是一个全面且多层次的过程，它旨在通过利用最新的信息技术来改造企业的运营、服务及商业模式，以提高效率、增加灵活性、降低成本，并最终增强企业的竞争力。在这个过程中，硬件技术和软件技术发挥着至关重要的作用，它们相辅相成，共同推动企业实现智改数转的目标。但有数据显示，南京市硬件技术尤其是企业智能制造设备联网率相对较低，未来应筑牢网络化连接基础设施底座，由外向内促进企业硬件技术的发展。

## 三 系统集成内部发展薄弱

从系统集成情况来看，南京市高成长企业数字系统集成力得分为0.325分，在五力中排名第三，集成模式（0.488）大于横向集成（平均得分0.330）大于纵向集成（平均得分0.239），纵向集成亟待改进。企业纵向集成有助于企业更好地控制供应链，优化生产流程，降低成本,并提供更加个性化的产品和服务,而横向集成可以使企业更好地响应市场变化,加速新产品的开发和推广,并创造新的业务机会。企业应该同时考虑纵向集成和横向集成,两者相辅相成,共同推动企业实现全面智改数转。但数据显示,南京市高成长企业纵向集成得分较低,这可能与企业信息技术整合不够、流程标准化不足、缺乏内部沟通等因素有关,未来可以鼓励企业利用云计算、大数据、人工智能等先进的信息技术,打造统一的数据平台,设计和优化企业流程,建立开放、协作的企业文化,促进企业内部集成。

**四 数字理念贯彻不深入**

从数字化执行情况来看,南京市高成长企业数字理念贯彻力得分为 0.311 分,在五力中排名第四。深究理念贯彻力发展不足的原因,我们发现南京市高成长企业人才培养和资金投入得分较低,人才培养仅为 0.193 分,资金投入也仅为 0.229 分。人才培养和资金投入是企业成功和持续发展的两个关键因素,代表了企业对于人力资源和财务资源的投资,是支撑企业正常运营和竞争力提升的基础。《南京市制造业智能化改造和数字化转型实施方案(2022—2024 年)》提出要开展智改数转专题培训,大力推广智改数转理念,系统提升从业人员的数字素养和技能水平。统筹运用市工业企业技术装备奖补资金,重点支持"智改数转"和技术改造重大项目。采取"宁创贷"等贷款贴息方式,引导企业加大"智改数转"投入。在人才培养和资金投入方面均制定了相关措施,但囿于政策支持存在滞后性,且企业自身的智改数转理念不充分,所以南京市整体的数字理念贯彻力相对不足。

**五 场景应用提升空间广阔**

从场景应用情况来看,南京市高成长企业数字系统集成力得分为 0.290 分,在五力中排名最末。从 17 个要素层来看,南京市高成长企业的数字化研发设计、生产制造和经营管理均表现不佳,其中研发设计(平均得分 0.276)和生产制造(平均得分 0.227)尤为显著。

寻找合适的数字场景应用是企业智改数转的关键一环，但由于知识储备或经营理念等方面的问题，企业可能难以找到合适的应用场景。未来应该鼓励企业积极寻找各流程的痛点、效率低下的环节以及数据孤岛问题，了解当前数字化技术的发展趋势和市场上可用的解决方案，基于对现有流程的分析和对市场及技术的了解，寻找可以通过数字化手段改善的机会。同时应该在全公司范围内推广数据驱动决策的文化，鼓励员工利用数据分析进行决策，以数据为中心来优化流程和提高业务效率，以此提高企业生产和发展流程中数字场景的发掘和应用。

表7.1　　南京市高成长企业智改数转五维评估结果

| 准则层 | 要素层 | 数字化力具体数值 | 均值 |
|---|---|---|---|
| 数字理念贯彻力 | 发展规划 | 0.442 | 0.311 |
| | 组织架构 | 0.381 | |
| | 人才培养 | 0.193 | |
| | 资金投入 | 0.229 | |
| 数字要素整合力 | 数据标准性 | 0.467 | 0.631 |
| | 数据统一性 | 0.945 | |
| | 数据及时性 | 0.478 | |
| | 数据全面性 | 0.655 | |
| | 数据安全性 | 0.610 | |
| 数字技术支撑力 | 硬件技术 | 0.356 | 0.386 |
| | | 0.254 | |
| | | 0.488 | |
| | 软件技术 | 0.396 | |
| | | 0.427 | |
| 数字系统集成力 | 纵向集成 | 0.213 | 0.325 |
| | | 0.264 | |
| | 横向集成 | 0.315 | |
| | | 0.346 | |
| | 集成模式 | 0.488 | |

续表

| 准则层 | 要素层 | 数字化力具体数值 | 均值 |
|---|---|---|---|
| 数字场景应用力 | 研发设计 | 0.229 | 0.290 |
| | | 0.305 | |
| | | 0.295 | |
| | 生产制造 | 0.254 | |
| | | 0.244 | |
| | | 0.213 | |
| | | 0.198 | |
| | 经营管理 | 0.457 | |
| | | 0.305 | |
| | | 0.427 | |
| | | 0.259 | |

## 第二节 基于"五力模型"的南京智改数转问题

### 一 数字化战略缺位，企业转型缺乏统筹规划

一是缺乏区域宏观层面的统筹与规划。问卷显示，42.11%的企业认为政府在数字化转型过程中亟须进一步加强的领域为"强化统筹、规划"，在15项领域中占比最高，高出第二名"复合型人才队伍培育与引进"十多个百分点。二是缺乏方法论支撑。大部分企业处于数字化转型起始阶段，对数字化转型的理解不够深入，"从何转""如何转"对企业来说是一个亟待解决的问题。问卷数据表明，有25.26%的企业需要政府提供数字化转型咨询与培训，表明企业数字化转型缺乏方法论支撑，仍需政府提供指导与帮扶。三是企业缺少顶层设计和战略规划。部分企业即使认识到了数字化转型的重要性，推动数字化转型的意愿强烈，但仍普遍缺乏清晰的战略目标与实现路径，没有对数字化转型路径进行全面的规划，对数字化转型缺乏系统性思考。调研结果显示，仅有34.74%的企业采取了企业级数字化转型的专项规划，技术路线清晰，与企业发展战略

一致。24.21%的企业目前暂无规划,41.05%的企业是分散在各部门规划中。

### 二 数字化转型门槛高,转型要素成本高匹配性低

一是数字化转型专项转型资金投入不足。问卷显示,南京约54%的高成长企业数字化投入资金尚未超过营业收入的1%,资金投入不足制约了企业的转型向更深层次深入。主要体现为:智能化升级的高成本抑制了企业转型需求;数字化转型的短期回报不明显抑制了企业转型投入;融资渠道与资金支撑存在短板。二是复合型人才的需求与供给不匹配。南京市高成长企业面临的最突出问题是复合型人才储备匮乏。问卷

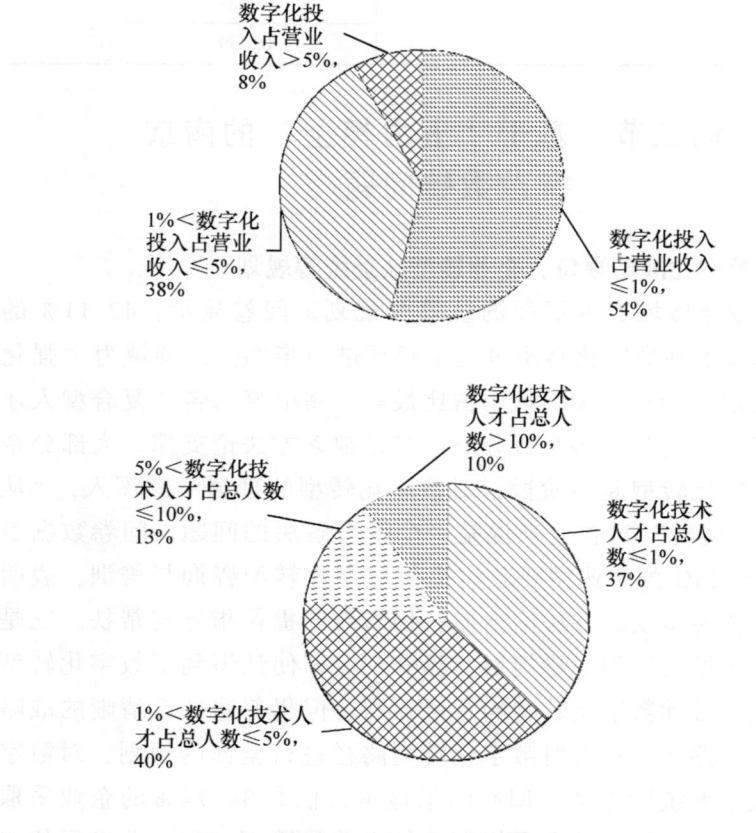

图7.1 高成长企业数字化转型要素投入情况

显示,超77%的企业数字化人才储备占比小于5%,复合型人才不仅需要具备扎实的专业技能和强大的学习能力,还需要具备跨学科的综合能力,能够将某个领域的业务与新技术融合,并能够以团队的方式组织日常工作。目前南京市对复合型人才培养缺乏投入和支持,亟须建立完善的人才培养计划和体系;政府对复合型人才培养缺乏引导和激励,同时缺乏有效的政策措施和服务平台支持。三是数字化转型技术产学研合作平台不健全。问卷显示,有72.11%的企业数字化转型技术来源于购买服务,校企合作占比仅占21.58%,南京市高等教育资源的成果转化效应并未展现。

### 三 智能装备使用率低,数据追踪与处理能力有待增强

一是智能装备使用率、联网率不高。问卷显示,企业智能装备率和联网率较低,智能装备率低于10%的企业占比达到55.79%,装备联网率低于10%的企业占比也高达52.11%。智能装备的使用与联网率不高导致不同业务部门之间缺乏数据交换桥梁,数字化技术无法在实际业务中得到充分发挥。二是数据采集不够完整。大部分企业尚未实现全面、自动、实时的数据采集,导致业务数据的精度和时效性不高,无法支撑业务流程的优化和监控。问卷显示,有21.05%的企业生产过程无数据或数据较少,数据平台有全面数据的企业不足35%;除此之外,24%左右的企业仍处于人工采集并传递数据的阶段,44.74%的企业通过半自动数据采集获取信息,仅有13.16%的企业能够实现生产过程数据的全流程采集与追溯。三是数据整合与处理不够高效。由于缺乏统一的数据标准和规范,不同部门和系统之间的数据难以互通和协同,造成数据孤岛和冗余,降低了数据的质量和价值。不同业务部门之间的数据难以共享和整合,进一步影响了数据的质量和利用价值。由于现有的数据处理技术和能力不足,企业无法快速、准确地分析和利用海量的业务数据,难以从数据中获取有用的洞察和指导,限制了企业的创新能力和竞争力。问卷显示,高成长企业中仅36.31%的企业能够通过大数据分析实现企业转型。

▶ 实践篇

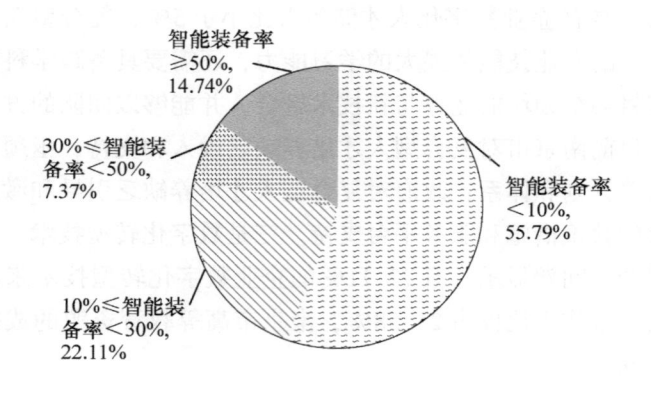

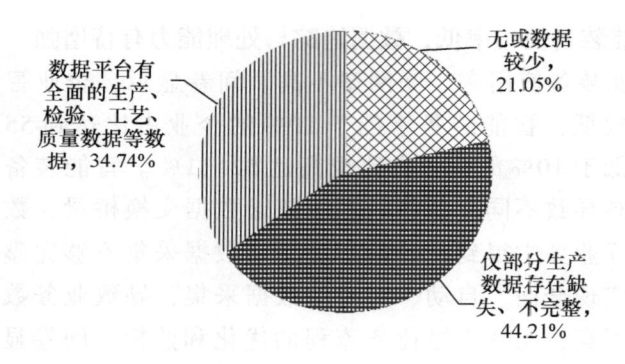

图7.2 高成长企业智能装备与数据追踪情况

## 四 数字化场景应用力未显现，数字化转型效果有待提升

一是人工智能开发利用滞后。人工智能是数字化场景的重要支撑技术，可以实现数据的智能分析、业务的智能优化、服务的智能交互等功能，提升数字化场景的智能化水平。然而，问卷显示，暂无人工智能开发利用的企业占比高达53.68%，人工智能技术应用的缺位是数字化场景应用力难以展现的重要原因。二是生产环节数字化应用不足。生产环节是实体经济的核心环节，也是数字化场景的重要应用领域。通过数字化技术，可以实现生产过程的可视化、可控制、可优化，提升生产效率和质量，降低生产成本和风险。但目前南京市高成长企业在生产环节数字化应用不足，半数企业仍主要由人工管理仓储

## 第七章 城市视角：基于"五力模型"的南京智改数转评估

物流，进行产品检测检验和装备维护；58.42%的企业生产车间规划设计数字化应用情况回答为未经数字化规划仿真；30.53%的企业反映公司重点产品无数字化设计成分，近40%的企业工艺流程管理阶段无数字化。三是经营环节数字化开发缺位。经营环节是企业数字化场景的重要拓展领域。通过数字化技术，可以实现企业与客户、供应商、合作伙伴等的信息共享和业务协同，提升企业的市场拓展和客户服务能力，增强企业的竞争优势和品牌影响力。但目前，高成长企业经营环节数字化开发缺位，有21%左右的企业仍采用传统方式管理企业的采购与销售，采购、销售业务网络完成水平低于20%的企业

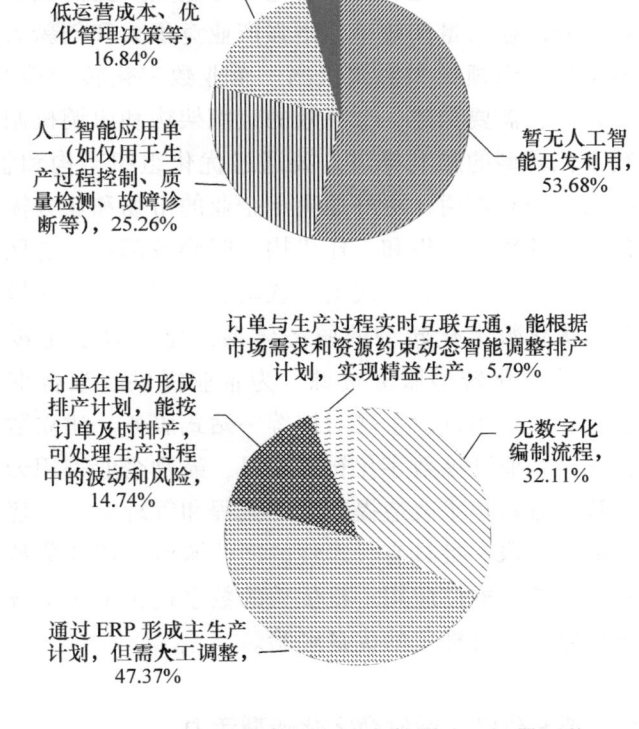

图7.3 南京高成长企业数字化转型应用场景现状

数占58.95%。此外,订单与生产过程实时互联互通的企业仅有5.79%,有32.11%的企业生产作业计划无数字化编制流程。

## 第三节 基于"五力模型"的南京智改数转战略

### 一 强化战略引领,奠定数字化转型基石

一是明确数字化转型的战略方向和重点领域。为适应数字时代的发展需求,根据南京市自身的产业结构和优势,制定高成长企业数字化转型的总体规划和行动计划;引导高成长企业树立数字化转型的愿景和目标,合理配置数字化资源,确保数字化转型的有效实施;重点推动软件和信息服务业、电子信息制造业、新能源汽车、新医药与生命健康、集成电路、人工智能、智能电网、轨道交通、智能制造装备九条产业链,及钢铁、石化、汽车、电子等重点产业高成长企业数字化升级,以提升产业质量和效率,增强产业竞争力和创新力。二是加强数字化转型的组织领导和协调机制。企业数字化转型涉及多部门、多层级、多领域,需要构建一个高效的组织架构和协调机制,保障高成长企业数字化转型的顺利推进。要通过优化组织架构和管理流程,加强部门间的协调和沟通,更好地满足企业的市场和业务需求。建立健全数字化转型的领导小组和工作机构,明确各部门、各区、各开发区的职责分工和协作关系,形成上下联动、部门协同、区域协作的工作格局。三是优化数字化转型的服务体系,建立数字化转型服务平台。整合各类数字化转型服务资源,为企业提供政策咨询、项目申报、技术支持、人才培训、金融对接等一站式服务。建立数字化转型专项资金,支持企业开展数字化转型项目,鼓励企业采用云计算、大数据、人工智能等新技术改造提升生产流程和管理模式。建立数字化转型示范基地,选取一批具有代表性的产业园区、产业集群、重点企业等作为示范基地,推广应用一批优秀的数字化转型解决方案和典型案例,形成可复制、可推广的优良经验。

### 二 优化要素供给,激发数字化转型活力

一是加强复合型人才培养,为高成长企业数字化转型提供智力支

持。建立健全数字化人才激励机制，通过提高薪酬水平、完善福利待遇、加强职业发展规划等方式，激发数字化人才的工作积极性和创造力；建立健全数字化人才流动机制。通过建立人才市场、推进人才交流、简化人才引进和落户等方式，促进数字化人才的合理流动和配置；建立健全数字化人才培养机制。通过加强与高校、科研院所、行业协会等单位和组织的合作，开展数字化技能培训和认证，培养一批具有专业知识和实践经验的复合型人才。二是完善金融服务体系，为高成长企业提供多元化的融资渠道。推动金融机构创新金融产品和服务，为高成长企业提供定制化的融资方案，满足企业不同阶段的资金需求。鼓励社会资本参与高成长企业的数字化转型，通过股权投资、债权投资、众筹等方式，为高成长企业提供多样化的资金来源。三是加强数字化技术研发和应用，为高成长企业提供先进的技术支撑。建立健全数字化技术研发机制，通过加强与高校、科研院所、行业协会等单位和组织的合作，开展数字化技术的基础研究、应用研究和产学研合作，形成一批具有自主知识产权和核心竞争力的数字化技术；建立健全数字化技术应用机制，通过建立数字化技术应用示范基地、推广优秀的数字化解决方案和典型案例、组织数字化技术应用培训和交流等方式，促进数字化技术在各行各业的广泛应用。

### 三　强化数字集成，打通数字化转型经脉

一是建设统一的数据中台。以数据为核心，构建南京市数据中台，实现政务数据、社会数据、产业数据等多源异构数据的汇聚、整合、共享、开放和应用。推进数据标准化、规范化、质量化管理，提高数据可信度和可用度。建立健全数据安全保障体系，加强数据隐私保护和合规使用。打造一批面向不同领域和场景的专业化数据服务平台，为数字化转型提供强大的数据支撑。二是推进全域数字互联。以网络为基础，推进南京市全域数字互联，实现城乡区域、部门机构、企业组织、个人群体等多维度主体的无缝衔接和互动。加快新一代信息基础设施建设，提升网络覆盖率、接入速率、传输质量和安全性能。深入实施"互联网+"行动计划，拓展数字化服务领域和渠道，提升数字化服务水平和效率。打造一批具有示范效应的数字化互联项

目，为数字化转型提供便捷的网络通道。三是促进跨界数字融合。以创新为动力，促进南京市跨界数字融合，实现传统产业与新兴产业、实体经济与虚拟经济、线上服务与线下服务等多元业态的深度交融和协同发展。加快推动产业智能化改造和数字化转型，培育发展新型产业、新模式、新业态。加快推进城市治理现代化和智慧城市建设，提升城市管理水平和公共服务水平。打造一批具有引领作用的高成长企业数字化融合案例，为数字化转型提供有力的创新动力。

### 四 拓展应用场景，提升数字化转型价值

一是加快基础型数字化应用场景的建设和推广。充分发展云计算、大数据、人工智能、物联网、区块链等先进信息技术，为数字化应用场景提供技术支撑和保障。加强数字化应用场景的示范和推广，建立一批具有代表性的企业或产业园区作为数字化应用示范项目，重点推动其在生产制造、供应链管理、市场营销、人力资源等方面的数字化应用探索和实践，鼓励上述示范项目在数字化转型方面进行前沿技术的尝试和创新，形成可复制、可推广的成功经验。二是加强创新型数字化应用场景的探索和优化。鼓励企业应充分利用数字技术和数据资源，结合自身的核心能力和优势，创造差异化和个性化的数字化应用场景，满足用户的多样化和个性化的需求。不断试验和验证数字化应用场景的效果和反馈，及时调整和优化数字化应用场景的设计和运营，提高数字化应用场景的质量和效率。三是构建数字化应用场景的生态和协同。鼓励跨行业数字化合作创新。政府可以鼓励不同行业的企业开展数字化合作创新，促进跨行业数据共享和协同应用。通过建立跨行业的数字化合作联盟或平台，推动企业之间的合作交流，促进不同行业之间的数字化融合与创新发展。

# 案例篇

# 第八章 节能环保企业赋能智改数转的案例分析

## 第一节 朗坤智慧：工业互联网让"工业更智慧"

### 一 企业基本情况

朗坤智慧科技股份有限公司（以下简称"朗坤智慧"）成立于1999年，是国内专业的工业软件产品和工业互联网平台提供商，主要从事面向流程工业领域的生产控制和业务管理类工业软件以及工业互联网平台的研发、销售及运营。目前，公司已累计为上千家大型企业提供工业软件和工业互联网平台，下游广泛应用于发电、建材、化工、冶金、煤矿等行业，为企业、园区、政府等提供多元化解决方案，助力产业转型升级。

朗坤智慧研发了符合各类流程工业企业需求的工业软件产品，并通过知识软件化以及行业工程化的深度实践，在国内工业软件领域已形成自主可控的技术优势和较高的行业影响力。由公司自主研发的LiEMS工业软件具有组件化、标准化的特点，帮助工业企业提高生产过程的管控水平，增强生产设备的可靠性，提升企业的生产运营效率。公司自主开发并运营的苏畅工业互联网平台，于2022年5月入选工信部"跨行业跨领域"工业互联网平台名单，是南京市唯一的双跨平台。作为国家级工业互联网平台，朗坤苏畅已成为具有一定影响力的"工业数字化"新型基础设施。

## 二 赋能智改数转的主要做法

朗坤智慧拥有深厚的制造业经验，为企业转型升级提供一站式完整的数智化基础设施，打造了一批智能制造示范工厂和工业互联网平台标杆，助力集团企业数智化引领，赋能头部企业打造行业级平台应用，构建区域级产业互联网平台。

（一）智慧经营管理平台

朗坤智慧根据中石化扬子石化公司各分厂生产的实际需求情况，推进信息化与公司未来业务全面融合，以一体化统一平台为支撑，实现"平台+应用+数据"的智能工厂模式，应用覆盖计划、调度、操作、工艺、设备、能源、安全、人员绩效等生产管理业务。整个智能工厂项目以建设炼化一体化智慧经营管理平台为要求，以运用新一代信息技术聚焦"设施互联、系统互通、数据互享、产业互融"为建设目标和要求，围绕业务流程系统集成、经营决策分析、经营状况展现、应用展示"四位一体"来打造具备扬子石化特色乃至炼化行业标杆示范引领覆盖炼化一体化生产全流程、管理全方位、产品全生命周期的智能制造示范工厂。

（二）一体化智能管控（IT）平台

伴随企业的发展、信息技术的更新，现代企业的管理已全面进入信息化、科技化和智能化时代。朗坤智慧携手华能南京燃机电厂打造一体化智能管控（IT）系统。该系统是一个支撑发电厂业务发展战略的、高度成熟的、业务全面的、能导入行业知识和经验的管控平台，满足华能南京燃机电厂对"面"的全面管控，又实现对"点"的规范化、精细化的管理。该一体化智能管控平台最终为华能南京燃机电厂实现了 MIS/SIS 一体化、财务/业务一体化、信息/安防一体化和信息集成一体化。

（三）智能化监盘工业互联网平台

朗坤智慧监盘产品以电厂实时/历史数据为基础，覆盖电厂锅炉、汽机、电气三大专业，通过工业互联网平台，将智能算法和设备运行机理规则相融合，结合专家知识，实现设备关键参数的异常分析和设备故障预测，将突发故障的被动处理转变为参数异常和设备故障的提前预警，大大减轻运行人员的劳动强度和监盘压力，提高机组运行的安全性和经济性。该系统平台可广泛适用于电力（燃煤发电、燃气发电、垃圾发电、生物质发电、水电等）、化工、建材等领域，目前已经在江苏国信扬州发电有限责任公司、中海油珠海天然气发电有限公司等企业落地应用，保障机组运营安全、稳定、可靠，报警正确率高达96%，漏报率低于1%，被中国电机工程学会鉴定为"国际领先"。

（四）优化能源效率互联网平台

朗坤智慧基于苏畅工业互联网平台全要素能力体系的技术优势和平台优势，自主研发推出了面向高耗能设备的能源效率优化工业APP。该产品具备可视化、可验证、可诊断、可预测、可学习、可交互"六大能力"，通过对企业内生产设备及配套设施的能源数据实时采集，对企业能耗状态进行监测、分析和预测，实现能耗数据的优化治理和统一调度，从而进一步深挖节能潜力，辅助推进精细化能源管控，优化能源使用效率。目前该产品已落地钢铁、煤矿、电力、建材、化工、装备制造等各行业高耗能业务领域，助力打造"极致能效"绿色工厂。

### 三　实践效果

朗坤智慧通过融入先进管理理念和系统设计经验，为企业建立一套具有自身特色的管理体系和综合管控平台，帮助企业实现生产管理、安全管理、运行管理、经营管理的一体化管控，保障企业生产经营长效机制的有效运行。从提升安全生产管理水平和管理效率、生产管理全过程可控在控、提供设备检修平台，提高设备检修的预知性和预测性、细化成本控制和归结的手段、实现全面预算管控等角度显示出其成效显著。凭借先进的技术和突出的经营成果，公司发展得到了政府、行业、客户和权威媒体的肯定与支持，获央视《新闻联播》头条报道，以及中国互联网投资基金战略投资；在IDC发布的《中国电力行业大数据解决方案市场份额》报告中位列"第一梯队"，被《互联网周刊》屡次评为工业互联网、工业软件领域领先厂商，名列前茅；朗坤苏畅工业互联网平台在2023年工信部"双跨"平台动态评价中，位居能源互联网平台首位。

## 第二节 新康众：数智化平台驱动汽车后市场革新升级

### 一 企业基本情况

江苏康众汽配有限公司（以下简称"新康众"）成立于2013年，是一家致力于网络覆盖全国的汽车后市场一体化服务商，在康众汽配连锁的基础上与阿里巴巴集团汽车后市场业务及相关资源结合而成立，先后获得阿里巴巴、华平、云锋、PAG、高盛等投资机构数亿美元资金注入。目前该公司是中国汽车维修行业协会"理事单位"、长三角新能源汽车产业链联盟"副理事长单位"、2022省级"数字商务企业"、江苏省供应链创新示范企业、江苏省AAA级信用企业、2024—2025年度江苏省电子商务示范企业、汽车后市场"独角兽"企业。

近年来，新康众公司利用数字化转型契机，积极推进与汽车维修相关软硬件的开发，为维修企业提供维修应用大数据库和数智化管理SaaS系统，助力维修企业实现数字化转型，提升运营效率与管理水平。

### 二 赋能智改数转的主要做法

#### （一）全流程数字化助力行业服务效率提升

一是以智慧系统赋能终端。从4S店到特约维修服务站，再到综合维修厂、快修快保店、专项维修店，以及街头巷尾的社区店、洗美店，汽车后市场维修门店多种多样。对数字化系统的需求也呈现多样性，从车主在线预约下单，服务顾问手机扫描车架号1秒接车开单，技师在线领料、施工、完工，到前台扫一扫收银，老板实时查看门店经营报表，技师实时查看绩效提成。

二是开发六大智能算法，创新门店运营方案。主要表现为：（1）智能获客：融合AI能力的智能海报、智能视频功能，打通各大社交平台，全渠道触达门店的目标客户。（2）智能报价：根据车型、车辆保养手册、车辆现状，智能推荐维保项目，自动报价。（3）智能

## 第八章 节能环保企业赋能智改数转的案例分析

检测:打通 X431 等车辆检测工具,检测报表直接转化商机,自动跟进提醒。(4)智能服务提醒:根据车辆到店情况,智能预测各项目下次保养日期,自动提醒门店和车主。(5)智能标签:丰富的客户、车辆标签体系,建立门店客户画像,帮门店做好精准运营。(6)智能报表:实时生成门店多维度数据报表,企业军师深度解读,帮助经营者了解门店实际经营状况,调整经营策略。功能全面、操作简单,以及智能算法的支持,为汽修行业带来了全新的运营模式,让门店在客户服务、库存管理、员工管理等方面实现了智能化、标准化和自动化,运营效率和服务质量实现了质的飞跃。

(二)构建行业维修应用大数据库

汽修行业车型多、配件杂,后市场从业人员经常遇到不熟悉的车型、不了解的配件、故障等。公司通过整合海量车型库、维修数据、配件数据,运用大数据、云计算等前沿信息技术,构建汽车后市场维修应用大数据库,打造汽修技师的专业平台。目前已收录 28 万种车型信息,覆盖市场上 99% 的常见车型。

数据库中每一车型,都附上匹配的配件型号、用量、拆装流程指导,技师只需扫描车辆的车架号,即可迅速获取车型的详细信息、匹配的配件和施工指导,利于提高工作效率,确保施工质量和安全。丰富的车型和配件信息、实用的养护操作指导、便捷的查询方式,为汽车后市场的技师们提供了一个强大的支持工具,同时也为整个行业的标准化、规范化发展提供了有力的支撑。

(三)构建全程可视化的仓储物流配送链路

经过 30 年持续建设,新康众建立了由 29 个中心仓、200 个城市仓、1208 个前置仓组成的覆盖全国的专业物流网络。在此基础上,新康众还构建仓储物流配送全程管理链路可视化系统,以应对传统仓储物流面临的成本高、信息化程度不足、空间利用低效以及服务质量波动等挑战,系统的实施将带来显著的改进和优化。具体体现在以下几个方面。

一是成本控制方面,全程管理链路可视化系统能够实现货物流动状态的实时监控,从而精准控制运输和仓储成本。系统通过对历史数据的深度分析,智能预测未来订单量,为库存和运输资源的科学调配提供有力支持，有效避免资源闲置和浪费。此外，通过精细管理物流流程，减少人为操作失误发生频率，简化烦琐的流程，进一步降低额外成本。

二是信息化水平提升方面，全程管理链路可视化系统以数据为核心，实现各环节信息的实时集成和共享，大大提高信息的准确性和时效性。管理人员能够基于最新数据作出决策，为公司的快速发展提供有力支撑。同时，系统采用物联网技术，通过传感器、RFID 标签等设备实时采集和传输数据，进一步提升信息的实时性和可靠性。

三是空间利用优化方面，可视化系统能够根据实时库存数据，智能调整货物存储位置和方式，使仓库空间得到充分利用。通过对历史数据的分析，预测货物需求变化趋势，提前规划仓库布局和扩展计划，确保仓库空间的合理利用。

四是服务质量提升方面，全程管理链路可视化使得公司能够实时追踪货物位置和状态，及时发现并解决潜在问题。这有助于降低货物损坏、丢失或配送延误等风险，提升客户满意度。同时，通过对历史数据的深度挖掘，公司能够发现服务质量改善瓶颈和现存问题，有针对性地进行改进，实现服务质量的持续提升。

## 三 实践效果

新康众通过将先进的运营管理思路融合进数智化系统，赋能汽车后市场，为维修门店注入了新的运营管理思路，显著提升了维修门店的运营效率。主要体现在以下方面。

一是智慧管理系统让终端门店全流程无纸化运营，智能算法不仅节约人力、提升工作效率，更能为门店带来新的盈利模式，车主因此能享受更舒适、更快速、可信任的服务体验。目前，新康众已累计为超过 3 万家维修企业提供数智化系统。

二是行业维修应用大数据库，为全行业的技师提供了全面的技术查询、问答、学习平台，目前已累计为超过 200 万名汽修技师提供服务。

三是公司建立的仓储物流配送全程管理链路可视化系统，有效解决了传统仓储物流的种种痛点，实现了成本的大幅降低、信息化程度的显著提升、空间利用率的优化以及服务质量的全面提升。

**四　经验启示**

（一）清晰设定目标与方向

企业在推进智能化改造与数字化转型的征程中，必须紧密结合自身的实际情况和发展需求，制定出既切实可行又富有前瞻性的转型目标与计划。这有助于企业在转型过程中保持清晰的思路，确保转型工作能够有序进行。

（二）深度融合技术创新与业务需求

企业在加大技术创新投入、引进尖端技术和设备以提升技术实力与创新能力的同时，需要避免盲目追求即时革新，而应注重技术创新与业务需求的紧密结合。

一方面，企业在进行技术创新时，应深入挖掘并理解自身的业务需求与市场定位。明确业务目标和发展方向，从而有针对性地选择适合的技术和设备进行引进和研发。只有技术创新与业务需求相结合，才能真正发挥技术的价值，提升企业的运营效率和服务质量。

另一方面，企业应注重技术创新与业务流程的优化和重构的有机结合。通过对现有业务流程的全面梳理和分析，精准识别存在的问题和瓶颈，并借助技术创新的力量对其进行优化和重构。这不仅有助于提升业务流程的效率和精准度，还可以降低企业的运营成本，提升企业的竞争力。

（三）夯实数据治理

企业应建立健全的数据治理体系，保证数据的准确性、完整性和安全性。通过精准的数据采集、高效的数据存储、深入的数据分析和创新的数据应用，企业能够更加精准地把握市场需求、优化产品设计、提升生产效率，从而在激烈的市场竞争中脱颖而出，赢得更多市场份额。

未来，公司将继续深耕汽车后市场数智化领域，不断优化服务流程，提升服务质量，为更多维修门店带来更高效、更智能的运营体验，共同推动整个行业的持续健康发展。

## 第三节　深度智控：物联智控助力工业深度节能

### 一　企业基本情况

南京深度智控科技有限公司（以下简称"深度智控"）是一家行业内领先的深度节能与数智化创新服务商，由来自清华大学和美国伯克利国家实验室的创始团队于2018年8月创立，以"让每度电创造更多美好"为使命，专注于研发新一代的深度节能与物联智控前沿产品与技术，为工业与建筑节能行业赋能，实现机电能源系统的深度节能，并助力企业数智化转型，降低中国碳排放2%。

深度智控成立至今，已获得腾讯、红杉、源码、汇川、深创投、招商局、光远金盘等顶级战略机构的投资，成功落地宁德时代、京东方、阿特斯、长城汽车、经纬恒润、绿叶制药、中国联通、国家超算、腾讯IDC等200+标杆案例，2023年获评"江苏省级专精特新中小企业"和"南京市培育独角兽企业"。

### 二　赋能智改数转的主要做法

#### （一）节能优化智能化

深度智控打造出新一代基于"机理框架+AI"的深度节能系统——深智控（DeepSYS），能够针对暖通空调、空压等机电能源系统，建立设备层级高精度性能仿真模型，在保障末端需求条件下，实时遍历数十万种设备运行工况，从而找到系统总能耗最低时对应的最优控制参数，最终实现"逼近系统节能极限"的主动优化与闭环控制，在传统自控系统基础上能效再提升至少10%，系统平均节能率可达10%—40%。企业能够通过系统一键切换的功能，在5分钟内实现优化前后的能效数据对比，实时验证节能效果。

DeepSYS还能够对流量、温度、压力、冷热量等参数进行平衡校核，主动发现系统可疑故障，并针对能效异常进行在线诊断，例如设备运行效率过低、突发性的能耗突变、持续性损耗等现象。基于主机防喘振保护、最低流量保护、最低出水温度保护、水泵防水锤开机曲

## 第八章 节能环保企业赋能智改数转的案例分析

线保护、最小压差保护、趋近温度过高报警等十二大安全保障措施，提供操作记录查询、故障报警查询、远程监管、水泵故障自动切换等功能，保障系统的安全运行。

### （二）能源系统集成数字化

在能源产业转型升级，新能源体系快速发展的背景下，深度智控进一步拓展跨行业应用，从现有的机电能源系统，到分布式能源，以及综合能源系统等应用场景，打造出新一代"源网荷储"综合能源管控平台，基于 IBMS 系统集成技术，将"源网荷储"侧所有新型能源系统设备集成至统一的数字化平台，通过 BIM 数字孪生直观呈现，实现基于动态电价用能成本最低、电力需求响应的柔性调节、系统能效最优等多目标维度下的全局主动寻优。

在帮助企业降本增效的同时，DeepOS 还能够集中一体化管控发电、输配、储能、用能等设备，从人工被动响应到系统主动预警，实时诊断与安全联动，保障系统的安全运行，提升运维管理效率，助力企业实现数字化转型。

### 三 实践效果

（一）项目总体成绩

自 2018 年公司成立以来，深度智控持续赋能先进制造（半导体 & 电子、光伏、锂电、制药）、数据中心、公共事业（医院、轨交、商业综合体）三大行业，已成功落地 240 + 个项目，包括宁德时代、京东方、阿特斯、长城汽车、经纬恒润、绿叶制药、中国联通、国家超算、腾讯 IDC 等行业标杆案例。在绿色节能方面，项目累计节省电量 4.36 亿度，减少二氧化碳排放约 43.47 万吨。在智能管控方面，系统管理面积 1640 万平方米，设备控制数量 10.94 万台，系统报警总数 48 万条，企业报修工单总数 13000 + 条，巡检工单总数 32000 + 条。

（二）重点项目成效

1. 宁德新能源厂区节能优化与智能管控

宁德新能源是世界领先的锂离子电池生产者和创新者，自 2012 年起，ATL 软包聚合物锂电池出货量就连年位居全球第一，同时保持全球最大的单月产能，最高可达 142Mpcs。

改造前，冷却水泵、冷冻水泵为工频运行，基于人工经验进行调控，冷却塔的自动变频和控制系统只针对设备本身，缺乏系统间耦合性考虑；空调系统未配置远程监控平台及流量计，无法实现系统群控及冷量测算。改造后，制冷站系统实际平均COP从3.9提高到5.5，节能率达到29%+，智能管控71个机电能源系统，监控点位80,000+，运维响应时间减少70%+。

2. 国家超级计算无锡中心节能优化控制

无锡超级计算机中心成立于2006年11月，位于无锡（国家）工业设计园内，为船舶设计、汽车设计、生物化学、新材料、IC设计等产业中的专业化设计计算提供大规模运算及海量存储等服务，连续三次位列全球超级计算机500强第一。

改造前，系统平均PUE为1.28，已达到国内数据中心能效领先水平。2019年度搭建了基于系统行为的全局优化控制，以能耗模型为基础的整个空调系统多维、主动寻优的节能控制系统。系统是建立在冷冻机房的每个设备整体性能特性的基础上，通过多维寻优的方法寻找满足工艺设计及冷量需求下整个冷冻机房及风系统的最佳能效点，实现最佳节能目标。改造后，系统平均节能率达到24%，年节电量410+万度电，数据中心平均PUE降低到1.21，保障从19年以来的安全稳定运行。

3. 江苏省人民医院智慧运维平台

江苏省人民医院，又名南京市医科大学第一附属医院、江苏省红十字医院，于2018年12月4日被国家卫生健康委员会公布为首批肿瘤多学科诊疗试点医院。

深度智控为其搭建的三维可视化智慧运维管控平台，一体化监控医用气体、纯水、电能质量、空调、照明、电梯、给排水、消防、运维等21个系统，实现智能诊断报警、跨系统联动、运维工单、深度节能、智能视频识别、指标决策等数智化功能。

4. 重庆轨道交通4号线能源管理平台

重庆轨道交通4号线是重庆铁路网的骨干线路之一。随着线网规模不断扩大，人员分布不均、线路个性化、设备多样化以及需要高效应对突发事件的局面，对轨交设备的可靠性、可用性、可维修性和安全性提出了越来越高的要求。

深度智控打造的能源管理平台集成了能馈设备、主变电所、通风空调水系统、大系统、小系统、VRV、智能照明、电梯系统的监测与控制，实现"线路—车站—设备"的能耗统计及同比环比对比分析，并基于 BIM 三维可视化的实时监测呈现。平台还遵循 PDCA 的流程，历经收集与分析数据、发现问题、解决问题、运行反馈等流程，能够实现提前预警、事前计划、事中控制以及实时反馈等能耗全过程管控，确保轨交安全、稳定、高效运维。

**四　经验启示**

党的二十届三中全会指出，健全促进数字经济和实体经济深度融合制度。这不仅是抓住新一轮科技革命和产业变革机遇，抢占未来产业竞争制高点的战略选择，也是建设现代化产业体系、推动高质量发展的核心任务，深度智控深耕工业及建筑领域，在助力企业实现智改数转的道路上，总结了以下几点经验优势。

一是培育核心技术竞争优势。为构建高可用性、安全性、可靠性、可伸缩性和扩展性的系统，深度智控采用多层的分布式应用模型、组件再用、一致化的安全模型及灵活的事务控制，使系统具有更好的移植性，以适应应用环境复杂、业务规则多变、信息发布的需要，以及系统未来的扩展需要。

二是培育团队人才优势。团队首要的核心竞争力是一流的技术实力。深度智控在成立之初便以国际领先作为项目技术的首要要求，核心成员均为来自美国和国内名校的博士/硕士，同时以科学的人才职业规划措施和技能培养机制，吸纳并培育行业专业人才，以确保卓越的技术研发能力让产品保持更新迭代。

三是拓展商务模式优势。深度智控的业务拓展模式为"渠道商为主+直销为辅"，为渠道商或客户提供深度节能与智慧物联平台解决方案。业务拓展模式有着前期投入小、简单易实施的优势。公司渠道商包括自控公司、系统集成公司、能源公司、物业公司、节能公司等，通过技术及产品的领先优势，与渠道商形成差异化竞争与合作。

# 第九章 智能制造装备企业智改数转的案例分析

## 第一节 集萃智造：数字孪生与机器人创新应用

### 一 企业基本情况

江苏集萃智能制造技术研究所有限公司（以下简称"集萃制造"）成立于 2016 年 9 月，由江苏产研院、江北新区及骆敏舟教授核心团队共建，总部位于南京市，在苏州、常州、合肥、襄阳、东莞等地设立分公司。公司秉持创新是研究所发展的灵魂为理念，以创新产品设计、核心部件研制、AI 控制算法等方面突破多项关键技术，研制出 5 个型号的协作机器人以及 9 款室内无人车产品，拥有五轴联动加工机床、金属 3D 打印、激光动态测试等高端加工制造及测试设备。作为专业的智能机器人及系统方案提供商，聚焦于 3C、白色家电、汽车零部件等行业的整场规划、工艺与流程仿真、MES 软件、数字孪生等领域。

公司拥有 CE/KCS 等产品认证以及质量管理、软件开发、自动化集成等相关资质，先后被认定为国家高新技术企业、江苏省专精特新"小巨人"企业、江苏省民营科技型企业、江苏省智能机器人创新中心、智能机器人工程研究中心。目前拥有各类研发人员 180 多人，承接 20 余项国家省市重大科技项目，申报各类专利和软件著作权 382 项，突破了视觉缺陷检测、起用 AGV 转运、柔性夹具、机器人多机协同等关键技术。

## 二 赋能智改数转的主要做法

集萃智造作为专业的智能机器人及系统方案提供商，聚焦于 3C、白色家电、汽车零部件等行业的整场规划、工艺与流程仿真、MES 软件、数字孪生等领域，致力于为企业提供数字孪生与机器人创新应用等多项协同技术。目前公司突破了视觉缺陷检测、AGV 转运、柔性夹具、机器人多机协同等关键技术，并且实现了集产品研发、设计、仿真、制造、物流等环节于一体，通过工业视觉、AGV、机器人等技术手段将生产系统、工艺、专机等多种全新生产元素"搭配组合"，打造智能化生产示范线。

一是为企业打造数字孪生。集萃智造公司在襄阳、无锡、西安等地区的十多家企业，集合智能制造产线的物理和三维模型，实现底层传感器数据获取与信息融合，对运行历史等数据进行分析，集成多物理量、多尺度、多概率的仿真过程，实现虚拟模型和实际状态相互验证，完成产线全生命周期的数字孪生。

二是为企业提供自动化生产解决方案。集萃智造公司为 100 多家知名企业与合作伙伴研制自动化产线，采用立体库、协作机器人与 AGV 等先进装备，集成 3D 视觉检测、多点位 PLC 先进控制，多传感器信息融合、适应多型号的柔性夹具等核心技术，解决产线的智能化、信息化问题，帮助企业实现"智改数转"。

三是为企业搭建机器人工作站。集萃智造公司围绕着协作机器人与移动复合机器人在不同领域中新的应用，开发出二十多个系列的机器人工作站，是一种创新的自动化解决方案，可以有效地解决传统用工难、效率低的痛点问题，提高其加工的效率和质量，增强企业的竞争力和市场份额。目前已有的机器人工作站如下：（1）自动码垛工作站，自动取箱、自动封箱、自动码垛或自动拆垛，AGV 转运。（2）自动破包工作站，AGV 转运，自动抓包、自动破包，完成包装原料自动上料。（3）自动焊接工作站，协作机器人与激光焊、弧焊等装备系统集成，实现自动焊接。（4）自动涂装工作站，实现喷涂工件的实时跟随，实现完美的喷涂与防静电功能。（5）自动加工工作站，实现机床的机器人上下料、随形打磨、去毛刺与激光除锈。

## 三 实践效果

集萃智造公司自成立以来，针对企业劳动力成本迅速攀升、产能过剩、客户个性化需求日益增长、产品要求多品种小批量等困惑，帮助企业进行整场规划 5 家，建立数字孪生 10 多家，研制专机和半标准工作站 20 多个，开发自动化产线 100 余家，提供智能机器人及系统方案超 600 家，大大提高了合作企业生产制造能力和效率，增强了产品竞争力。

（一）襄阳数字工业创新中心项目—智能音箱生产示范线

襄阳数字工业创新中心项目，找客服咨询下单、沟通定制内容、等待取件，这套熟悉的个性化下单流程，在淘宝、拼多多等平台上实现需要 3—7 个工作日，甚至更长时间。而在集萃智造打造的智能音箱生产示范线，从下单到取物，用户只需等待十分钟。

示范线主要组成为智能分拣单元、机加工单元、柔性装配单元、个性化定制 & 视觉检测单元、智能包装单元、成品输出单元、柔性输送系统、AGV 复合机器人、电气控制 & 生产管理系统、看板 & 三维仿真系统、RFID、人脸识别及下单系统安全防护系统、5G 通信等。

示范线集产品研发、设计、仿真、制造、物流等环节于一体，通过工业视觉、AGV、机器人等技术手段将生产系统、工艺、专机等多种全新生产元素"搭配组合"，这条智能制造生产示范线充分融合了工业4.0 的技术需求，综合运用工厂数字化技术、信息化技术、自动化技术、工业通信技术等；并与机械加工、产品装配等制造过程相融合，在实现产品无人化生产的同时，满足了用户个性化定制、立等可取等多种需求；也大大降低了企业的仓储、产品管理等成本，解决了高度个性化定制产品的规模化生产与传统的刚性、大批量制造模式之间的矛盾。

（二）无锡小天鹅滚筒洗衣机装配线自动化升级改造

集萃智造公司根据无锡小天鹅洗衣机项目的自动化需求，对总装线布局进行调整，实现产线自动化升级改造，极大提高了小天鹅洗衣机项目的智能化水平。

改造前洗衣机装配线只有简易辅助设备，无完整的自动化岗位,基本都是人工操作。其中定位后桶、安装内筒、前桶以及翻桶和放平衡块等高强度劳动岗位均为手动作业。经自动化改造,集萃智造已对滚筒洗衣机装配线布局进行调整,对落筒、取放平衡块、紧固平衡块、紧固电机、紧固皮带轮、翻桶等岗位投入自动化设备,实现自动装配、放料、拧紧、翻转等功能。机器换人后,有效提高了桶部装线40%的装配效率。内筒自动下挂由一台机器人、一条内筒板链输送线悬挂链改造、空气干燥机搬迁和视觉系统组成,采用一台机器人、实现从空中悬挂链上自动抓取不锈钢内筒放置在筒输送链上;自动合筒是由机器人将板链输送线输送来的不锈钢桶抓取、定位准确放入注塑后筒内,夹具已采用轻量化设计,夹取放置过程可以实现零损伤。通过机器人视觉识别,紧固螺钉,有效解决了螺丝锁付工序在纯人工操作时,容易出现的螺丝漏打、螺丝歪斜等问题,降低了不良产品生产率。自动翻筒升降机采用伺服驱动,夹具抱紧内筒组件旋转180度放置在工装板上并准确定位,升降、翻转机构稳定抱起旋转无颤抖现象,上升、下降运行平稳。最后通过机器人扫描,进行产品型号自动识别,选取对应的说明书后,再自动粘贴到不同型号洗衣机上,可以替代人工电辨识型号粘贴说明书的工作。

(三) 协作机器人自动加工工作站

集萃智造公司湖北某智能装备公司搭建协作机器人自动加工工作站,通过协作机器人实现上下料非标自动化。主要用于实现加工工件自动翻面及自动上下料等功能,可解放劳动力,提高生产效率,减少用人成本及管理成本。

整个工作站包含协作机器人及其系统、机器人夹具、自动上料仓、电气控制部分等。通过协作机器人夹爪气动夹取工件,防止机床加工,加工完一面后,夹爪抓取工件翻转,继续加工另一面。最终完全加工完毕后,机器人夹爪夹取加工完成件,同时双面夹爪另一面将毛坯料加入机床继续下一个工件加工。加工完成件由协作机器人夹爪放入下料仓内,同时继续从上料仓夹取毛坯料等待下一轮加工,以此循环。整个自动化上下料单次循环时间≤15s。

## 第二节 艾默生：5G全连接工厂助力流量标定装置生产

### 一 企业基本情况

艾默生过程控制流量技术有限公司（以下简称"艾默生"）是一家专注于科里奥利质量流量计、罗斯蒙特涡街流量计和电磁流量计的生产、研发和售后服务的高新技术企业。公司具有完善的组织架构、先进的仪器设备以及高素质的技术人才团队，致力于为化工、油气、石化和市政等行业的客户提供高质量、高精度的流量仪表产品。近年来，公司积极推动企业数字化转型升级，持续加大生产经营过程数字化智能化改造，目前已两化融合贯标AAA级评定、四星级上云企业评定，公司不仅入围江苏省两化融合管理体系贯标案例、江苏省两化融合管理体系贯标示范企业、江苏省智能制造示范车间，江苏省智能制造示范工厂等荣誉称号，还是行业内的数字化转型领军企业之一。

在5G+工业互联网的时代，艾默生工厂积极探索数字化转型新模式，思考价值转型升级需求，希望寻找出更适合自身工厂的智能化发展之路，并逐步推动公司整体营运实现智能化管理。通过建设5G全连接工厂，在企业内部通过5G全面连接全域、全次级数据，工业互联平台赋能数智化转型，在生产、管理模式上由内而外进行优化、变革，通过5G+工业互联网手段支撑企业的高质量转型发展。

### 二 智改数转的主要做法

在智改数转的过程中，艾默生公司持续加大数字化智能化硬件设施投入，积极运用ERP系统、PLM系统、MES系统、WMS系统、APS系统等信息化系统以及智能化、自动化等装备技术手段，实现了中央控制。在横向业务中，公司以客户需求为中心，聚焦订单全流程，通过订单驱动工厂的采购、研发、计划、生产、质量、设备、仓储和发货等业务活动，实现了端到端的无部门壁垒、自动化流程。在纵向业务中，公司实现了数据传递、采集、分析和预防，企业管理层、车间制造层、产线控制层、设备层等都能进行有效的数据沟通，

## 第九章　智能制造装备企业智改数转的案例分析

确保生产过程的高效运转。

（一）加大数字化应用硬件平台投入

在数字化转型起步阶段（2007—2014），公司积极推进数字化软硬件设施建设，主要任务包括完成厂房建造、生产设备设施采购、新产品研发和市场投入、拓展销售渠道、搭建信息化硬件平台。通过此阶段的建设，公司完成了网络平台规划和建设，建成了厂区网络中心和中心机房，为进一步展开信息化应用搭建了硬件平台。同时，尽量选择自动化或者有可扩展性的工业设备并完成信息化平台建设，为下一步的发展奠定软硬件基础。

在此阶段，企业积极瞄准新一轮信息技术发展前沿，制定了新的发展规划，提出了对设计、产品数据管理、财务、供应链、人力资源管理各方面的信息化发展规划，以更好地支撑企业管理。

（二）搭建立体式数字化系统平台

随着公司的发展，传统的管理方式已不能适应公司发展的需要。2015—2017年，公司建成了主数据中心和备份数据中心，实现了无线和有线网络的全覆盖，建成了400家电话支持服务中心，上线VMWare虚拟服务器和高可用性存储，实现实时备份和快速恢复；实施了企业资源计划（ERP）并不断优化完善成本核算模块、供应链管理等功能子系统，以及实施了制造执行系统（MES）、自动化办公软件系统（OA）、产品生命周期管理系统（PLM）、Redmine项目跟踪系统、数据加密系统等，实现了管理效率的提升，提高了核心数据的安全性。

通过推进立体式软件平台建设以及各种管理系统的实施，一是理顺了内部管理，优化了相关的管理系统流程；二是实现所有物资材料的采购计划、订单、入库、出库、盘点的管理；三是实现全面按批次核算成本管理优化。

在此阶段，大力推进信息化建设的同时，公司遇到的最大挑战是信息孤岛问题。虽然企业进行了很多二次开发，力求打通数据通道，为业务应用、商业分析提供支撑，但由于系统繁多、结构迥异、难度较大，企业迫切需要对各系统进行有效整合，打通系统之间的脉络，挖掘数据价值。

## (三) 推进数字化智能化平台集成

2018—2020 年,公司抓住互联网、5G 等数字技术快速发展的机遇,积极上线 5G 网络,利用 5G 高速网络为客户提供远程支持。具体做法为:

1. 车间部署光纤网络用于车间设备连通,实现设备互联,为 IOT 提供连接层支持。同时加强 IT 安全建设,实施虚拟私人网络(VPN)、上网行为管理,加强电脑客户端的安全管理,包括病毒软件安装,异常行为数据收集,补丁自动推送安装,网络攻击预警等。通过预防、侦查和响应等相关技术和管理手段为公司和员工提供一个安全可靠、即插即用、可移动、高效的 IT 工作环境。

2. 打造柔性化数字化平台。公司利用工业互联网、云计算和云服务等数字化技术,将独特的专业知识和能力融入数字平台,在大规模可用的软件层中,充分利用边缘的应用灵活性,设计良好的数据和系统结构,广泛部署使整个组织(不仅仅是 IT)能够发现和访问数据和资产,以推动应用程序、报告、分析、业务流程和自动化。由应用程序、数据源、设备和 API 组成的无缝网络,无论是在云端还是在本地都可以轻松使用。应用程序网络具有弹性,可以根据消费者的需求增长或缩小,允许公司更轻松地引入新应用程序,并促进资源的重新利用。

3. 打通数据孤岛,整合构建一体化数字解决方案平台。自 2021 年以来,公司从全局视角出发,充分考虑发展需求,梳理业务流程,将 PLM 系统、ERP 系统、MES 系统、CRM 系统、APS 系统、WMS 系统、LIMS 系统等进行深度集成整合,实现了业务流和数据流的双向打通。通过 VR 虚拟现实,应用数字孪生技术,加快新产品的研发以及和客户设计方案的沟通和交付。利用 AR 增强现实来远程诊断和服务支持。利用多点触摸屏多点互动,客户现场样品展示台展示公司的解决方案,从而缩短项目交付周期,加强了客户体验,增强了公司产品竞争力。此外,通过实施 Oracle APS 系统,实现了主生产计划、生产工单、采购订单的自动化管理,结束了公司人工凭经验制订生产计划、采购计划的历史,提高了计划的科学性和合理性,提高了订单交付水平。

### 三 实践效果

艾默生依托信息化建设聚焦核心产品、聚焦重点市场、营销体系和营销团队特性匹配等多方面重点突破，开拓市场，完善服务体系；通过信息化手段加强产品的自主研发与生产，快速满足中石油、中石化、中海油、美国壳牌等国内外客户的产品需求，使技术向着产业化发展；通过信息化手段优化公司各个职能部门的业务流程，组织架构变革，积极应用信息化技术和工具，实现内部运营管理全面数字化；利用公司在行业内积累的产品工艺技术，引进先进生产设备，不断加大技改，不断向智能制造迈进，最终实现柔性化精益生产。以5G网络为基础，利用边缘计算、大数据等技术，打造出具有艾默生特色的5G全连接工厂。

通过艾默生智能制造互联网标杆工厂的建设，车间自动化程度明显提高，工作环境明显改善，产品质量逐步提升，目前处于行业领先水平。订单准时交付率达到96%以上，运营成本降低，产品研发周期缩短，产值也大幅度提升，2023年实现了产量比2018年翻一番的目标。

## 第三节 英尼格玛："五化协同"赋能电弧增材制造

### 一 企业基本情况

南京英尼格玛工业自动化技术有限公司（以下简称"英尼格玛"）成立于2011年，是专业从事电弧增材制造装备、智能生产线成套设备及智能制造单元、智能移动机器人的设计、生产、销售的创新型科技企业。公司主要产品涉及航空航天、船舶工业、石油化工、环保、工程机械、钢结构等多个领域。公司主导产品电弧增材制造成形系统装备，在电弧增材制造细分领域市场占有率80%，排名全国第一；重点产品"机器人原位增材复合制造装备"通过江苏省首台（套）重大装备认定，荣获江苏省装备制造行业领域十大科技进展奖，并入选省市新技术新产品应用推广目录。

公司入选2023年南京市培育独角兽企业、通过江苏省专精特新"小巨人"企业等认定，获批江苏省电弧增材制造工程技术研究中心、江苏省企业技术中心、江苏省工业设计中心、江苏省研究生工作站、南京市博士后实践基地等省市级平台。

## 二 智改数转的主要做法

在"智改数转"的大背景下，公司围绕市场形势及企业业务发展实践，加大数字化智能化软硬件投入，陆续上线U8、PDM、MES、OA等系统，将财务管理、运营管理、供应链管理、生产精细化管理、研发项目管理、工程图纸文档管理、审批流程管理，项目变更管理、立项管理及售后服务管理等业务流程纳入信息化管理，通过数字信息技术搭建企业多维立体式智能管理与服务平台。经过多年的整体信息化系统建设，融入先进的行业经验和公司管理理念，建立高效的公司管理平台，能够实时采集和监控财务业务相关信息，实现了公司管理的系统化、规范化、科学化，并为经营决策提供数据支持。具体做法表现在以下几个方面。

### （一）推动研发管理数字化

2017年以来，公司上线产品主数据管理系统，通过该信息化系统，实现了公司技术研发的文档管理、产品管理、配置管理、过程管理、项目管理、继承接口等全流程管理，促进跨研发、生产、质量、营销有统一的主数据源头（BOM及产品相关信息等）、系统间自动流转；关键流转文件线上化，减少人工复核，提升制作效率与准确率；统一管理变更，识别需变更文件并通知覆盖关键人员，从而从总体上提升研发转产的流转效率。同时通过轻流系统，根据产品开发过程中的产品需求管理、产品进度跟踪、设计文件管理、开发问题管理、物料存储管理、物料采购管理，实现从公司战略目标拆解到研发项目执行，乃至重点项目绩效全闭环的线上化监控、预警、管理。

### （二）实现生产制造数字化

公司在为客户的实施方案中实施MES数字化系统，主要包括生产订单管理（订单下发、订单响应）、生产质量管理（质量信息统计、设备运行状态管理）、生产工艺管理、生产制造过程数据采集管理、产品追溯管理等功能，实现生产工艺与质量管理的全过程自动化订单处理与溯源。通过该系统的运用，有效提高了生产效率，并提升了数据的透明化程度和即时性优势。

（三）推进运营管理数字化

公司营销 BI 分析方面：CRM 的客户销售数据搭建营销销售分析、收入分析、客户分析、营销活动效果分析，从新老客户及客户相关分级联动活动效果分析系统，可视化直观呈现，助力营销决策支持。

生产决策分析方面：集成了公司生产管理 MES、PDM、轻流系统数据的同步、共享，实现从生产计划到产品交付的数字化管理，包括产品研发、生产计划下达、产品制造、包装、交付等全业务流程的可视化，实现生产过程的可视化与控制的精细化，提升生产决策及各部门间横向协同和生产工序的纵向联动。

（四）加快全业务流程一体化

近年来，公司在已有信息化系统的基础上，利用物联网等数字技术加强资源整合和系统集成，目前已基本实现 U8 系统并集成 PDM、CRM、轻流等系统，实现了销售订单管理、采购管理、仓库管理、财务管理等功能一体化，提高了财务管理的透明度、及时性和有效性，实现了生产和物流的集成化管理及高度协同，最终实现了从订单—研发—采购—生产—入库—付款等业务的条线化管理。

（五）促进办公数字一体化

在数字化办公环境下，公司通过 OA 系统，已将日常的事务性工作流程纳入系统，统一发布公司政策文件，以及报销、发货、采购等，从而将各种日常工作的流程进行科学的梳理和合理的规划，通过系统的建立和使用的过程，逐步改善工作流程、规范管理、提高效率。系统同时包括了内部人员通讯录、电子邮件系统、文件在线签系统、信息公告平台等功能，在行政工作方面缩短业务审批流程，通过点对点应答相应机制，原本几天才能完成的流程缩短到半天，从而减轻员工工作量，提高工作效率。最终，公司针对所有各类办公系统进行集成，通过搭建企业门户、配置企业微信工作台，整合所有办公软件入口，做到了多端统一，打通单点登录能力，在资源配置、信息共享等方面得到了显著提升。

此外，公司在推进自身智改数转的同时，也积极利用企业产品及配套智能系统优势助力其他数字化智能化转型。例如，公司自主研发的电弧增材及其衍构专用的 CAM 软件 lungoPNT，突破以往实践作业中只能通过示教编程或简单离线编程的方式进行电弧增材制造的限制，可以快速生成增材路径以及过程减材路径，通过自动切换增材/减材工艺，实现产品的全自动智能化生产。目前该项技术为生产航天某型号异型壳段、复杂结构舱段壳体、火箭燃料贮箱等高精尖航天产品提供智能化软硬件支持，显著提高了产品的成品率，助力相关企业在航天航空领域塑造竞争优势。

## 三 实践效果

### （一）提升管理水平扩大市场份额

通过推进数字化和智能化工作，从整体上提高了企业的生产管理水平。利用信息技术的"倍增性"和"渗透性"，支持公司在产品研发、生产、销售、服务等诸多环节实现信息采集、加工和管理的系统化、网络化、集成化、信息流通的高效化和实时化，生产效率提升约 6%、管理水平的提升增强了市场竞争力，扩大了市场份额。

### （二）节约成本提高效益

通过流程信息化和管理数字化，公司架构逐步扁平化，在研发设计、制造生产、成本控制等方面成效显著，降低了岗位操作人员劳动强度，弥补了操作人员技能的不足，提高了业务运营稳定性，生产成本节约 5%。

### （三）提升科学决策能力

通过近年来的智改数转，英尼格玛公司有效改善和增加了企业内部及供应商、客户获取信息和交流的渠道，对于公司科学决策至关重要，也是企业提高核心竞争力、可持续发展、高速扩张的保证。经验证明，全方位实施信息化智能化改造是企业数字化转型的坚实基础，未来公司将持续加大信息化建设投入，同时注重提升员工素养及技能水平，保障智改数转的可持续发展。

## 第四节 迪瓦永磁：智改数转助力设备无忧运转

### 一 企业基本情况

南京迪瓦永磁科技有限公司（以下简称"迪瓦永磁"）成立于2018年10月31日，位于国家级南京经济技术开发区内，是集DYT永磁同步直驱变频电动机、永磁耦合器和永磁高速风机的研发、生产、销售、服务于一体的高新技术企业。公司设计、研发、制造的DYT永磁同步直驱变频电机和永磁联轴器在高端装备制造细分行业内，为客户提供多样化定制服务，产品广泛应用于电力、煤矿、港口、水泥、钢铁、矿山、化工、医药、粮油等行业。

公司拥有50000平方米的现代化智能生产基地，以南京市为中心，建立了覆盖全国的销售及服务网络。凭借深厚的技术积累和卓越的创新精神，南京迪瓦取得多项永磁传动技术革命性突破，产品已获得相关专利二十余项，是国内唯一一家实现所有产品标准化、系列化的企业，获评江苏省专精特新中小企业、2023年度南京市培育独角兽企业。

### 二 智改数转的主要做法

在生产和经营过程当中，面临如产品质量问题追溯时间较长、新产品研发周期长、劳动力强度大、产品不良率高、人工成本高等问题，迪瓦永磁积极通过数字化手段进行智改数转。

（一）建立产品数据管理系统

建立PDM（产品数据管理系统），对产品数据进行线上管理，从原材料到最终成品发货，各过程产品信息均通过二维码采集存放在数据库，最终通过扫描成品二维码标签，即可获得此产品从原材料到成品包装、发货等所有相关信息。

（二）建立生产管理系统与产品质量管理系统

建设了MES（生产管理系统）和PLM（产品质量管理系统），实现两个系统无缝对接，并且与CAD（产品设计）进行集成，将研发与生产尽可能结合与匹配,缩短了产品研发周期,并且使研发更具有针对性。

(三) 建立三大数据管理系统

为了提升产品的竞争力,公司实行以质量数据为核心的统计分析。一是建立售后服务系统,把客户处发生的质量状况与信息完整的统计出来,用于质量数据分析改善,大大提升了产品的售后监控能力。二是建立不合格品评审系统,提升了数据采集的准确性与便捷性。三是建立检验单据统计系统,提升了数据的准确性,同时开发了报表推送功能,可定期自动统计数据并且推送报表功能,大幅提升了质量工作的效率和准确性。

(四) 设立综合测试中心

设立了 5MW 综合测试中心,根据工艺设定,自动截取一定长度的产品,运用视觉识别系统和三维激光识别系统,对电机的扭矩、中心高、圈径等参数进行识别与判定,并将识别结果进行记录,同时上传至 MES 系统及 SPC 系统,供中央控制室进行实时数据分析和汇总。

## 三 实践效果

公司产品以稳定的性能、超长的生命周期以及智能化、免维护等优势,广泛应用于水泥、医药、石化、新能源、冶金、电力、矿山等行业,应用案例达 60000 台以上。

(一) 提升产品质量

通过对产品质量的实时监控,提升了产品质量,由原来 40% 的准确率提升到 99%,产成品不良率降低 33%。通过建立机械臂实现磁钢的打磨和切割,在大幅度降低劳动者劳动强度的同时,保证了产品的尺寸稳定性,大幅度缩短了生产周期。

(二) 提升生产效率

经过智改数转,企业产品研制周期缩短 30%;实现产品自动检测、人工打磨效率由 60 分钟每人提高到 20 分钟每人。同时,对产品的评审时间,由原来的 72 小时缩短至 48 小时就能评审结束,效率提升了 33.3%。

### (三)提升安全性能

智能化物流系统最大程度消除、控制和减少危险源,杜绝人员伤亡事故,安全事故率下降60%;库存资金占用平均减少1300万元/月;节约电能成本约338万元/年;节省发货人员、设备管理人员、能源管理人员、生产记录人员6人,节省人力费用33万元/年。

# 第十章 智能电网企业智改数转的案例分析

## 第一节 国电南瑞：以"四化协同"赋能电力装备制造

### 一 企业基本情况

国电南瑞南京控制系统有限公司（以下简称"南控公司"）是国电南瑞全资子公司，是中国最大的电力和工业控制自动化软硬件开发及系统集成高科技企业之一。当前，南控公司顺应"互联网+"、人工智能、5G、区块链等发展趋势，坚持创新驱动，突出能源电力技术引领、高端装备研发和整体解决方案打造，注重技术创新和业务模式创新的双重推动，不断探索更加高效、便捷的数字化服务模式，推动新一代信息技术的应用和发展。

### 二 智改数转的主要做法

南控公司聚焦业务域全场景数字化和业务流程横向贯通，从研发设计、生产制造、仓储物流、运营管理创新打造"四化协同"智改数转体系赋能电力装备制造高质量发展。

（一）研发设计数字化

一是构建产品试制微应用。面向电力二次系统的装置平台，开展电路、结构、软件等多专业人员协同研发设计，构建产品试制微应用，实现产品试制资料共享、试制进度跟踪看板及移动应用功能，提升产品试制的数字化管理效率，缩短硬件类产品试制转产周期。二是自主研发数字化设计平台。涵盖项目管理、产品结构零件和图文档管理、工作流管理、系统管理五大 PDM 功能模块,实现从任务承接、数据读取解析、结构二次图纸绘制、布线设计到最终输出二次设计图纸、布线工单和结算物料清单过程全贯通。三是构建精益化配线模式。自主开发数字化布线设计软件,模拟仿真布线路径,优化识图能力,完善模型库,提高模型选取效率,精准计算导线长度,实现设计效率提高 40%。

(二)生产制造智能化

针对个性化订单、适应小批量多品种生产模式下的快速响应机制,提升板件及装置模块化柔性生产能力,结合产品生产布局、流程、物流配送、信息化等精益化思想,进行柔性化生产线、模块化生产单元建设。一是建设综治类保护测控柔性生产线。利用数字化技术改变综自类装置孤岛式装配、测试生产方式,集成 SAP、MES 等订单生产信息,满足工程项目定制需求。目前该线体覆盖产品 1000 种以上,单台装置生产周期从 3 天缩短至 1 小时,车间装置生产作业占地面积由 950 平方米缩减至 475 平方米,节约率达 50%。二是推动生产流程智能优化。为解决板件半成品在焊接与测试环节的离散孤岛作业模式,研制出板件半成品柔性化自动化测试生产单元,实现焊接后的在线自动测试及插件架装配的整流化生产。目前已实现兼容 4U、6U 等 32 种不同规格尺寸板件产品,覆盖 300 种以上继电保护产品自动测试,BIO 板件测试节拍由 90 秒缩短至 30 秒,CPU 及电源板件测试节拍由 120 秒降为 30 秒,自动测试产品覆盖率约 72.76%。三是构建数字化测试信息管理平台。统一产品测试数据,并将数字化测试平台接入范围扩大至集团全类型自产产品,累计已支撑约 200 种、50 万块量产板件测试数据,为生产测试管理及产品质量追溯提供数据基础。

(三)仓储物流智能化

一是搭建智能仓储管理系统。基于对传统固定式货架顶部空间利用率低、高空作业、出入库作业效率低、库位管理不透明等问题,先后改建原材料、半成品智能化库房,采用智能货架,结合 AGV 机器人自动搬运模式,实现自动化和信息化的智能仓储管理。项目覆盖车间 3000 平方米库房，存储容量达 1.5 万货位，同等存储面积的空间利用率提升 40%。通过 WMS 系统、AGV 及亮灯拣选的组合应用，实现库存货位的自动分配和"货物到人"自动存取，作业效率提升 20%，减少作业人员 3 人。建立自动化和信息化的智能仓储管理模式，实现仓储精细化管控，确保先进先出及特殊器件安全存储，适应产品柔性生产的发展需求。二是改造车间内部物流配送模式。针对区域间人工搬运存在搬运不及时、工具不统一、再制品跟踪困难等问题，建设 AGV 物流配送智能系统，集成车间物流货梯，在复杂多变的车间环境实现车间工序间场内物流自动配送，满足车间垂直物流配送需求。项目的实施规划了生产缓存区及物流通道，统一了存储容器及转运工具，减少了搬运浪费，实现多品种、少批量快速转运，压缩各工序转存时间，节约人力资源约 2 人/天；结合 AGV 调度配送系统和 WMS、MES 等系统的集成，实现中间转运的实时透明化管理。

（四）运营管理数字化

一是搭建"微应用+大中台+强后台"体系。基于集团数字化基底，构建数据、业务、技术 3 大中台、12 个业务中心，形成了 ERP、MES、WMS、UAP、APS 等多系统集成体系架构，实现互联网+供应商、统一物流平台、客服微信小程序、智慧物联中心等上下游互联网应用，增强与外部供应商、物流公司、营销客户、外协人员等的在线互动，拓展互利共赢的数字化生态圈。基于"大云物移智"技术应用，开展《企业文本数据理解与挖掘技术研究开发》《知识图谱技术研究及在科技领域应用》等项目，提炼数据治理、科研项目查重等共性软件产品。二是推进生产运营的数字化信息化管理。通过加强对 ERP、MES、APS、WMS 的协同应用，实现从生产计划的接收到产品交付的信息化管理，包括生产计划下达、产品生产、包装、交付等全业务流程的信息化。过程管控达到半成品单件管控、原材料批次管控水平，实现物料防错信息、产品追溯信息和获取关键生产资源的实时状况等功能，并与 ERP、WMS、APS 等系统紧密集成，达到辅助过程级的生产管理信息化，实现对生产精益化更深入全面的支撑，满足提高生产过程的透明度、控制的精细化目标，实现可追溯生产和透明化生产。通过实施 APS 系统，基于统一产能数据、物料齐套情况、工艺约束等,实现以项目交期驱动下级屏柜装置、板件多级计划的联动排产,统筹安排人、机、料等资源科学分配,自动生成主计划、详细工序计划,对各类订单进行齐套性分析,自动输出物料缺项需求计划,结合生产执行进度信息,滚动修正后续计划,实现资源合理配置、交期精确预测、生产作业精准安排。项目实施解决了全工序报工、物料全管控等问题,板件计划准确率达到92%,有效提升了各部门之间的横向协同能力和生产工序的纵向联动能力。三是强化数字化应用。一方面基于生产制造业务流程及生产特点,利用数字孪生技术进行工厂、车间数字化建模,优化生产布局及工艺规划;基于工业互联网对生产、测试、物流等设备信息进行数据采集,实现防错料管理、车间环境感知、能耗在线监测等功能。另一方面,整合ERP、项目全过程、MES等系统数据源,构建生产过程可视的数据中台,实现集团全品类产品生产的环境监控、回流焊、波峰焊、出厂检验等数据,以及板件加工、板件测试、装置组装、装置调试、屏柜联调等视频监控数据接入国网公司电工装备智慧物联平台,实时向客户展现南瑞产品的加工和品质管控。此外,基于集团产品数据中台的建设,打造数字化产品服务平台,分析产品服务痛点,聚焦服务能力提升。构建产品数字资产,实现产品软硬件型号、版本、运行参数、生产制造过程、工程项目等关键信息的贯通,为产品服务人员提供全方位、一站式深度连接。

### 三 实践效果

南控公司通过打造"四化协同"的智改数转体系,大力推进生产制造数字化转型、智能化升级,有序建立涵盖标准化、精益化、自动化和信息化的智能制造生产及管理体系。通过不断推进"智改数转"项目实施落地与深化应用,南控公司生产经营多项指标得到明显改善和提升,目前交付及时率达98.5%,库存周转率提升32%,板件生产周期缩短25%,换产时间下降40%以上,核心生产设备故障率下降19.6%。2020年,南控公司通过了江苏省两化融合管理体系评定。2022年,南控公司获得国家级绿色工厂认证。2023年,南控公司获评江苏省工业互联网标杆工厂以及2个省级智能制造示范车间。

## 第二节　南京电研：智能互联保障电力系统安全运行

### 一　企业基本情况

南京电研电力自动化股份有限公司（以下简称"南京电研"）是特变电工股份有限公司（简称"特变电工"）全资子公司，也是特变电工二次产业总部基地，是专业从事电力系统及工业领域自动化系统设备研究、开发、制造、系统集成、技术服务的高新技术企业。特变电工作为国家级高新技术企业和中国大型能源装备制造企业集团，创业36年来，坚持把科技创新作为引领发展的第一动力，在党和政府长期支持和帮助下，培育了以新疆优势清洁能源资源为基础，输变电高端装备智造、硅基新能源、铝电子新材料"一高两新"三大国家战略性循环经济产业链，发展成为我国输变电行业核心骨干企业。

2018年以来，南京电研秉承"特别能吃苦、特别能战斗、特别能学习、特别能奉献"的特变电工"四特特精"，面对企业自身重组、全球新冠疫情等各种错综复杂的市场环境和经营难题，迎难而上，面向高质量发展，持续推动智能制造、绿色制造，加速人工智能、5G、物联网等新一代信息技术与制造业的深度融合，推动产品研发、生产制造、工艺设计、供应、服务等产业制造深度协同，增进企业经营活动各环节的粘连度，推动产业智能化数字化的积极转型。从2018年年营业收入1.5亿元，纳税400万元的小型企业，发展为具有核心自主科研能力与智能制造于一体的数字化制造企业，2022年实现营业收入4.5亿元，纳税4500万元，并成功获评国家级专精特新"小巨人"企业称号。

### 二　智改数转的主要做法

（一）加强顶层设计，助力数字化平台建设

在新型电力快速发展的大背景下，数字化水平在电力制造企业有较大提升空间，通过顶层设计牵引，打造系统的企业数字化解决方案。按照特变电工统一部署，南京电研二次产业基地建设初始，在建筑规划、装修设计阶段就按照数字化工厂规划设计的理念,结合产品、工艺、物流、仓储、产线进行统筹规划设计,并根据数字化工厂孪生模型,进行建设开发。本着以两化融合管理体系为指导,围绕特变电工"四做四商"发展战略,搭建以"ERP、SCM、CRM、MES、PLM、WMS、SCADA、EMS"八大系统紧密集成的企业数字化平台。生产制造层面以建设数字化工厂为主攻方向,在生产数字化、管理信息化、产品智能化基础上,以生产管理信息化、设备自动化、数采及数据分析智能化为基础,以互联互通、可视化、透明化、可预测和自适应为智能制造发展路径,实现生产运营工业物联网的平台化。

(二)强化智能互联,推进跨层级协同联动

从设备层、控制层、执行层、管理层至决策层实现车间内外联动协同。实现了销售到应收、采购到应付、设计到下发、生产到成本的纵向拉通。从客户关系管理(CRM)签订销售合同和合同条款,审批完成同步企业资源管理(ERP)中,按订单交货期生成生产主计划(包含设计、采购、生产)三部分信息,分别同步到产品全生命周期(PLM)系统和生产制造执行系统(MES)。ERP中完成采购订单编制、审批,同步到供应链管理系统(SCM),完成和供应商的合同、订单交付、发运、发票等协同。通过智能物流管理系统(WMS)整合生产、供应商信息,打通内外部物流和库存管理、厂内配送,达到设备高度互联、系统高度互通、数据高度互享的智能工厂目标。

(三)重视创新合作,筑牢数字化转型基础

通过自主开发、委托服务、软件购买等多种方式,完成了PLM系统、SCM系统、PLM系统、ERP系统、CRM系统、WMS系统、SCADA系统及智能立库、AGV、机器人柔性调试等软件和自动化产线设备建设,实现数字化工厂智能制造。物流、产线布局与生产经营流程紧密结合,产线设备99%实现数字化采集和控制,运用智能感知与控制、机器视觉、边缘计算、数据可视化管理等技术,实现工艺流程的优化调整和产品质量数据的在线检测,完成生产现场的工艺优化与质量检测。各级工艺环节的设备联网,对车间人、机、法、料、环,全过程实现智能监测,远程监控,实现有效的企业资源规划来满足客户交期,达到最大产出量、瓶颈资源最高使用率等生产策略,提升了企业综合运营管理能力，有效促进了企业提质增效目标的实现。

### 三 实践效果

智改数转显著提升经营水平。特变电工二次产业基地南京电研通过智改数转，建设完成电力二次自动化保护产品的全数字化生产车间，鼓励自主研发和科技创新打造全数字化单板测试线、单装置自动测试线，解决了电力二次自动化产品，尤其是国产化芯片在电力二次自动化产品批量生产中智能检测的工艺难题。引进了全自动多功能高速贴片线、波峰焊等精密产线，配置全自动多功能/高速 SMT 贴片机、自动上板机、激光打码机、锡膏印刷机、锡膏检测仪（SPI）、全息 AOI 自动检测机、THT 全自动波峰焊机等一系列行业先进的电子电气专用生产设备以及世界领先的检测设备和仪器。在智能仓储领域，配备电子芯片料塔、电子元器件自动化立库，与 MES、WMS、AGV 控制等系统结合建设智能仓储系统。经过数字化赋能，企业综合效益明显提升，劳动强度大幅降低，工作环境明显改善，生产效率明显提升，产品质量明显提升。改造前年产品数量 50000 万件，改造后年产品数量可实现 230000 万件，来料准确率 99.99%，效率提升 95% 以上。随着产线生产效率和生产质量的提高、生产成本的降低、制造交付能力的提升及投入产出比的提高，整体生产效率提升 200%，综合成本下降 30%。实现电力二次设备制造领域数字化智能化工厂实践，是江苏省智能制造示范生产车间、国家智能制造力二级（规范级）标准企业和国家级专精特新"小巨人"企业。

### 四 经验启示

#### （一）打破传统思维

智改数转并非高大上、遥不可攀的精尖技术，而是要打破传统思维，通过对流程与业务规则的精细梳理、标准固化，配合管理模式的自我革新，形成适用于企业安全、生产、质量、设备管理的规则，以持续的数字化赋能，实现生产经营全领域、全过程的智能化运行。从 CRM（客户合同）-ERP（财务）-MES（生产制造）-QMS（质量）-WMS（仓储）逐个模块进行分析，让一切业务数字化、一切数字业务化，助力业务人员工作效率的提升。

（二）注重技术创新赋能

在对制造业现有设备升级、系统改造的同时，也要注意不能盲目地以"换新替代升级"，而是要将数字化、智能化的接口通过数字化、智能化、信息化技术，改造大龄设备，通过创新为制造业设备进行改造升级，重新"造血"赋能。做到"聚焦问题去做、带着问题去学、对着问题去改"。

（三）重视经营组织结构优化

企业的智改数转必须从一把手到核心领导班子，各级管理人员，技术人员，生产人员抓起，对数字化转型有决心和信心，坚信科技是第一生产力。合理安排数字化专业负责人，持续不断地就数字化工作进行专项管理和引导工作，以流程体制建设为源头和基础开始打造，不断从业务流上线完成情况、数字化整体运营指标及各系统存在的问题进行管理分析，针对问题及时制定规范。公司各部门要学会分析数据、研究数据、挖掘数据价值，逐步走向数据驱动管理的阶段。当公司实现了"学数字化、建数字化"到"用数字化"的阶段后，积累大量数据，要发挥数据价值，为管理部门提供分析帮助，为经营班子提供决策依据。加快实现业务与数据的融合、一体化，并产生价值。

## 第三节　宏景智能：让"电网更智能、生产与使用更安全"

### 一　企业基本情况

南京宏景智能电网科技有限公司（以下简称"宏景智能"）是一家致力于智能化变电站、配电网自动化系统领域建设技术与研究、产品开发、销售技术服务于一体并具有自主创新能力高成长性的技术型企业，宏景智能自成立以来始终以让"电网更智能、生产与使用更安全"为使命，"做切合时代的优秀产品，为客户创造超凡价值"为宗旨，公司主营产品包括 10-220KV 预装式模块化变电站、储能系统集成、储能设备（PCS、EMS、BMS）配电网自动化、电力电子、自动化控制系统、充电桩、设备租赁并拥有广泛的产品线和解决方案，是全球知名的高科技、专业化的模块化变电站、电力自动化产品及工业安全解决方案和服务的供应商。

公司一直在研发上加大投入,研发团队不断改进生产工艺,拥有多种自主研发的生产检测设备,提高生产自动化水平,尽可能降低人为影响因素,同时引进了高压直流电源、多功能示波器、测试仪等研发实验设备,并成功研制生产了泛在物联网 HJ200 + 配电管理系统软件,HJP. E-HOUES 城市小型化变电站,SPH7031 系列型配电网设备。目前,公司享有多件发明专利以及实用新型专利,拥有多种自主研发的智能电网整体解决方案。

## 二 智改数转的主要做法

### (一) 智能化数据采集和集成

一是在生产线上部署传感器和设备,采集生产过程中的关键数据,包括压力、电力、速度等参数。通过实时监控和分析生产数据,优化高度和改进工艺,成功提升了生产效率,减少了生产时间。二是建立物联网平台,将传感器和设备的数据集中存储和管理。三是集成生产线上的各个系统和设备,实现数据的实时采集和传输。

### (二) 智能化数据存储和管理

宏景智能电网科技有限公司在智能化数据存储和管理上实现从研发端到客户端的数据管理服务,宏景智能数管基于数据热度的智能化管理来实现自动化面向存储的全生命周期优化。在动态变化环境中针对局部数据进行优化尤其困难。通过收集文件系统操作数据与状态信息,利用多项指标分析数据访问模式,从文件级别定义数据热度,针对热度信息统筹规划相应优化数据管理方式。

在智能决策方面,基于规则的智能决策体系,围绕现有的大数据存储模式智能地构建了实用的解决方案。利用历史数据和指标学习,从而使系统具有预测数据访问模式与持久学习能力,实现稳定可持续的智能化管理。多存储模式提供更加灵活的存储模式选择;在数据优化上则提供了小文件合并、数据灾备、数据压缩等新功能,适用于对数据优化有需求的应用场景;宏景智能数管是面向大规模集群的数据生命周期的自动化管理。宏景智能数管建立数据仓库,对整合后的数据进行存储和管理。设计数据模型和数据架构，建立索引和索引优化提高公司生产销售客服的查询和分析效率。

### 三 实践效果

1. 提高办事效率

宏景智能数管通过服务器大数据平台管理的方式，处理问题智能化，让数据多跑腿，让员工少跑路。在处理客户服务纠纷类的复杂问题，在宏景智能数管大数据平台下也可高效办理。

2. 推动精细化管理

宏景智能数管在宏景高效运行下，在大数据、智能化的赋能下，企业管理变得更加精细、高效。数据赋能让企业管理更有速度，更有温度。同时降低企业运行成本，提高工作效率，通过数据分析和预测，优化供应链和生产过程，降低物料和能源的消耗，从而降低成本。

3. 提升产品品质

提升产品质量方面，通过数据分析和质量控制，提前发现问题缺陷，实现产品质量的持续改进。实现个性化定制方面，通过数据分析和生产优化，实现对产品个性化定制的快速响应和灵活生产。

### 四 智改数转启示

（一）智改数转全员思维必不可少，这是工作推进的基础。智改数转需要对企业的业务模式、组织架构、管理流程等进行重构。这既需要在企业高层间形成共识，也需要不断提高各个层级对转型的认知和共识，让推进智改数转的决策成为企业上下共同的愿景。

（二）智改数转合适规划必不可少，这是工作推进的前提。智改数转前期方案规划很重要。要结合企业的基础和现状，制定好契合自身实际的统一规划、分步实施的方案，为扎实推进智改数转确定"路线图"、绘好"时间表"、细化"项目单"。

（三）智改数转多方配合必不可少，这是工作推进的关键。智改数转是一项系统工程，推进过程中，需要各团队之间密切配合、通力协作，也要全方位了解行业体系、熟悉本行业企业的生产模式，才能实现对制造资源的优化配置。

# 第十一章 生物医药企业智改数转的案例分析

## 第一节 世和基因:"三化并进"助力基因检测

### 一 企业基本情况

南京世和基因生物技术股份有限公司(以下简称"世和基因")自成立之初,便以深厚的技术积累和创新能力,在基因检测领域崭露头角。作为国内领先的基因科技企业,世和基因专注于基因测序技术的研发和应用,致力于为患者提供精准、高效的基因检测服务,以及为医疗机构和药物研发企业提供科研服务。随着精准医疗的发展和市场需求的不断扩大,世和基因不断探索和拓展新的业务领域,致力于将最先进的基因科技应用于临床实践,助力医疗健康产业的发展。

世和基因顺应智改数转、"互联网+"、5G、人工智能、区块链等发展趋势,不断探索如何将数字化转型和信息化技术更好地融入业务和研发流程之中,努力提升企业在产品研发、患者服务、药企合作、科研服务、业务管理等方面的智能化水平,增强企业的核心竞争力,提高企业的市场响应速度。

### 二 智改数转的主要做法

在"智改数转"的大背景下,世和基因采取多项措施,推动科研管理、数据管理以及运营管理的全流程智能化和数字化改革。通过实施先进的信息技术和智能管理系统,世和基因不仅优化了内部工作流程,提高了工作效率和数据处理能力,还为提供更准确的科研成果和更高效的服务奠定了坚实的基础。

(一) 科研管理信息化

世和基因在科研管理上积极实施"智改数转",将实验室工作流程信息化管理、实验数据智能化处理,提升科研工作效率。

一是进行实验室全流程信息化管理。世和基因搭建了专属的实验室信息管理系统(简称"LIMS 系统"),对肿瘤基因检测、微生物检测的实验室工作的全流程进行信息化记录,优化了实验室在数据管理和存储、样本跟踪、实验结果记录、报告生成以及实验室运营流程等方面的工作。该系统极大提升了实验室的运营效率和数据准确性,降低了人为错误的发生,为科研提供了强有力的数据支持。

二是开发队列研究管理系统。世和基因组织开展了早筛研究项目,包括金陵队列、扬子队列、鼓楼队列等项目,CTMS 系统(临床试验管理系统)可以支持多个早筛队列项目的数字化开展,智能化地进行体检活动、数据管理、结果分析、保存随访记录等,便于对患者的肿瘤基因检测、治疗方式等信息进行收集及后续的回访研究。CTMS 系统还可以通过自研算法提高入组人员的筛选能力,从而提升研究的可靠性和准确性。同时,CTMS 系统与医院数据进行了系统化对接,提高了数据结构化分析能力。

在智能化改造方面,LIMS 系统和 CTMS 系统通过自动化复杂的数据管理和流程任务减少了手动错误,提高了实验室工作的效率和肿瘤报告、感染报告的可靠性;LIMS 系统和 CTMS 系统都集成了先进的数据分析工具,能够提供准确的洞察和报告,支持更快速、更准确地提供治疗建议。在数字化转型方面,LIMS 系统和 CTMS 系统都是集中化数据管理,相比较纸质报告,有更强的数据安全性,可以保证敏感数据的完整性和一致性。在网络化连接方面,LIMS 系统和 CTMS 系统都可以远程访问和协作,可以进行平台间的数据共享和交流,帮助实验室和临床试验机构提高效率、加强合规性。

(二) 数据管理智能化

在数据管理方面,为了更好地进行数据可视化,世和基因搭建了数字可视化平台,通过嵌入式 BI 系统,公司能够创建动态且交互式的可视化报表,支持企业对内与对外的数据展示和分析,将复杂的数据分析结果通过直观的图表和报告展示出来。同时，VISIONS 系统作为一种高级的数据检索和分析工具，在世和基因的数据管理智能化战略中扮演着重要角色。该系统能够处理和分析来自各系统的海量数据，支持复杂查询，帮助公司从大数据中提炼出有价值的信息。通过 VISIONS 系统，研究人员和管理人员可以快速获取所需数据，并进行深入分析，为科研项目的设计和进展、临床试验的管理以及企业资源的优化配置提供了强有力的数据支撑。

通过 VISIONS 系统和 POWER BI 工具，世和基因实现了对不同系统数据的整合与智能化管理，在实践中，这意味着业务的每一个环节都能够通过数据说话，管理层可以轻松地从各种报表中获得信息，发现问题和机会所在。例如，财务部门可以通过 ERP 系统数据的分析，更好地进行成本控制和财务规划；人事部门可以通过人员入转调离分析报表，更加了解公司员工的流动情况。

世和基因通过 VISIONS 系统和 POWER BI 工具的应用，实现生物信息数据的深度检索和智能化分析，进行复杂的数据查询和分析需求，并且贯穿各个业务系统，形成统一数据模型，大幅提高了数据处理的速度和质量，提升了业务部门数据分析的效率，提供了更强的决策能力。

（三）运营管理数字化

在信息化快速发展的今天，企业的运营管理数字化已经成为提升效率、增强竞争力的关键手段。世和基因充分认识到这一点，积极建设信息化体系，推动办公自动化，加强平台间的数据共享与交互，以此来实现运营管理的高效、安全和灵活。

一是搭建信息化体系。世和基因构建数据、业务、技术中台，形成了 ERP、IUAP、LIMS、CTMS、VISIONS 等多系统集成平台。公司部署了 NCC 系统，这是一个集成了财务、人力资源、供应链等多个管理模块的企业资源规划（ERP）系统，能够实现企业运营管理的数字化。通过 NCC 系统，世和基因实现了对企业财务状况、资产流转、人员配置等关键信息的实时监控和管理。此外，世和基因还引入了 IUAP 平台，这是一个支持快速开发和部署应用的轻代码平台。IUAP 不仅加强了企业内部应用的开发效率，还提供了强大的数据处理和分

## 第十一章 生物医药企业智改数转的案例分析

析能力，支持构建数据和业务中台，实现了企业运营管理流程的优化和智能化。

二是推动办公自动化。为了减少纸质化工作，提升工作效率，世和基因积极推进办公自动化。公司通过 NCC 系统和 IUAP 平台的应用，实现了单据管理、流程审批、项目管理等多个办公领域的数字化转型。员工可以通过线上系统提交单据、审批流程等，大大减少了纸质文件的使用，同时也缩短了审批流程的时间。此外，NCC 系统的使用，为异地员工提供了灵活的远程办公可能，比如工作时间不固定的销售，也可以随时随地处理线上业务，这样保证了工作的连续性和效率，展现了数字化转型的巨大价值。

三是加强平台间数据共享与交互。为了实现更高效的数据管理和业务运营，世和基因还加强了不同平台间的数据共享与交互。比如，NCC 系统和 IUAP 之间可以进行数据交互，避免数据重复录入，也确保了数据的一致性和实时性。同时，IUAP 与 LIMS 系统之间也可以进行数据传输，实验数据相互流转。通过 IUAP 平台，实验数据可以与其他系统的业务数据相结合，为研发决策和管理提供更全面的数据支持。这种跨系统的数据共享与交互，不仅提升了数据利用效率，还为企业带来了更深层次的业务洞察。

### 三 智改数转的实际效果

在数字化和智能化转型的浪潮中，世和基因凭借着前瞻性的视野和创新性的举措，取得了显著的转型成效。

一是工作效率与数据准确性显著提升。实验室全流程信息化和临床试验管理数字化的实施，极大提高了工作效率并显著提升了数据处理的准确性。通过减少人为错误，实验结果变得更加可靠。这种变革确保了实验过程的严格监控，并且历史订单、报告及患者同意书的保存率达到了 95% 以上，当前报告记录达到了 100%。

二是数据管理与分析能力明显加强。通过运用数据检索及可视化工具，世和基因实现了数据的深入挖掘和智能化分析，数据处理速度提升了 40% 以上，各系统数据处理量达到 80%，极大提升了数据分析的效率和质量。这些工具使得科研项目和临床试验的数据支持更加有力，管理层能够直观地从各种报表中获取科研成果、财务状况和人员配置等关键信息，及时发现并解决问题。

三是企业运营管理数字化水平显著提高。通过应用NCC系统和IUAP平台，世和基因实现了企业运营管理的数字化转型，加强了办公自动化，单据流转效率提升80%，3天完成率达到85%，极大提高了运营管理的效率和灵活性。这种转型不仅简化了日常管理流程，也为企业带来了更高的运营效率和更佳的决策支持。

四是企业核心竞争力持续增强。数字化和智能化的深度融合，使得世和基因能够快速适应市场变化，提升了企业的市场响应速度和服务质量，从而增强了企业的核心竞争力。这种转型不仅提升了企业的品牌形象，也为企业的长远发展提供了坚实的基础。

### 四 经验启示

世和基因智改数转的经验表明，企业要想取得成功，必须全面推进信息化建设，加强跨部门的协作与沟通，确保信息化建设与企业战略同步。同时，企业还需要注重员工技能的提升，加大对数据安全与隐私保护的投入，确保数字化转型的顺利进行。此外，合理规划投资、避免资源浪费也是实现持续健康发展的重要条件。通过不断探索和实践，世和基因在智改数转的道路上稳步前行，为未来的发展奠定了坚实的基础。

## 第二节 诺唯赞："六化一中心"赋能智造"生物芯片"

### 一 企业基本情况

南京诺唯赞生物科技股份有限公司（以下简称"诺唯赞"）成立于2012年，围绕酶、抗原、抗体等功能性蛋白和高分子有机材料等核心原料进行技术研发和产品开发。公司处于生物医药和生命健康产业的上游，主要业务是为疾病相关基础研究的科研院所、疾病诊断企业、疫苗企业和制药企业提供相关的研究试剂、仪器、高端耗材、核心原料等产品及服务，是国内少数同时具有自主可控上游技术开发能力和终端产品生产能力的研发创新型企业。公司在生命科学、生物医药原料、动物检疫等多个细分领域确立了国内市场份额第一的领先地位，并于2021年成功登陆上交所科创板。

公司先后投入数千万元引进OA、HR人事管理系统、ERP、CRM、POM、WMS、MES等系统，对人力资源及研发、生产、仓储、物流、营销等运营环节进行全过程一体化智能化管控。诺唯赞始终以数据和智能化技术为驱动，以提升企业效率和竞争力为目标，坚持创新驱动，不断探索更加高效、便捷的数字化服务模式，推动新一代生物技术的应用和发展。

## 二 智改数转的主要做法

诺唯赞全力打造以客户为中心的"六化一中心"信息管理体系，全面、准确剖析用户需求及行业竞品指标，将客户思维贯穿所有信息产品建设中。通过客户端到端服务保证产用户产品研生产符合客户需求，用户体验最好；产品全生命周期管理提升产品质量、安全性、生产效率；数据字化运营与业财一体化提高管理的效率、财务利润，最终实现Vazyme智能化生产、数字化管理。

### （一）研发管理数字化

一是构建产品主数据管理系统，实现跨研发、生产、质量、营销有统一的主数据源头（BOM及产品相关信息等），系统间自动流转；关键流转文件线上化，减少人工复核，提升制作效率与准确率；统一管理变更，识别需变更文件并通知覆盖关键人员，从而从总体上提升研发转产的流转效率。二是实现战略与研发项目管理平台，实现从公司战略目标拆解到研发项目执行，乃至重点项目绩效全闭环的线上化监控、预警、管理。同时打通HR系统绩效考核，优化跨事业部研发项目推进的考评与推进机制，为公司重点战略研发项目推进及成果化建立线上保障。三是搭建生信智能分析平台（分布式），实现团队协作的一站式生物信息数据分析，并通过分布式架构拓展大幅提升数据分析的效率与准确性。该平台自上线以来，已经成功集成了10个生物信息学分析流程，覆盖了从实验数据上传、分析、计算，到非常规标准项目或问题项目的对接处理、结果下载及共享等全方位服务。分析周期方面，多数项目对比单机执行可缩短50%及以上的分析周期。至今，已经有240+用户使用该平台，完成了1700+常规项目和300+个性化项目，覆盖了70%以上的生信项目。

（二）生产制造数字化

公司联手西门子引进MES生产执行管理系统，着手进行工厂的数字化改造，为智能工厂的建设打好基础。按照提高生产效率、优化生产流程、提高产品质量和降低生产成本的建设目标，打通从计划、生产、质量、仓储等环节的流程畅通。实现接收和处理SAP系统的生产订单，管理生产过程中的工艺数据，确保产品符合质量要求，收集生产过程中的各种数据（包括生产设备数据、生产过程参数、产品质量数据等），追踪每个生产订单的执行情况及每个产品的生产过程，实现产品的全程追溯。通过人、机、料、法、环全过程的监测管理，有效促进了企业提质增效的目标。

（三）营销服务数字化

搭建基于LTC（线索到现金）整个营销流程线路，为保障流程持续有效地执行和高效运作，建立统一的营销运营管理和支持服务平台CRM：包含公司线索管理（建设中）、客户管理、项目管理、合同管理、营销活动管理、订单管理、销售人员管理等业务模块。

（四）运营管理数字化

一是集团营销BI分析，联动SAP出库及CRM的客户销售数据搭建营销销售分析、收入分析、客户分析、营销活动效果分析，从新老客户及客户相关分级联动活动效果分析系统可视化直观呈现，助力营销决策支持。二是生产决策分析，集成了公司生产管理MES、SAP、WMS系统数据的同步、共享，实现从生产计划到产品交付的数字化管理，包括生产计划下达、产品制造、包装、交付等全业务流程的可视化，实现生产过程的可视化与控制的精细化，提升生产决策及各部门间横向协同和生产工序的纵向联动。

（五）业财流程一体化

在2023年实现全部16家分子公司全线业务正式切换到SAP系统，这是企业数字化建设的一个重要里程碑。项目历时一年，在来自销售、生产、质量、仓储、采购、财务、流程IT等各业务部门关键用户共 100 多人的共同努力下，完成了以"产供销存财"为主线的"端到端"业务流程优化设计共 133 个，促进了业务流程标准化；确定物料主数据管理、标准成本管理等核心业务方案 14 个，实现跨组织的业务串联和业财集成；完成 15 个核心业务系统的集成打通，打破信息孤岛，实现业财流程一体化。生产管理、采购与库存管理、销售管理与财务的自动集成；实现按事业部、公司、集团等多维度的财务核算，这些举措极大地提高各业务域协同工作效率和数据准确性，并更有利于管理层的整体把控与精准决策。

（六）办公数字一体化

在当前的数字化办公环境中，公司搭建了整套数字化办公解决方案，以提升运营效率和管理效果。通过 OA 系统实现了公司各业务流程的数字化，共计线上化搭建流程 676 条，支撑 120 万+次流程流转，有效地打破了信息壁垒，提高了工作效率和决策效果。同时，公司自主研发的系统"协作平台"，承载公司 2500+用户线上化项目管理、台账登记、信息收集等，涉及数据类表单 1000+个，数据量 62 万+条，实现了数据的实时更新和共享，极大地方便了团队协作，进一步提高了工作效率。此外，企业积极开拓 AI 领域项目，自研系统"vazymeGPT"覆盖公司各方面业务群，支撑员工实现线上问题解答搜索、文章撰写、医疗类专业名词翻译、AI 画图等，共计对 14 万+问题进行解答，涉及内部用户 1400+。最终，公司针对所有各类办公系统进行集成，通过搭建企业门户、配置企业微信工作台，整合所有办公软件入口，做到了多端统一，打通单点登录能力，在资源配置、信息共享等方面得到了显著提升。

### 三 实践效果

智改数转显著提升了数据管理质量与实际经营生产效率。例如，随着产品主数据平台的上线，显著提高海外销售报关的时效，节约至少 50% 的时间成本，并且国内产品信息的准确率将达到 100%。这将为企业的生产和营销工作带来极大的便利和效率提升，同时也将提升企业在市场竞争力。

针对车间的智能化和数字化改造方面，科研试剂智能制造车间实现人力成本节约 22.81%，生产效率提升 19.60%，能源消耗降低 22.01%，产品不良品率由 1.8% 降低至 0.6%，库存周转率提升近 40%，年产值增加 6685 万元。全生产环节的线上化建设也为申报智能制造示范生产车间、数字化智能化工厂等打下了坚实的基础。

## 四 经验启示

### （一）加强顶层设计

在这几年数字化建设的过程中，从长期规划、基础能力建设到中台规划的过程，信息部门在设计思路上也收获了一些经验与启示：

一是长期规划。在灵活性与可扩展性方面，考虑到技术和市场的快速变化，设计时应保持系统架构的灵活性和可扩展性，以便能够迅速适应新的业务需求和技术变革。在长期规划与短期目标并重方面，制定清晰的长期 IT 蓝图的同时，也要设定短期可实现的目标，以步骤递进的方式推进，确保每一步的实施都能为达成长期目标奠定基础。

二是基础能力建设。在标准化与自动化方面，建立统一的技术标准和流程，推进基础设施和开发流程的自动化，可以显著提高 IT 部门的效率和响应速度。在安全与合规方面，在设计之初就将安全性和合规性考虑进去，确保系统设计满足相关法律法规和行业标准。

三是中台规划。在共享服务与能力复用方面，通过构建中台（数据、共享文件服务等），将企业的共通能力抽象和封装，实现服务和数据的共享，提高开发效率和资源利用率。

### （二）数字化建设思维的转变

突破简单的 IT 实现，以客户价值为出发点，结合数据赋能的新业务模式。

一是从支持者到合作伙伴。落实 ITBP 深入事业部服务，通过多个项目的深度合作，逐渐转变为业务的合作伙伴，积极参与到业务策划、产品设计、市场分析等环节中去，利用技术手段推动业务创新和价值最大化。

二是从数据管理到数据赋能。与业务部门宣导、培训并利用实际项目落地案例，逐渐说服业务部门，在数据赋能的新业务模式中，数据不再仅仅是需要管理和保护的对象，而是变成了推动业务增长、优化客户体验、提高决策质量的关键资产，并通过诸如 BI 各类分析报表、决策系统等进行数据整合、分析和应用，为业务提供洞察力和支持。

三是从项目执行到敏捷迭代。以往的项目管理往往以完成项目为目标，过程较为固定和缓慢。在多变的业务模式和企业高速增长的背景下，IT 部门需要采用更加灵活和敏捷的工作方式，快速响应市场和客户需求的变化，持续迭代产品和服务，以实现快速试错、快速优化。

（三）行业经验与外部能力的整合

充分学习、吸收、整合行业优秀厂家的能力，结合企业业务特点打造自己的特色、亮点应用。例如，学习华为，改造 IT 部门的流程设计方法论，结合外部供应商的建议，完成 SAP 各类流程打造、落地；参考业内领先的明暗码解决方案，改造、设计适配企业产品特性的 CPS 保密系统方案等。

（四）流程和 IT 的深度融合

信息化部门更名流程 IT 部，负责系统建设的同时也推进流程变革方法论在各事业部业务应用场景的落地实践；完善人才招聘，内部产品与系统设计能力提升的同时，也组建各个业务领域的流程专家团队更好地完成流程优化设计及对系统设计蓝图把关；改变与事业部的合作模式，全程参与需求与痛点的分析、诊断及优化设计过程，确保业务目标的明确与达成路径再进行信息化建设，避免成效偏差及项目产生额外的成本、周期等问题。

# 第三节 巨鲨医疗：构筑精准医疗数字化生态

## 一 企业基本情况

南京巨鲨显示科技有限公司（以下简称"巨鲨"）是一家全球性医疗科技企业。公司主要从事医学图像智能显示、AI 辅助诊疗、智能医疗手术机器人、智能化医用高压注射系统以及院内感染控制解决方案的研发、生产及销售。同时,巨鲨还拥有自主研发的医学手术直播平台。目前已申请国际和国内专有技术 1000 余项,荣获国家知识产权示范企业、国家"专精特新""小巨人"企业及中国好技术等荣誉称号。

近年来,公司积极推进智改数转,以信息化疏通产、销、研等各个管理中的堵点,以数字化推动企业创新和变革,强化优势资源转化,针对医疗器械行业特点,实施智改数转项目,逐步走出了有巨鲨特色的数字化之路,在管理升级、营销创新、企业转型驱动等方面取得了一定成效,为企业良好发展提供了有力支撑。

## 二 智改数转的主要做法

### (一)研发医学影像设备在线质控系统,为精准医疗保驾护航

医学影像设备在线质控系统是一款集监测、分析、校准于一体的智能化系统,该系统利用 5G + 物联网技术,实时监测影像设备功能和性能的变化,为医疗机构提供了全面、精准的设备质量管理方案。该系统能够实时采集医学影像设备的运行数据,并通过先进的算法进行分析和处理,一旦检测到设备功能和性能出现异常或波动,它会立即发出警报,并提供详细的诊断报告。这为医疗机构及时发现并解决设备问题提供了有力的支持,避免了因设备故障导致的漏诊误诊问题。

除了监测功能,该系统还具备自动校准能力。当设备性能偏离正常范围时,系统能够自动进行校准操作,确保设备恢复到最佳工作状态。这大大减少了人工干预的需求,提高了设备管理的效率和准确性。

### (二)建造智能车间,实现快速高质量柔性生产

针对高端显示设备集成度高、构型变化大、多品种小批量的生产特点,公司建成了集精益组装、自动老化、智能检测于一体的示范智能车间。车间采用全自动化流水线进行生产,实现自动老化、自动运输、自动测试;生产和测试数据自动存储至云端,实现数据采集、计算、分析和整合;采用高端六轴机器人和 AGV 联合作业,实现无人化包装、码垛、入库;车间建成后,中小尺寸医用显示器产品生产效

率提升了 3 倍以上。

（三）建设数字化平台，实现产、供、销信息化管理

一是建设在线反馈系统，提升市场需求响应速度。通过线上渠道收集用户反馈和意见，结合大数据分析，精准识别客户需求和痛点。同时，公司还利用社交媒体等渠道与用户进行互动，实时了解市场动态和用户需求变化，为产品研发和市场策略调整提供依据。更加精准地把握市场趋势和客户需求，提高响应速度和服务质量，从而赢得市场竞争优势。通过系统的运行，销售预估准确率提升了一倍。

二是打通供应商信息通道，提升交付效率。目前在推进 SCM 集成供应链管理系统，将供应商协同平台与 SAP、智能工厂等系统高度集合，实现供应商管理的自动化，变被动接收为主动管控，变事后获取为事中监控，打通供应商库存数据链条，全面掌控供应商库存状况，提升供应链预警及分析能力。系统导入后，各品类物料的采购周期预期可降低 40% 以上。

三是建设数字化平台，实现端到端互通的信息流。公司通过 SAP ERP 系统的五大业务管理模块：SD 销售 & 分销、MM 仓储采购、PP 生产计划、FI 财务会计，实现财务业务一体化管理，打破各部门的信息壁垒，达到信息集中管控的目的。销售的状态通过 CRM 系统可以清晰地了解每个销售订单的预测状态，信息共享至商务和供应链，可以准确进行订单预测；将信息录入 SAP 系统，自动转化成 APS 和 MRP。生产计划的下达、生产任务状态可以实时监控，商务可以了解每个订单的进度，及时处理各个订单的交付。

### 三　实践效果

巨鲨医疗在智改数转的进程中遵循战略导向、数据驱动、创新驱动、用户体验和安全可控等原则，实现了提升运营效率、增强市场竞争力、构建数字化生态、促进企业创新和提升客户满意度等目标。

一是实现了医学影像显示系统生产模式的创新。医学影像设备在线质控系统的应用不仅提升了医疗机构的设备管理水平，还为医疗机构节省了大量的维护成本和人力成本。巨鲨医疗为医疗机构提供了一个可靠、高效的设备性能管理平台，助力医疗机构实现设备质量的持

续优化和提升，提升医学影像检查和诊断的效率和质量。自 2019 年这套系统上线以来，已经覆盖全球超过 20000 家医疗机构，100 万套设备实现了在线质控管理，服务 10 亿诊疗人群。有效避免了因设备原因导致的漏诊误诊，诊断质量提升 15%。

二是显著提升经营水平。对生产过程中的人力、产量、设备稼动率、生产质量情况数据实时监控，并进行数据分析和展示；工艺制程各工序中人、机、料等重要因素及时采集和存储，随时调用，实现全流程可追溯。目前，产品综合交付满足率已达 98%，处于行业领先水平。基于人机互动机器人的协作，50 寸以上医用显示产品生产效率提升了 4 倍。

三是提升了安全水平。拥有人机互动机器人，可实现大型产品毫米级安装定位。拥有万级无尘车间和百级车间，温湿度智能精准控制，可实现各个尺寸的触摸贴合生产；多项产品在作业人数降低一半的基础上产量提升 4 倍；产品一次送检合格率提升至 99.5%；安全生产方面，零安全事故；人员疲劳度大幅下降。公司获评国家级制造业单项冠军、江苏省智能制造示范生产车间。

## 第四节 麦澜德："四大数字平台"优化医疗资源配置

### 一 企业基本情况

南京麦澜德医疗科技股份有限公司（以下简称"麦澜德"）成立于 2013 年，是国内女性全生命周期物理康复干预技术解决方案提供商，近三年营业收入超 10 亿元，主营产品市场占有率位居全国前三，先后荣获国家高新技术企业、工信部重点专精特新"小巨人"企业、科创板硬科技领军企业等资质荣誉，2022 年科创板上市。公司围绕着女性全生命周期常见病、多发病的诊断、治疗和预防，坚持自主研发新技术与新产品，现已拥有盆底及产后康复设备、生殖康复设备、耗材及配件、健康管理信息系统等产品线，广泛应用于妇产、盆底康复、生殖康复、泌尿肛肠、体检等医疗健康领域。

2021 年以来，公司聚焦"智改数转"，制定目标、明确方向和重点任务,深入推进公司智能化改造数字化转型战略,通过打造全员思维,利用先进的信息技术和大数据分析,构建数字化医疗服务平台,实现医疗资源的优化配置和医疗服务的智能化升级。通过与各大医疗机构和科研机构的合作,实现医疗数据的共享和交流,实现医疗服务支持全面化和精准化。公司先后荣获国家高新技术企业、国家专精特新"小巨人"企业、江苏省服务型制造示范企业、中国产学研合作创新成果奖二等奖、两化融合体系评定证书。

**二 智改数转的主要做法**

(一)建立全周期协同研发智能平台

针对医疗器械产品长周期性、高要求性的特点,麦澜德通过搭建"PLM + ERP"智能管理平台实现产品设计开发全生命周期自动化管理,各个阶段决策共同组成了决策支持系统,有效提高了整体运作效率和质量水平。

一是设计开发自动化。设计师和工程师以人工智能技术为实现手段,经过收集和分析市场需求进行技术研究和创新,通过严格的测试和验证不断改进、确定产品的功能、外形和使用方法,借助 PLM 技术在知识处理上的强大功能,结合人工神经网络和机器学习技术,支撑设计开发过程的自动化。

二是数据连接交互化。除设计师、工程师外,其他相关人员在数据存储库实现共享设计文件、数据和信息,包括设计文件、技术文档、测试记录、供应商信息等。这样确保了公司内部所有团队成员都能够访问最新和一致的数据,实时协同工作,促进了协同式多专家决策支持系统的生成,加速了产品设计开发过程,深化团队沟通合作。

(二)建立全方位制造管控可视化平台

麦澜德在生产制造领域进行了一系列高效的管理体系的建立和智能化设备的应用,不仅提高了生产效率和客户满意度,降低了生产成本,还保障了产品质量和安全。这些举措为公司的可持续发展奠定了坚实基础。

一是建立供应链高效协同体系。在整机交付方面,公司依托机械化、自动化、智能化设备,引入 WMS 仓库管理系统、MES 制造执行系统，建立供应链协同运行体系。在供应链各节点建立合理库存，采用推拉结合式生产方式，大幅提高生产效率，约 90% 订单可以实现 ERP 系统建单后 24 小时发货。

二是建立智能化制造管控体系。公司利用计算机、控制器、传感器等电子技术与机械加工等技术，应用自动化压探针设备、自动化点胶机、全自动二次元影像测量仪等智能设备，实现对全流程生产操作的自动化管理。提高了产品的品质和精度，提升了生产的安全和环保水平，缩短了交货时间，产品直通率提高至 95%，客户满意度提高至 98%。

三是建立数字可视化生产体系。SOP 电子作业书系统使生产作业实现了数字化，该系统集成了安灯呼叫、生产实时数据管理、设备点检和 ESD 防静电监控的功能，实现了车间产线无纸化统一管理。集中控制并快速发放、简化人工流程，这不仅提高了生产作业的准确性和效率，还大大节省了纸张资源，减少了人工成本，年节约成本约 15 万元，实现了节能环保的目标。

四是建立标准化可追溯管理体系。通过软硬件协同，以先进的物联网条码技术为切入点，以标准化管理体系作为基础，依托信息化手段，对关键物料做单件序列号级追溯管控，打通生产、采购、销售全过程，大幅提升质量追溯的效率和准确率，有效提升了生产效率。

五是建立严格质量管控体系。麦澜德建立了 DQMS 质量数据管理系统及严格的医疗器械质量管控体系，实施全过程数字化、可视化、智能化、可追溯化。针对业务经营中销售与服务的每一环节，制定完善的质量管理制度和标准操作程序，以严谨的科学态度，严密的质量体系，严格的管理制度积极推行全面质量管理。具备集产品生产、组装、调试、包装、检验、交易、储存、维护、分拣、配送、商务洽谈、数据交换等多功能于一体，实现全程"双向"可追溯管理，设备返修率从 1.66% 降低至 0.37%。

（三）建立全价值链数字化运营创新赋能平台

依托"CRM+ERP"实现数据交换，麦澜德搭建了一站式全价值链信息化运营平台。该平台整合了客户管理和公司资源规划系统，实现了数据的无缝交换和共享，为公司提供了高效的信息化运营解决方案。通过这一平台,麦澜德能够更好地管理客户关系,优化企业资源配置,提高运营效率和服务质量,从而将进一步增强公司的竞争力,推动业务的持续发展。

一是为研发创新型产品、攻关新技术赋能。通过AI算法对用户数据进行数据收集、偏好分析,从而精准定位市场,开发创新产品和攻关新技术。这种数据驱动的模式加速技术研发和提高效率,帮助公司更快推出受欢迎产品,满足用户需求,提升竞争力和推动公司持续良性循环发展。

二是为提升市场占有率赋能。形成从客户线上预约—门店综合管理—客户体验的完美闭环,同时协助分销商拓宽运营渠道、增加服务多元化。整合了线上线下服务流程,提供便捷个性化服务,同时帮助分销商提升竞争力和服务水平,业务已完成覆盖医院、产康中心、月子中心等全国11000余家企事业单位,达到年筛查人数150万+、治疗人数60万+的规模,并成功创建了众多盆底康复示范基地,公司市场占有率上升到全国前三。

三是为品牌影响力赋能。定期提供一系列线上+线下学术、科研、医学推广支持,提供致力于打造盆底、生殖、产后和运动康复等领域的集专业、科普于一体的学术品牌。已与国际孕产健康学术联盟(GMAA)、中国妇幼保健协会、中国医疗保健国际交流促进会、东北三省一区盆底医学联盟等多家学术机构达成合作,支持开展了关爱女性盆底生殖健康项目、女性盆底健康医学研究项目、"华佗工程"基层医疗帮扶计划等项目,正在持续不断建设、推出相关学术会议、培训班及沙龙活动,累计培训55000人次,广泛传播盆底疾病诊疗发展趋势及前沿技术,有效提升品牌知名度。

(四)建立一站式数字诊疗服务平台

一是通过智能化诊疗系统生成信息化解决方案。基于智能盆底康复诊疗系统,依靠三级诊疗系统大数据平台、网络医联体、智能APP、"麦智慧"小程序等优势,通过云数据共享、人机交互、智能预约、远程评估诊断、平台康复训练反馈等方式,将盆底疾病分级诊疗系统连接各级别医院、家庭,实现信息互联互通、双向转诊、分级数据共享、多中心协作、防治信息管理等服务功能,为盆底功能障碍性疾病患者提供高层次、全系列、多元化、全方位的产康到家一站式综合信息化解决方案,使产品盆底康复诊疗方案生成时间≤3秒,诊断准确率≥95%,诊疗方案有效率≥90%。

二是通过一站式生态系统打造全方位专业服务体系。依托现有合作门店、用户、医院和医生资源,建设产康到家服务平台、快慢分治分级诊疗生态系统、一体化盆底康复教学、交流服务平台,全渠道运营推广服务体系。为用户提供盆底肌筛查、诊断评估、康复治疗、盆底疾病分级诊疗,专业级家庭医疗等产康到家综合服务支持。设有线上"慧医澜心""佳澜工作坊"、线下"极致学院录播"上门服务等双路径培训课程,为分销商提供装机培训、专业手法培训、设备和经营数据分析、全渠道运营推广及盆底康复权威学术论坛交流等服务。加快了企业创新成果研究,加强了行业学术交流,推动了国内盆底康复领域关键共性技术的产业化。

### 三 实践效果

通过不断促进智能化改造和数字化转型,麦澜德各项工作成果显著。2022年,麦澜德获评江苏省服务型制造示范企业、三星级上云企业,荣获两化融合体系评定证书。同年,公司主导的"基于多元信息融合的AI辅助盆底生殖康复诊治关键技术"项目,首次将压力、肌电及超声成像等多元生物信息检测高度融合,通过AI辅助诊疗算法,实施精准化个性化物理治疗,攻克基于多元信息融合的AI辅助盆底生殖康复诊治关键技术难题。该项目被列入2022年度江苏省工业和信息产业转型升级专项—关键核心技术(装备)攻关产业化项目。目前协同管理工作效能提升30%以上;产品直通率提升至95%;交付及时率提高至99%;设备返修率降低至0.37%;客户满意度达98%;营业成本下降20%;共推动8000+个业务场景流程标准化。该项目于2015年通过了国家高新技术企业认定;2020年获评三星级上云企业;2021年通过了两化融合体系评定证书;2023年获评江苏省服务型制造示范企业;2024年荣获国家级制造业单项冠军企业。

## 四 经验启示

近年来,麦澜德始终坚持创新发展战略,把"智改数转"作为公司转型发展的关键增量,加速推动数字经济和实体经济深度融合,在智能化制造、网络化协同、个性化定制、服务化延伸、数字化管理等领域深耕,并且取得了优异的成绩。

### (一) 打造全员思维是促进转型升级的关键举措

在"创新、分享、积极、坦诚"的企业文化引领下,公司高层间形成"智改数转"共识,通过重构公司的业务模式、组织架构、管理流程等,提高各个层级对转型的认同、认知能力,凝聚了一支拥有共同企业愿景、管理经验丰富、业务分工明确、坚持以自主研发、具有强烈使命感和高度进取心的核心管理团队,让推进"智改数转"的决策变为公司上下共同的愿景。各团队之间密切配合、通力协作,全方位地了解行业体系、熟悉本公司的生产模式,实现了对公司制造资源的更优配置。

### (二) 制定合理规划是推进方案落地的有效途径

一是站在未来看现在。当今社会经济形态由工业经济向数字经济快速转变,在可以预见的未来二十年的时间内,第四次工业革命将以指数级的速度,彻底改变企业的生存环境和运行体系。麦澜德着眼十年、二十年后的企业形态,系统地分析了公司现有的数字化现状和组织能力现状、完整地定义出未来想要达到的数字化愿景和数据战略。

二是立足现在看未来。"智改数转"不是一蹴而就的短期攻坚,而是一场旷日持久的接力赛。在对公司情况进行缜密、认真分析评估的基础上,麦澜德结合公司未来发展趋势及整个行业数字化进程,准确地贯彻新发展理念,锚定方向,制定了契合自身实际的统一规划、分步实施的方案,包括企业数字化的战略目标、当前现状、存在差距、建设顺序、实施阶段、执行反馈、计划调整等内容,为扎实推进"智改数转"确定"路线图"、绘好"时间表"、细化"项目单"。

### (三) 加强人才培养是实现智改数转的根本保障

只有大力培育内部智能应用骨干人才,建立完善规范的培训体系，搭建人才技能库，填补智能制造相关专业、数字化以及科技型复合型人才缺口，才能不断地增强自身软实力，构建持续稳定、动态活力的人才体系。麦澜德通过深化校企合作、推动产学研融合，建设人才交流、人才培养平台，探索人才合作机制，以提升"数智化"为目标，以建立共享机制为核心，整合和优化双方优势资源，实现资源共享、优势互补、协同创新，共同打造一支专业的数字化人才队伍。

## 第五节 宁丹新药："三大智能工程"赋能CNS创新药

### 一 企业基本情况

南京宁丹新药技术有限公司（以下简称"宁丹新药"），于2020年12月28日成立，公司定位于中枢神经系统（CNS）疾病创新药探索者，旨在为CNS疾病患者提供更有效的治疗手段，是目前国内CNS领域管线项目成熟性最高的创新型研发公司之一。目前已有多个新药进入研发管线，有七个新药项目在快速推进，包括国内首个治疗脑卒中的舌下制剂"Y-2"，已申报生产、预计2024年获批；全球唯一进入临床研究的1类新药非肽类PSD95-nNOS解偶联剂Y-3；预防脑卒中血管无效再通的Y-6舌下片；全新机制的治疗神经胶质瘤药物Y-1；治疗神经病理性疼痛的Y-4等。此外，宁丹新药还有CNS疾病药物更早期项目正在酝酿中。宁丹新药凭借创新实力和高成长性，上榜2022年"科创中国"先导技术榜，被认定为"南京市神经系统创新工程技术研究中心"、2023年度江苏省"潜在独角兽"企业、2023年"国家高新技术企业"。

### 二 智改数转的主要做法

随着人工智能、区块链、云计算、大数据等技术的日趋成熟及第五代通信技术的广泛应用，全球已经进入数字经济时代，不断催生新产品、新模式、新业态、新产业。在国家、省、市政府推进制造业智能化改造和数字化转型行动的大力引导和支持下，宁丹新药积极响应，高度重视现代信息技术在生产经营中的应用，在加大新

# 第十一章 生物医药企业智改数转的案例分析

药研发创新能力的同时,以实际行动推进智能化数字化转型,通过将企业业务与信息化应用相结合,实现了信息系统升级、促进了企业业务创新、流程重构、管理变革,切实提高企业管理水平和综合竞争力。

(一)实施运营流程智能化提升工程

宁丹新药为了提升自身内部管理能力、经营能力和研发能力,大力实施运营流程智能化提升工程,选择采用多种智能信息系统来支撑其核心业务。其中,OA系统(办公自动化系统)的引入和实施,无疑为公司带来了显著的效益和进步。

一是极大推动了公司办公自动化的进程。在这样一个集成化的平台上,团队和成员能够无缝衔接,高效协作,无须频繁切换不同的系统或工具。这种一体化的办公环境,不仅简化了工作流程,还使得各种业务流程,如采购、报销、审批等,都能够实现自动化处理。员工因此可以更加专注于他们的本职工作,从而为公司的研发工作提供了更有力的支持,有效提升了研发效率和质量。

二是通过集成和处理企业的各种业务流程和数据,实现了统一的管理。这使得公司的管理变得更加高效、规范和自动化。数据的集中存储和处理,不仅提高了数据的准确性和可靠性,还使得管理层能够更快速、更全面地了解公司的运营状况,为决策提供了有力的支持。

三是促进了公司内部信息的共享和沟通。通过自动化的文件处理、通知发布等功能,公司内部的信息传递变得更加迅速和准确。这有效缩短了企业内部流程的时间,提高了工作效率,同时也增强了员工之间的沟通和协作能力。以采购流程为例,过去员工需要手动填写采购申请,再经过多级审批,最后才能下达采购指令。这一过程中,不仅耗时耗力,还容易出现因为人为因素而导致的错误或延误。自OA系统上线后,采购流程实现了自动化。员工只需在系统中填写相关信息,系统会自动进行审批流程的流转,并实时更新采购状态。这不仅大大提高了采购效率,还减少了人为错误的可能性。

四是促进报销管理简易化。以前,员工需要整理大量的纸质报销单据,再交由财务部门审核,这一过程烦琐且易出错。OA系统上线后，员工可以通过 OA 系统提交电子报销申请，系统能够自动对报销金额、票据等进行初步审核，大大减轻了财务部门的负担，同时也提高了报销的准确性和效率。

(二) 药物警戒智能管控系统搭建工程

为了高质量的展开药物警戒活动，全局掌控药物警戒体系质量及合规风险，基于 GVP 要求，宁丹新药采用太美医疗 eSafety 系统（药物警戒系统）协助公司的研发药物临床试验入组管理，连接药企、医院、患者、监管机构等实现药物警戒中的机构、人员、制度、资源等信息的统一管理，数字化呈现体系管理、药物警戒活动可视化呈现，体系数据实时同步，一键生成药物警戒体系文件，且自动更新关联，提高了公司临床平台的整体效率；各来源安全性数据的收集、处理、递交模块，实现数据的风险控制与管理；不良反应报告统一管理，统计分析、信号预警、稽查痕迹保留，满足国家稽查要求；对接 CDE 和 CDR 药物不良反应直报系统，满足全球药物警戒数据库要求，直接递交，实现了药物警戒的自动化，提高了公司新药研发的整体质效。

(三) 药物研发信息协同系统建立工程

为迅速了解全球在 CNS 领域（如同靶点药、同适应症药等）的竞争趋势，宁丹新药采用药渡药物信息系统协助公司检索全球在研药物信息，整合 20 + 个生命科学专业领域知识，涵盖全球药物的基本信息、药物研发的生命周期、药品在中国的研发速度、全球批准概况、中国注册申报情况、全球销量情况、临床试验的研究情况和专利情况等，对药物研发数据及相关资源进行细致的分析、深度的挖掘提取，将行业知识与先进的数据信息相结合，帮助新药调研立项，提高了公司的研发效率。

同时，为了提高研发部门的效率，宁丹新药广泛应用智能化装备，建立云上工作站，采用 CDS 系统连接实验人员、仪器和企业数据管理，从原始数据的采集和处理，再到生成最终结果的全部分析报告，进而提升企业的生产力、保证数据的完整性，为公司高质高效发展奠定了良好基础，帮助公司将成本和工作量降到最低。

## 三 实践效果

通过对运营流程的智能化自动化管理,极大简化了公司业务流程、提高了工作效率、减少了人为错误、加强了内部沟通。这些改进不仅提升了公司的整体运营效率,还增强了公司的竞争力,为公司的长远发展奠定了坚实的基础。此外,公司在智改数转过程中,实现了为企业降低人力成本、显著提升新靶点发现效率和决策效率,效果显著。

## 四 经验启示

为了切实解决企业面临的智改数转难题,向全国招标智能化改造和数字化转型优秀服务商,定期为企业提供智改数转诊断服务,帮助企业解决了"不知是否要改"和"如何改"的问题,防止企业盲目开展智改数转,帮助企业根据自身需求分析智改数转过程中的难点和痛点,引领中小企业转型升级。此外,政府给予企业的专业指导,提升了企业转型升级的效率。

路径篇

# 第十二章 高成长企业智改数转的战略谋划

2023年2月,中共中央、国务院印发的《数字中国建设整体布局规划》给出数字中国建设的整体框架,催生数字产业化和产业数字化的发展。目前,中国数字经济已进入快速发展阶段,传统产业数字化转型不断加快,数字经济基础设施实现跨越式进步,新业态、新模式蓬勃发展。企业使用数字化平台指导生产和消费将成为一种新模式,在此模式下,数据生态不断更新、成长、优化,推动企业数字化转型升级。

高成长企业智改数转是一项系统工程,不仅仅是技术革新,还是"数字技术+管理创新"双轮驱动,涉及企业的战略层面。在智改数转过程中,高成长企业迫切需要提升供应链管理和企业经营管理能力,明确转型的目标和方向,要关注"数字生态共同体逐渐构建、全流程深度渗透、数据要素加速赋能"三个智改数转的未来方向,从"降本增效、数据要素、敏捷组织、商业模式、生态协作"五个方面确立发展思路,重点围绕"业务优化、数据治理、价值创造、数字能力、数字人才"总体战略,有序推进数字化转型工作。

## 第一节 高成长企业智改数转的未来方向

随着数字科技不断发展和成熟,数字化转型是企业保持竞争优势的必经之路。企业数字化转型是一项系统性的变革工程,面对跨行业的潜在竞争者、不断更新的消费者需求,高成长企业要明确智改数转的未来方向。数字化转型已经成为高成长企业的一道必答题，要建立内外部广泛的在线连接，利用云端的算法和算力，让企业决策变得更实时、更智能，从而提升企业的运营和管理效率，甚至产生全新的商业模式和管理模式。不同高成长企业在转型过程中要找到最适合本企业的智改数转之路，使得先进数字化技术与企业传统的各业务环节、各职能部门深度融合，就是占领未来竞争制高点的关键因素。

## 一 数字生态共同体逐渐构建

从平台赋能看，高成长企业数字化转型路径从外部产业链融入内部改造逆向升级。大部分高成长企业信息化基础建设有待完善，也缺乏充分的数字平台或数字业务运营经验，在采购体系化的数字化方案、建设数字化平台等方面面临着较大的资金成本约束。相比而言，高成长企业更容易加入基于平台、以行业龙头企业、互联网平台企业为主体的"虚拟产业集群"，通过参与众包、众设、众创等网络化协同项目，贡献自身技术、资源和能力，共享市场订单、营销渠道和收益分成。因此，建立生态、融入生态是数字经济时代的重要趋势。企业智改数转需要打破系统边界，实现内外力量融合，构建充满韧性的数字生态共同体。高成长企业应发挥示范引领作用，在率先实现数字化转型后，可以带动产业链上下游企业进行数字化转型。第一，通过搭建数字化平台，整合数据、算法、算力，把客户、供应商、员工、合作伙伴连接起来，汇聚价值链资源，实现资源优化配置，在营销、生产、研发、人力资源等领域形成互补，实现自身的数字化转型升级。第二，外部供应商在数字化实践的某些环节经验丰富、专业性强。例如，外部供应商可以提供客户需求分析及营销支持、业务运营及供应链管理支持、数据资产管理、技术及基础设施建设、数据分析及洞察、内部管理支持等。第三，企业"单枪匹马"很难实现数字化转型，尤其是传统企业、中小企业，没有数字化的经验，必须建立生态思维，借助合作伙伴的力量，在生态协同中加速企业数字化转型的进程。

## 二 全流程深度渗透

从流程赋能看，中小企业数字化应用从管理、服务等共性环节向全流程深度渗透。高成长企业涉及批发零售、制造、商业服务、农林牧渔、酒店餐饮等诸多行业，数字化转型需求"千企多面"，在较短时期内很难形成覆盖全流程、体系化的通用共性数字化解决方案。随着协作共赢的数字化生态逐步建成，中小企业在信息对接、效益提升、能力建设等方面获得充分的经验之后，进而由外向内系统推进自身的数字化建设。在消费互联网的带动下，很多厂商利用电子商务平台拓展线上经营、精准营销、O2O服务。疫情隔离机制倒逼下，又有更多企业基于移动办公平台开展协同办公、移动商务等远程业务，为高成长企业数字化转型探索了可操作性强、可复制性程度高的实践路径，将引领更多的企业从共性的经营管理、营销服务等环节入手，推动相关业务系统向云平台迁移，采购云化服务，先易后难地推进转型。

## 三 数据要素加速赋能

从要素赋能看，中小企业数字化转型动力从"技术驱动"向"数据驱动"加速转移。数字化转型的核心是打通企业数据链，引导数据在企业生产全过程、业务全环节、流程全周期流通共享，以数据流带动技术流、物资流、资金流和人才流，从而推动企业业务创新和模式变革。过去，高成长企业较多用技术思维推动数字化，惯于用搭建IT平台、采购业务信息系统提升单点单环节信息化应用水平。在数据上升为新生产要素理念的加持下，智改数转将数据作为一种新生产要素引入，成为生产过程中不可或缺的重要资料，同时催生了业务数智化、业务模式创新、数字新基建、数字"双碳"等典型应用场景。第一，数据收集、分析能力的提升，使得企业更好地理解和掌握市场需求、产品质量以及供应链状况等信息，进而实施更精准、更高效的生产决策和资源配置。第二，数字化转型将促进企业内部各部门间的信息共享和协同合作，打破传统的层级结构，推动跨部门、跨功能团队的组织模式的形成。同时，促进与供应链伙伴之间的紧密合作和信息共享，形成了灵活和高效的供应链网络。第三，数据的流通和共享改变了传统的生产关系，强调合作协同的重要性。数字化转型使得制造业能够从传统的产品生产向智能化、定制化和服务化转型。通过数据的应用和分析，更好地满足个性化需求、提供增值服务，并实现产品和服务的差异化竞争，促进高成长企业由传统的大规模生产向灵活生产和智能制造的转型。

## 第二节 高成长企业智改数转的发展思路

数字化作用于企业价值链重塑的全过程，企业通过把数字化和智能化技术运用于整个产品生命周期，从而形成数字化供应链，并最终实现企业效率和效益的提升。高成长企业要关注对现有业务进行优化，利用数字化手段降本增效，驱动数据要素，构建敏捷组织，在此基础上深化企业创新能力，增加新收入来源，发展多元化的商业模式；同时注重企业上下游、外部生态的数字协同和价值创造，推动企业高质量发展。企业数字化转型需要管理层确立发展思路，不同企业数字化转型所处的行业和发展阶段不同，企业应结合自身业务特点，探索适合的战略方向，有针对性地分阶段实施。

### 一 聚焦降本增效，提升精细管理水平

高成长企业要建设采销一体数字化平台，实现从市场调研、材料采购到包括扩展销售渠道以及售后运维在内的销售成本大幅降低，帮助企业进行设备运行监测，有效评估设备的生命周期并预测备件更换时点、提升设备管理效率、降低设备运维成本。

（一）运用数据资产，支撑成本管理

高成长企业发展速度快，具有高增值能力，能引起当代生产领域的变革，其成本管理要更加注重对战略成本动因的考虑，如结构动因层面的规模、成员结构、整合度等，以及执行动因层面的成员节点间的联系、资源利用率等。一个复杂组织进行战略成本动因分析的支持数据既有结构性的也有非结构性的，这需要实时的数据收集与前置数据分析进行支撑。数字化技术的应用使企业掌握着足够的数据资产，

为战略成本管理的实施提供了支持。例如，制造类高成长企业通过SAAS层面的集成工业App的开发实现供应、生产、库存、销售、交货、设备运维、客户偏好等多维度数据实时采集，达成战略层面的成本管理。

（二）形成集成优势，提升成本效益

高成长企业通过形成集成优势达到降本增效的目的，是实施战略成本管理的一个重要路径。一方面，通过集成形成规模效应。企业采集部门成员采购需求信息，进行集成采购，形成大宗采购从而提高议价能力，实现零星采购无法企及的低采购成本，形成集成优势实质上是集零为整的机制。另一方面，通过集成实现资源整合再利用。企业通过实时排产调度，将订单派给具有剩余产能的成员部门，加快生产节奏、缩短交货时间，从而提升产品服务附加值，实现冗余资源的利用。

（三）转换虚实资源，挖掘潜在价值

虚拟资源的特点是在使用过程中不会产生资源本身的损耗，因此，企业可以通过使用对象的转换或者使用范围的扩展等途径创造新价值。数字化背景下，物理实体资源与虚拟资源互相渗透，表现为虚实资源的转化，新的价值则在虚实转化中产生。高成长企业能够通过虚实转化改变资源属性从而创造新价值，将物质性资源借助数字技术向非物质性资源转化，扩展资源的价值创造领域，并通过虚拟资源扩展应用创造新价值。例如，随着远程办公的普及，人们对远程互动的体验感、通信设备的稳定性提出更高要求，催生出沉浸式体验、无接触服务、线上线下一体化交付的新业务。

## 二 驱动数据要素，发挥创新引擎作用

数据是一种新型的生产要素，作用于企业价值链重塑的全过程。高成长企业通过大数据、物联网、人工智能等数字技术，构建从前瞻洞察到智能决策的供应链，实现以数据要素为驱动的智慧运营、智能生产、柔性供应、精准营销等业务场景，助力企业实现价值创造。

（一）数字赋能服务，拓展价值空间

数字化背景下，市场竞争越发激烈，高成长企业需运用数字技术

从消费信息中寻找商机，从而更加准确地预测市场需求，及时调整企业供产销业务，获得市场优势，进而增强企业的可持续发展能力。高成长企业通过对服务全过程进行数据采集与分析，形成更加完整的客户画像，从而精准触达目标客户，高效满足消费者需求，最大限度满足市场的个性化需求，企业由销售产品转向提供"产品+数据+延伸服务"，提高营销活动的投入产出比。

（二）数字赋能流程，打通价值渠道

高成长企业通过数字技术捕捉运营数据，链接资产和作业流程，赋能流程提高处理效率。高成长企业要增值内部流程，数字技术助力高成长企业推动生产集成制造转型，通过物联网系统链接到企业制造系统中，实现动态、实时的智能化控制和生产。同时，数字化强化了生产合作网络，拓宽了生产空间，实现了供产销信息的集成和共享，提高了市场敏捷性，扩大了生产能力。高成长企业还应利用数字技术延长供应链，支持企业发展网状供应链，形成一张动态化、网络化的虚拟供应网和销售网，优化了供应流程。在此基础上，将一次性服务的价值能够变为多次服务价值，提高企业营收。

（三）数字赋能管理，实现价值决策

通过"数据+算法"的赋能，企业对数据资源进行挖掘和分析，从而形成决策建议与实施方案，为探索未知、求解问题提供新的思维方法，使"数据决策"逐步代替传统的"经验决策"。高成长企业可凭借"数据决策"更全面地掌握信息、更明晰企业的发展定位；进而找到最佳信息平台，详细获得所有经营数据、用户行为数据等关键信息；通过结合人工智能技术和数据挖掘技术，打通跨系统数据，整合企业内外部数据，实现业务场景一体化分析，企业将能够更深入地洞察和指导自身经营管理；从而能够更有效地调整生产、开拓市场，决策效果要远胜于传统的基于少量样本而进行的经验决策，为企业经营管理和战略发展提供支撑。

### 三　构建敏捷组织，提高科学决策能力

数字化时代的高成长企业应"软硬兼备"，既要有"硬"的组织架构支撑框架，也需要有"软"的敏捷工作机制，高成长企业要形

成稳定的顶级结构,用灵活、可扩展的团队网络取代大部分传统的层级结构,确保企业承担着端到端的责任制,以适应风云变幻的营商环境和日益模糊的业务边界。同时,伴随业务和数字发展的持续融合、众多新兴数字化产品及业务的孵化,灵活且高效的跨团队协作需求日益提升,使得建立敏捷工作机制的重要性越发凸显。

(一)创建战略闭环,树立敏捷理念

闭环的战略制定和执行是实现敏捷的定海神针。数字化转型是渐进发展、螺旋上升的长期过程,高成长企业应适时对转型进展和成效进行评估,按照"评估—规划—实施—优化"的闭环,因时因势优化转型策略。一是开展数字化评估,需从数字化基础水平、企业经营管理现状、内外部转型资源等方面进行数字化评估,明确数字化转型优先级,切实提高转型效率。二是推进管理数字化,需构建与转型适配的组织架构和管理制度,提升企业管理精细化水平,优化企业经营管理决策。三是开展业务数字化,在开展数字化转型的过程中,应充分应用订阅式服务、轻量化产品等降低转型成本。四是融入数字化生态,应积极对接产业链核心企业、行业龙头企业等生态资源,基于工业互联网平台深化协作配套,利用共性技术平台开展协同创新。

(二)建立创新机制,构建敏捷流程

高成长企业通过建立敏捷创新机制,有助于全面提高内外部创新活力,保障敏捷流程的实现。第一,高成长企业可以根据业务场景组建跨部门的以业务部事业团队为单位组成的前台,有独立的利润中心,组织方式、资源配置、决策体系要高度灵活,直接面向市场,根据外部市场和客户进行灵活性应对。第二,建立以技术支持部、信息数据部为主的智能中台,为前台提供技术支持,实现数据在企业各个业务部门之间的透明流动。第三,建立稳定的后台,主要负责高度前瞻性的基础研究,包括商业趋势分析、长期市场预测,以及长期战略设计,为前台和中台提供支持。

(三)提升思维能力,打造敏捷团队

高成长企业打造敏捷组织,能够快速响应市场变化,满足客户对于产品的差异化、体验好、迭代快的需求,才能抢占先机,获得市场份额。一方面,企业要形成交付敏捷组织架构,采用速赢策略,围绕重点项目成立敏捷试点小组，试点项目成功后，再由点及面进行规模化敏捷。另一方面，调整人员考评机制。即从目标设定、考评对象、考核内容、考核人等几个方面调整考评机制。目标设定调整为基于产品创设的发现新需求、生产新产品和优化新体验为主；考评对象转变为以敏捷小组团队为单位；考核内容转变为价值指标；考核人调整为"直接领导＋职能领导"。

### 四 创新商业模式，塑造优秀用户体验

高成长企业要实施数字化市场营销商业模式，运用数字化营销工具，实现精准化营销，大幅降低营销成本，实现高效盈利，形成精准的数据分析能力，提升营销策略准确性，使企业通过互联网、社交平台等渠道开拓国外市场，实现产品和服务的全球销售。

#### （一）产品差异化，形成竞争优势

数字化背景下，客户需求"千人千面"，消费市场考验企业的不再是企业规模，而是企业内如何凭借技术和产品为用户提供个性化服务。高成长企业能够利用业务重构与创造新的数据驱动模式给客户提供更好的体验、服务和产品。一方面，企业必须转向网络平台，选择更广泛的供应商，获取更详细的消费者消息，推出更丰富、更复杂的产品线，构建融合线上线下一体化的购物渠道与体验场景，更精准地满足消费者需求。另一方面，企业面对不同的需求，实行产品功能差异化，通过增加或者优化功能来实现产品差异化，以便满足不同目标用户或者目标市场的需要，扩大市场占有率。

#### （二）用户体验个性化，增强用户黏性

随着大数据与人工智能时代的到来，"以产品为中心"的传统模式正在向"以客户为中心"转化，客户体验成为产品的"终极竞争力"。第一，高成长企业应该注重优化用户体验，提供更加便捷、快速、个性化的服务，通过提高用户体验，增强用户忠诚度，促进销售额的提升。第二，充分利用大数据等数字技术，实时感知客户，快速满足客户个性化的需求，建立动态的客户画像，客户可以在产品全生命周期各阶段都获得参与感。这不仅创新了产品的交付和服务模式，也更好地响应、服务客户，提升与客户持续互动的能

力,与客户合作共赢。第三,通过数字化技术创新,提供更加智能化、便捷化的产品和服务,注重用户数据的保护和安全,确保用户信息的隐私和保密,提升品牌形象和用户忠诚度,实现企业可持续发展。

(三)服务精准化,提升市场竞争力

高成长企业数字化转型所涉及的各种服务,如内部各部门所需的、外部客户所需的个性化定制等,都可以做到精准定制,从而建立起可持续的数字化商业模式。精准化的服务可以为各级决策提供准确的依据,使管理精准化和科学化,使企业基业长青;精准化的服务可以满足客户个性化的需求,提高满意度和忠诚度,为企业带来效益;精准化的服务可以提高业务创新能力,提升竞争力,降低企业成本。在服务的生命周期内,可以做到针对不同的情况、个性的需求,而提供全程的解决方案,成为一个更有效的组织,并从竞争对手中脱颖而出。在现代社会"一切皆服务"的大背景下,服务精准化是企业生存和发展的重要竞争力。

## 五 支撑生态协作,构建数字运营平台

平台将成为产业运营的核心,以平台为核心的产业生态,一定程度上取代了以超级企业为核心的产业集群,"平台+生态"将成为主要的商业模式和产业变革的潮流。创造生态、融入生态,成为企业智改数转的重要趋势,高成长企业应致力于打造更开放、更广泛、更协同的合作生态,聚合创新的新生力量,在技术创新和产品完善的基础上,通过生态协作方式为自身变革与创新赋能。

(一)营造数字生态,推动产业链协同

营造开放、健康、安全的数字生态,高成长企业需大力支持技术攻坚,推动数字产业链协同,实现安全可控、健康发展。第一,以创新为抓手,努力攻克核心硬件技术,与研究机构等互相合作、共享资源,实现技术突破;第二,针对数字经济全产业链构建生态协同,打造健康协同发展的数字生态,共同构建数字生态,加快建立统一标准和治理体系,促进数字生态繁荣发展;第三,整合数据、算法、算力,借助平台把客户、供应商、员工、伙伴连接起来,汇聚价值链资

源,实现资源优化配置,推动业务创新和管理创新,塑造数据驱动的生态运营能力。

（二）利用多边平台,赋能生态伙伴

数字技术实现了平台的广泛连接和远程触达,辐射范围扩大,使得企业边界得以扩张。企业利用多边平台赋能生态伙伴,可以为用户创造全场景价值,并推动整个生态获得收益。一方面,高成长企业应建立多角度生态赋能机制,提供一致的线上平台和工具,并根据生态伙伴级别给予不同服务支持,构建生态型业务以实现规模化突破。另一方面,高成长企业应加大生态商业模式转型的力度,在"软硬一体化战略"的指引下,不断推出新的硬件产品,围绕硬件打造场景服务应用,构建生态圈,形成"平台+生态"的商业模式。

（三）打造协同生态,扩大平台影响力

高成长企业发要加强全产业链的信息交互和集成协作,推动数字平台的功能迭代、服务创新、行业落地和智能演进升级。一方面,依托数字平台建设,实现传统产业链上下游研发、生产、服务、商务、物流、投融资等资源和能力数字化、网络化在线汇聚,实现行业资源在线发布、网络协同和实时交易,提高全要素生产率,提升全行业整体运行效率。另一方面,企业结合"平台+5G""平台+区块链"等新技术融合趋势,结合产业发展实际需求,积极培育数字平台迭代解决方案,打通消费与生产、供应与制造、产品与服务间的数据流和业务流,探索协同办公、协同生产、在线服务等新模式,培育共享经济、现代供应链、产业链金融等新业态。

## 第三节 高成长企业智改数转的总体战略

数字化浪潮的席卷加快了企业对数字化转型的战略选择。高成长企业开展数字化转型,必须制定数字化转型战略,并将其作为发展战略的重要组成部分,把数据治理的理念、方法和机制根植于发展战略全局,围绕企业总体发展战略提出的愿景、目标、业务生态蓝图等大的战略方向,系统设计数字化转型战略,提出数字化转型的起点、主线、导向、驱动、支撑，以业务优化为起点，以数据治理为主线，有效串联业务、价值、产业等相关内容，与数字能力等有机融合，有效支撑高成长企业总体发展战略实现。

## 一　业务模式优化战略

数据赋能业务，实现业务优化与创新是数据价值变现的关键环节，也是企业数字化转型的核心使命。企业智改数转不只是实现业务功能，还需要赋能业务发展，应用数字化手段进行运营管理。业务优化聚焦业务流程优化、传统业务转型与数字新业务培育三个方面，由内而外、螺旋式推动高成长企业数字化生态共建和数字化产品或服务创新，发展基于数字化产品的增值服务。

（一）健全管理体系，加速业务流程优化

高成长企业在开展数字化转型的过程中，应充分应用订阅式服务、轻量化产品等降低转型成本。开展研发设计、生产制造、仓储物流等业务环节转型，实施产品全生命周期管理。核心业务流程优化聚焦企业价值创造的过程，指企业内部利用技术推动业务在线化、运营数据化、决策智能化，实现业务经营提质增效。高成长企业要注重业务数字化，以实现数据驱动的业务运行和资源配置方式变革，如产品数字化、网络化、智能化，包括提升产品或服务的状态感知、交互连接、智能决策与优化等。企业还要跨部门、跨业务环节、跨层级的业务集成运作和协同优化，形成业务集成融合。在数字化运营方面，企业需要娴熟运用技术手段履行订单，更快地获取客户，或创造新的营收增长来源，并提高员工积极性和忠诚度，实现多赢。企业可以通过运用战略方法优化运营模式，并在技术、流程和人员等维度上全面转型业务，提升运营成熟度，实现智能运营。

（二）建设数字平台，驱动传统业务转型

企业要驱动传统业务数字化转型，需要借助数字化平台，而建设数字化平台是企业进行数字化转型的重要抓手。高成长企业需依照自身需求和发展方向，在数字化转型中探索适合的业务场景，不断拓展数字化与业务结合的领域。在数字化服务方面，高成长企业通过软件、营销和数据三位一体的方式为企业提供数字化服务，把互联网、大数据、人工智能等先进技术与传统企业服务深度融合。在数字化营销方面，高成长企业要进一步实现全面的数字化营销，将线上、线下商业场景融合，基于互联网络、移动通信技术、数字交互式媒体和智能设备等有效地调动企业资源，通过大数据和人工智能等技术对客户进行自动精准营销，并且不断优化客户全生命周期管理，提升客户终身价值。

### （三）打造全新业态，培育数字新业务

高成长企业开展智改数转，价值获取还要靠培育发展数字新业务，应充分发挥新型能力赋能作用。人工智能等新型数字化技术的应用不断融入业务场景，也在重塑和创造众多的产业形态。数字新业务培育要聚焦企业价值创造的载体，指企业开发以线上化、智能化、高体验为特征的新产品、新服务，及时连接客户需求，打造最佳客户体验，扩充企业主营业务的增量空间。高成长企业通过业务全面服务化，构建开放合作的价值模式，快速响应、满足和引领市场需求，最大化获得价值效益。例如，工业互联网，通过数据互联互通、远程监控、数据挖掘，实现了工业企业生产、管理效率的提升以及潜在价值的发现；个性化定制，通过互联网加柔性制造，满足了用户多元化的需求。高成长企业推动关键业务模式创新变革，构建打通组织内外部的价值网络，与利益相关方共同形成新的价值模式。同时，通过数字资源、数字知识和数字能力的输出，培育数字新业务，运用大数据、人工智能、区块链等技术，基于数据资产化运营形成服务于用户及利益相关方的新业态。

## 二 数据资产治理战略

数据作为企业的重要资产，最能反映企业经营的真实状况。数据治理是数据管理框架的核心职能，可以为数字化转型中的企业提供管理数据、保障高质量数据供给的指导。构建完整的数据治理体系，保障企业业务转型工作，从而充分发挥数据资产的价值，是高成长企业智改数转的重点之一。企业数据治理能力的提升是一个系统性工程，需要整个企业自上而下强有力的统筹推动，从而实现高成长企业内部数据治理组织机制和管理制度的变革。

### （一）加强数据资产管理，提升数据治理水平

高成长企业推动数据治理，要秉承"用数据说话"的理念。企业要加强全生命周期数据资产的管理，统一数据标准、数据结构，提高数据质量，提升数据资产的准确率，规范监管数据报送，充分满足监管对企业定期或不定期数据报送完整性、准确性、精细度的要求，促进存量问题清零，落实监管数据标准化规范，全面提高数据质量。企业稳步推进大数据平台建设，丰富数据模型，逐步建立财务集市、风险集市、客户集市，为企业管理层提供决策支持。通过智能技术与大数据的结合，围绕多个业务场景，实现机器智能化处理，降低人工成本，打通企业内部业务阻隔和流程断点。企业重构全面风险管理体系，提升内外部数据的整合处理能力，实现资金系统、资管系统、信贷系统的数据互联互通，降低业务风险。

### （二）建设企业数据仓库，确定数据治理标准

数据已成为数字经济时代的新型生产要素，高成长企业应让数据发挥它应有的价值，帮助企业获得知识，从而快速作出决策，是数据与应用的核心诉求。企业通过建设覆盖整个数字化平台的数据仓库，确定统一的数据标准、数据格式。企业建设数据仓库，提供数据支持，包括数据的存储、管理、分析等，为企业的决策提供有力支持。提高数据质量，包括数据的清洗、整合、标准化等，提高数据的准确性和可靠性。提高企业的数据分析能力，包括数据的挖掘、分析、预测等，为企业的决策提供有力支持。提高决策效率，包括数据的快速访问、数据的实时更新、数据的可视化等，提高决策的效率和准确性。

### （三）完善数字共享管理，保证数字治理安全

企业作为数据安全治理体系重要的参与主体，建立健全企业数据安全治理体系对于国家数据安全以及社会经济发展的意义重大。企业数据安全的保障是一个动态、多主体、长期的协作过程，高成长企业要建设企业数据治理组织及制度规范，明确角色设置、权责划分，依据企业实际信息化和业务情况制定符合本企业建设需要的制度、规范、流程体系等，为企业数字化转型提供保障。极度严格的数据安全监管政策的确可以很大程度上杜绝数据安全事件发生。但是，过于严

格的数据管理措施会限制数据价值的创造过程。相反，过于宽松的数据安全监管策略在给予企业数据自由的同时，增加了数据泄露的风险。企业应在兼顾数据安全的前提下，促进数据有序流动。此外，不同企业在数据安全治理过程中的关注点各有侧重，要根据自身实际构建一个统一指挥、反应灵敏、上下联动、平战结合的数据安全治理应急机制，科学有效地提高数据安全应急管理能力。

### 三　企业价值创造战略

企业智改数转应坚持以创造商业和社会价值为导向，做有价值的转型。企业将数字化技术应用于产品全生命周期价值的创造中，形成新的产品和服务，为产业链创造新的价值，对内价值体现在提升资产运营效率，实现对业务活动的支撑，对外价值体现在提升业务履约能力，利用数字化转型为契机，发现新的市场领域，创造新的商业模式。

#### （一）改变价值创造方式，挖掘用户价值

数字技术将用户与企业之间的信息壁垒打破，使企业得以深度挖掘用户需求价值，将用户需求信息纳入企业的创新研发过程，有效支撑企业的价值创新效率。高成长企业利用数字化网络整合产业链资源，及时与客户沟通，高效满足客户多样化业务需求。一方面，通过建立与用户直接交互的平台，主动邀请用户全程参与产品的使用体验、设计研发、生产制造、迭代优化甚至原材料采购等环节，以用户需求为驱动开展大规模定制。另一方面，通过物联网技术可以实现与产品的互联，实时获取用户使用产品的信息，掌握产品的状态，及时主动地提供售后服务，同时利用数据分析用户的喜好和使用习惯，在用户二次选购前为其推送甚至定制更合适的产品。

#### （二）提高价值创造效率，催生全新要素

以大数据、云计算、人工智能为代表的数字科技迅猛发展及在众多行业领域中的深度渗透应用催生海量数据并演化成为一种新生产要素。数字技术使用数据逻辑强化生产环节，疏通了从生产到数据，从数据到运营管理，再反馈给生产的过程，将处理、统计、分析后的数据应用到生产环节的优化中。数据作为构建企业数字生产力、推动数

字经济的新型生产要素。精准触达客户需求、催生全新商业模式是数据要素驱动产业智改数转的集中体现。高成长企业可以通过数字技术发展软件和信息技术服务等数字服务产业，提供工业信息改造产品，帮助企业以较低的成本应用数据，对工艺、生产流程、管理效率等进行优化。

（三）拓展价值创造载体，重构价值网

企业数字化转型后的价值创造模式不再是单一地利用数字技术实现存量业务的降本增效，或者基于产业链、价值链延伸增量业务，而是可以通过广泛连接、平台赋能、推动协作，实现更加多元的价值创造。企业利用数字技术打破时空约束，形成纵向无边界的价值生态网，提升上下游企业之间的信息流通效率。在价值网中，企业通过资源、信息共享和精准对接，可以集中资源于优势环节，外包短板环节，优化资源配置效率，以提高价值创造能力。高成长企业以数字技术为依托构建价值网，通过信息化改造提供专业的信息化管理支持，提升成员之间的信息流通、查询效率，提供企业与其他成员协作的基础条件，实现了企业间的信息交换和信息集成，有效的信息集成保障了稳定的合作关系和高效的资源运转，从而形成价值网。

**四 数字能力驱动战略**

构建柔性、高效、可复用的数字能力是企业应对数字化时代不确定性商业环境的关键举措。为适应快速变化的环境，高成长企业须深化应用新一代信息技术，建立、提升、整合、重构组织的内外部能力，坚持技术与业务双驱动，主要从数字创新能力、数字敏捷能力、数字重组能力三个维度去构建数字能力，从而赋能业务和管理，形成企业发展新动能。

（一）强化数字应用，提升数字创新能力

数字经济时代，由于市场需求的快速变化、企业业务的持续拓展、数字技术的迭代发展等因素，给企业的发展带来极大的不确定性。构建柔性、高效、可复用的数字能力是企业应对数字化时代不确定性商业环境的关键举措。高成长企业首先应当打牢数字化应用意识，通过开展数据标准化建设、加大数据安全立法等措施强化产业创新主体的数字化应用意识,使其有效感知技术缺口、顾客偏好等的变化,积极开发数字机会。根据自身条件和禀赋加快数字技术的协同、融合应用。将数字技术充分嵌入生产运营等系列流程中,充分发挥技术间的协同作用,利用大数据、工业互联网等数字技术的有效融合加快创新能力向数字化创新能力的转型升级。

(二) 发展数字技术,加强数字敏捷能力

数字能力是数字经济时代企业生存和发展的新型能力,即为适应快速变化的环境,企业深化应用数字技术,动态配置整合企业内外部资源和条件,赋能业务加速创新转型,不断创造新价值,实现新发展的综合素养。对于数字敏捷能力,高成长企业要加大对数字基础设施的建设和投入,将数字技术充分嵌入生产运营等系列流程中,提升组织的环境感知能力和运营协调能力。高成长企业与上下游企业、互补组织、服务主体等联合构建信息共享网络,通过外部信息共享加速市场信息和技术信息的流动,提高外部机会和风险的识别效率。同时,通过内部网络强化信息对称,提高内部反应速度和减少运营协调冗余成本,进一步强化企业数字敏捷能力。

(三) 利用平台赋能,培养数字重组能力

高成长企业发展数字能力,要注意平台的赋能作用。企业要构建平台赋能能力,对传统的系统架构进行改造,建立更加敏捷、柔性、高效的数字技术平台,通过沉淀能够共享、复用的服务组件,打造更加柔性、高效的业务中台、数据中台和技术中台,实现对业务需求的敏捷响应、灵活部署和持续迭代。企业利用开放、多元、资源集成等优势提高对外部资源的获取和重组能力。从战略层面推动突破性创新数字化平台的建立,为不同组织灵活参与重组创新过程提供便利条件,提高创新主体间知识流动效率。高成长企业要牵头开展产业技术交流活动,引领跨界协作融合和知识重组共享,鼓励研发人员积极与外界互动,到组织外部收集数据,探索外部有重组价值的资源,从而提升组织的适应性重组能力和探索性重组能力。

## 五 数字人才培养战略

数字人才决定了数字化技术在企业生成过程中能否实现数据资产

的衍生价值，也保障了数字化战略、数字化组织的实施和管理，是企业实现智改数转的关键。高成长企业需要考虑打造高素质的数字化团队，从打造融合型团队、完善考核评价体系、制定人才发展战略三个方面进行数字化人才培养。

（一）以能力为抓手，打造融合型团队

数字化人才是实现企业智改数转的关键要素，高成长企业需要企业围绕战略目标，强化人才引进、培训、使用和考核，培育高水平复合型数字人才，支撑做强做优做大数字经济。第一，加强数字领域领军科技人才和创新团队的培养和建设，加快形成数字人才队伍的雁阵格局；第二，将数字技能融入业务运营、技术创新、数据管理、资源保障等，打造融合型团队，参与全流程实践，进行数字化转型人才培养；第三，采用外部协同与内部挖潜的人才发展机制，联合院校、科研单位和行业协会共同培养既熟悉业务又熟悉数字化并能捕捉行业发展方向的融合型团队。

（二）以绩效为驱动，完善考核评价体系

针对当前数字技术在数字经济中的应用现状，高成长企业应注重为数字人才提供充足的支持资源和可持续发展措施。企业培育高水平复合型数字人才，必须要有科学合理的、能满足经营管理和实际发展需要的绩效考核工作机制和考核评价标准。高成长企业实施绩效驱动，可以驱动员工潜能，提升组织效能，实现效果的量化和快速反馈。一方面，持续的反馈和沟通有助于员工了解工作表现，以及如何改进，建立员工的自我管理能力。另一方面，绩效评估应与员工的个人和组织目标相一致，奖励机制应该与绩效评估相配合。公正的评估和奖励机制有利于营造积极高效的育人氛围。

（三）以目标为导向，制定人才发展战略

面对数字化转型带来的人才需求，企业需要拥有专业的数字化团队，实现从传统形式向数字化转型的创新形式变革升级。高成长企业要以目标为导向，有针对性地培养人才，形成基于职业发展的数字化转型培养体系。第一，设立明确的目标。确保每位员工都清楚了解其职责和期望的绩效水平。明确的目标有助于员工集中精力，实现高绩效。第二，提供必要的培训和发展机会。员工需要得到充分的培训和支持，以发展技能和才能。第三，调整和改进。根据反馈和评估结果，对目标、计划或策略进行调整和改进，这有助于确保绩效管理系统始终与企业战略目标保持一致。

# 第十三章　高成长企业智改数转的实现路径

推动高成长企业智改数转，助力企业提高竞争力、适应市场需求变化、推动产业升级、提高资源利用效率、培养新型人才，并为经济高质量发展注入新的动力。政府、企业和社会各部门应共同努力，加大投入和支持力度，推动高成长企业迈向数字化转型的新阶段。

## 第一节　理念引领推动高成长企业智改数转

### 一　提高数字化转型认知水平

一是数字化转型需"全局一盘棋"。数字化转型不是"一把手"工程，而是涉及企业全员、全要素的创新活动，需要整个企业自上而下具有自我否定的勇气、摒弃路径依赖，重塑对企业发展与生存的新认知。二是数字化转型更看重"数字换脑"。借助人工智能、大数据、云计算等新一代数字技术打通产业链、价值链、创新链，建立企业发展的新生态，从而获得更广阔的价值增量发展空间。此外，新一代先进技术的使用必须贯彻数据驱动、集成创新、合作共赢等数字化转型理念。三是数字化转型要分阶段"私人定制"。每家企业在数字化转型过程中需要探索属于自己的转型之路，认识到并没有针对所有行业和企业的"标准答案"和"转型模板"，在实施过程中都是需要不断对路线进行优化和完善，由点及面地推进数字化转型的成功。

### 二　制定数字化转型的战略规划

一是制定总体规划，为适应数字时代的发展需求，根据各地区自身的产业结构和优势,制定高成长企业数字化转型的总体规划和行动计划。二是制定战略规划,根据识别出的关键领域和业务需求,制定数字化转型的战略规划,包括明确目标、确定策略和路线图,并将其与企业的整体发展战略相衔接。三是匹配资源,引导高成长企业树立数字化转型的愿景和目标,合理配置数字化资源,确保数字化转型的有效实施。四是发展重点产业链,重点推动软件和信息服务业、电子信息制造业、新能源汽车、新医药与生命健康、集成电路、人工智能、智能电网、轨道交通、智能制造装备九条产业链以及钢铁、石化、汽车、电子等重点产业高成长企业数字化升级,以提升产业质量和效率,增强产业竞争力和创新力。

### 三 打破企业边界,调整战略思维

一是流程去中心化,企业在组织流程中要去中心化、去边界化,要将供应商和客户纳入组织流程。高成长企业可以通过创新业务模式来拓展边界,包括寻找新的市场定位、开发新的产品或服务,以及探索新的客户群体。二是调整转型思维,将数字化技术与创新思维相结合,是打破企业边界的重要途径。通过引入物联网、人工智能、区块链等新兴技术,高成长企业可以实现业务的创新和转型,提供更多样化、个性化的产品和服务。

## 第二节 要素保障推动高成长企业智改数转

### 一 规范高成长企业数字化转型数据要素标准

一是企业层面,要让数据"能说话"。制造企业内部要进行数据的标准化建设,建立统一的数据标准化体系,为实现企业内部各类数据的互联互通互理解提供基础与保障。二是行业层面,要让数据"说普通话"。引导组织协会、龙头企业研究制定工业数据的行业标准、团体标准、企业标准,促进标准化数据的应用。三是国家层面,要让数据"说有用的话"。加快公共数据开放进程,促进数据资源的高效利用。

## 二 鼓励数字基础设施"适度超前"发展

2024年《政府工作报告》中重点强调,鼓励数字基础设施"适度超前"发展。一是进一步落实高成长企业"上云、用数、赋智"行动。当前以云原生为代表的新一代数字技术架构兴起正深刻改变着整个IT体系,也为低成本带动制造企业数字化提供了机遇。2020年4月,国家发展改革委和中央网信办联合发布了《关于推进"上云用数赋智"行动培育 新经济发展实施方案》,提供了具体方向。二是龙头企业引领支持高成长企业数字化协同升级。在重点行业和产业集聚区域建设若干高水平的数字化转型促进中心,推动区域内大企业与中小企业数字化协同升级。

## 三 完善金融服务体系,为高成长企业提供多元化的融资支持

一是建立数字化转型专项资金,支持企业开展数字化转型项目。同时推动金融机构创新金融产品和服务,为高成长企业提供定制化的融资方案,满足企业不同阶段的资金需求。二是拓宽融资渠道,鼓励社会资本参与高成长企业的数字化转型,通过股权投资、债权投资、众筹等方式,为高成长企业提供多样化的资金来源。三是制定合理的奖补政策。政府部门设立专项基金支持高成长企业在进行数字化转型初期给予一定投入补助和创新要素购置补助。对转型升级的高成长企业通过政府集中采购、产品价格补贴、政府宣传推广、第三方转型绩效评估与奖励等手段,降低企业由于数字化转型不同步带来的摩擦成本,提高制造企业的投入积极性。

## 四 加强复合型人才培养,为高成长企业数字化转型提供智力支持

一是建立健全数字化人才激励机制。通过提高薪酬水平、完善福利待遇、加强职业发展规划等方式,激发数字化人才的工作积极性和创造力。二是建立健全数字化人才流动机制。通过建立人才市场、推进人才交流、简化人才引进和落户等方式,促进数字化人才的合理流动和配置。三是建立健全数字化人才培养机制。通过加强与高校、科

研院所、行业协会等单位和组织的合作，开展数字化技能培训和认证，培养一批具有专业知识和实践经验的复合型人才。

## 第三节　科学技术支撑高成长企业智改数转

由于数字化转型运用新技术的成本较高，面向高成长企业智改数转的数字基础设施较弱。底层核心技术缺乏原生性、软硬技术适配程度不高、软件技术产品竞争力不强，多数企业难以购买能协同采集数据的新制造设备及软件，亟须改善企业"想用却用不起"的困境，难以为高成长企业智改数转提供有力的技术支持。

### 一　加强数字化技术研发和应用

一是建立健全数字化技术研发机制，通过加强与高校、科研院所、行业协会等单位和组织的合作，开展数字化技术的基础研究、应用研究和产学研合作，形成一批具有自主知识产权和核心竞争力的数字化技术；二是建立健全数字化技术应用机制，通过建立数字化技术应用示范基地、推广优秀的数字化解决方案和典型案例、组织数字化技术应用培训和交流等方式，促进数字化技术在各行各业的广泛应用。

### 二　积极搭建工业互联网平台

工业互联网平台可以为企业提供覆盖全生命周期的数字化解决方案，帮助企业实现从产品设计、生产、销售到服务的全流程数字化管理。一是确定平台定位和战略，明确平台的定位和发展战略，包括服务对象、服务内容、盈利模式等方面。根据市场需求和自身实力，确定平台的发展方向和目标；二是建立合作伙伴关系，工业互联网平台需要与各类企业、行业协会、科研机构等建立合作伙伴关系，共同推动平台的建设和发展，扩大平台的影响力和用户群体；三是整合资源和技术，整合内外部资源和技术力量，包括数据资源、技术专家、人才团队等，建立起完整的技术体系和服务体系，确保平台的综合实力和竞争力。

### 三 推动物联网技术升级

物联网技术可以帮助企业实现设备的互联互通,实时监控设备运行状态,预防和预测设备故障,降低维护成本。利用新的技术手段和方法,提高物联网系统的性能、安全性和智能化水平,推动物联网的发展和应用。一是边缘计算和边缘智能性能的提升,边缘计算将计算和数据处理功能移到物联网设备或边缘节点,减少数据传输延迟,提高系统响应速度和效率。边缘智能则是在边缘节点上实现智能算法和决策,实现更加智能化的物联网系统;二是加快5G和物联网的融合,5G技术具有高速、低时延、大连接等优势,将为物联网提供更加强大的通信基础设施,推动物联网应用的普及和发展。

## 第四节 系统集成推动高成长企业智改数转

### 一 建设统一的数据中台,提供有力数据支撑

一是以数据为核心,构建数据中台,实现政务数据、社会数据、产业数据等多源异构数据的汇聚、整合、共享、开放和应用。二是推进数据标准化、规范化、质量化管理,提高数据可信度和可用度。三是建立健全数据安全保障体系,加强数据隐私保护和合规使用。四是打造一批面向不同领域和场景的专业化数据服务平台,为数字化转型提供强大的数据支撑。

### 二 推进全域数字互联,打通转型网络通道

以网络为基础,推进全国及各城市群全域数字互联,实现城乡区域、部门机构、企业组织、个人群体等多维度主体的无缝连接和互动。加快新一代信息基础设施建设,提升网络覆盖率、接入速率、传输质量和安全性能。深入实施"互联网+"行动计划,拓展数字化服务领域和渠道,提升数字化服务水平和效率。打造一批具有示范效应的数字化互联项目,为数字化转型提供便捷的网络通道。

### 三 促进跨界数字融合，赋能转型创新

以创新为动力，促进各区域高成长企业跨界数字融合，实现传统产业与新兴产业、实体经济与虚拟经济、线上服务与线下服务等多元业态的深度交融和协同发展。加快推动产业智能化改造和数字化转型，培育发展新型产业、新模式、新业态。加快推进城市治理现代化和智慧城市建设，提升城市管理水平和公共服务水平。打造一批具有引领作用的高成长企业数字化融合案例，为数字化转型提供有力的创新动力。

## 第五节 场景应用驱动高成长企业智改数转

### 一 加快基础型数字化应用场景的建设和推广

一是深入行业调研，通过深入的行业调研和市场分析，了解行业发展趋势和需求，探索行业内存在的痛点和问题，为数字化应用场景的探索提供基础数据和市场支撑。二是优化先进技术，充分发展云计算、大数据、人工智能、物联网、区块链等先进信息技术，为数字化应用场景提供技术支撑和保障。三是加强数字化应用场景的示范和推广，建立一批具有代表性的企业或产业园区作为数字化应用示范项目，重点推动其在生产制造、供应链管理、市场营销、人力资源等方面的数字化应用探索和实践，鼓励上述示范项目在数字化转型方面进行前沿技术的尝试和创新，形成可复制、可推广的成功经验。

### 二 加强创新型数字化应用场景的探索和优化

一是创新数字化技术应用，结合最新的数字化技术和创新，探索新的数字化应用场景，如人工智能、大数据、物联网、区块链等，为行业提供更加智能、高效和便利的解决方案。二是创造多样化数字应用场景，鼓励企业充分利用数字技术和数据资源，结合自身的核心能力和优势，创造差异化和个性化的数字化应用场景，满足用户的多样化和个性化的需求。不断试验和验证数字化应用场景的效果和反馈，及时调整和优化数字化应用场景的设计和运营，提高数字化应用场景

的质量和效率。三是持续优化和完善数字应用场景，持续跟踪和分析数字化应用场景的使用情况和效果，不断优化和完善应用场景的功能和服务，提升其市场竞争力和用户满意度。

### 三　构建数字化应用场景的生态和协同

一是鼓励跨行业数字化合作创新，建立开放、包容和互信的合作氛围，鼓励不同行业的企业和组织之间进行交流和合作。政府可以鼓励不同行业的企业开展数字化合作创新，促进跨行业数据共享和协同应用。二是建立跨行业的数字化合作联盟或平台。通过搭建跨行业的数字化平台，推动企业之间的合作交流，促进不同行业之间的数字化融合与创新发展。充分发挥平台的整合优势和资源优势，帮助成员单位解决难题和挑战，实现跨行业数字化合作的效益最大化。三是建立合作生态系统。建立跨行业数字化合作生态系统，促进各方共享资源和成果，形成良性循环和持续发展的合作模式。

### 四　以大规模的平台化集成摊销应用场景成本

以包容性政策鼓励企业打造数字技术及应用工具平台，鼓励工具的开源、汇聚与集成，辅以政府采购、产品价格补贴等手段，用较大规模的场景应用摊销数字工具的创新研发成本，重点降低中小制造企业工具使用成本，并以通用型技术为入口带动垂直应用型工具的加载和市场导入，形成以工具拓展为抓手的数字化转型创新扩散机制。

# 参考文献

**中文文献**

陈畴镛、许敬涵：《制造企业数字化转型能力评价体系及应用》，《科技管理研究》2020 年第 11 期。

陈冬梅、王俐珍、陈安霓：《数字化与战略管理理论——回顾、挑战与展望》，《管理世界》2020 年第 5 期。

陈旭升、杨云慧、张晋硕：《数字化融合赋能制造业技术创新——基于电子信息制造业的实证分析》，《科技和产业》2024 年第 1 期。

程文亮：《创新驱动下小微企业产业集群智能化升级研究——以河南省特色产业集群为例》，《价格理论与实践》2022 年第 6 期。

丁相安、王晓岭、韩少杰：《数字化转型、员工责任和企业全要素生产率》，《管理评论》2024 年第 3 期。

董明放、王郭：《工业智能化如何提升制造企业创新意愿》，《科技进步与对策》2024 年第 2 期。

杜传忠、管海锋：《数字经济与我国制造业出口技术复杂度——基于中介效应与门槛效应的检验》，《南方经济》2021 年第 12 期。

杜传忠：《警惕制造业盲目智能化带来的风险》，《人民论坛》2021 年第 1 期。

付学超、赵若瑜：《研发投入、公司治理与企业数字化转型》，《财经理论研究》2023 年第 4 期。

高雨辰、万滢霖、张思：《企业数字化、政府补贴与企业对外负债融资——基于中国上市企业的实证研究》，《管理评论》2021 年第 11 期。

官华平、郭滨华、李萍：《数字化转型对劳动力技能结构升级的影响研究——基于上市公司数据的文本分析》,《西北人口》2023 年第 4 期。

韩会朝、徐康宁:《智能化改造对我国企业生产率的影响研究》,《南京社会科学》2020 年第 4 期。

何德旭、张昊、刘蕴霆:《新型实体企业促进数实融合提升发展质量》,《中国工业经济》2024 年第 2 期。

李琦、刘力钢、邵剑兵:《创业导向与企业高质量发展——数字化转型和内部控制有效性的调节作用》,《研究与发展管理》2024 年第 2 期。

李婉红、王帆:《数字创新、战略柔性与企业智能化转型——考虑环境复杂性的调节效应》,《科学学研究》2023 年第 3 期。

李婉红、王帆:《智能化转型、成本粘性与企业绩效——基于传统制造企业的实证检验》,《科学学研究》2022 年第 1 期。

凌士显、张晓玉:《数字化转型对企业持续创新的影响——基于数字化赋能功能与协同功能机制的分析》,《软科学》2024 年第 8 期。

刘佳斌、王厚双:《我国装备制造业突破全球价值链"低端锁定"研究——基于智能制造视角》,《技术经济与管理研究》2018 年第 1 期。

刘洋、董久钰、魏江:《数字创新管理:理论框架与未来研究》,《管理世界》2020 年第 7 期。

刘志彪、徐天舒:《我国制造业数字化改造的障碍、决定因素及政策建议》,《浙江工商大学学报》2023 年第 2 期。

刘志阳、林嵩、邢小强:《数字创新创业:研究新范式与新进展》,《研究与发展管理》2021 年第 1 期。

孟凡生、赵刚:《创新柔性对制造企业智能化转型影响机制研究》,《科研管理》2019 年第 4 期。

孟韬、赵非非、张冰超:《企业数字化转型、动态能力与商业模式调适》,《经济与管理》2021 年第 4 期。

祁怀锦、曹修琴、刘艳霞:《数字经济对公司治理的影响——基于信息不对称和管理者非理性行为视角》,《改革》2020 年第 4 期。

任保平、李婧瑜:《以数实融合推动新型工业化的阶段性特征、战略定位与路径选择》，《经济与管理评论》2024 年第 2 期。

申渊源、朱宏博、乔志林：《数字经济、数字化转型与企业核心竞争力》，《西安财经大学学报》2024 年第 2 期。

沈坤荣、乔刚、林剑威：《智能制造政策与中国企业高质量发展》，《数量经济技术经济研究》2024 年第 2 期。

宋竞、胡茜：《企业数字化转型前因组态及演进研究——基于战略三角观的动态 fsQCA 分析》，《科技进步与对策》2024 年第 6 期。

孙兰兰、钟琴：《数字化转型与企业营运资金动态调整》，《统计与信息论坛》2024 年第 5 期。

孙新波、张明超、王永霞：《工业互联网平台赋能促进数据化商业生态系统构建机理案例研究》，《管理评论》2022 年第 1 期。

孙早、侯玉琳：《工业智能化与产业梯度转移：对"雁阵理论"的再检验》，《世界经济》2021 年第 7 期。

陶爱萍、李英霄：《数字化转型能否促进企业"脱虚向实"——来自中国制造业的证据》，《南方金融》2024 年第 1 期。

汪洋、王瑞锋、杨厚满：《企业数字化转型指标体系研究》，《质量与认证》2022 年第 1 期。

王辉、董直庆：《中国工业智能化如何重塑制造业企业分布格局》，《求是学刊》2022 年第 1 期。

王柯懿、王佳音、盛坤：《工业互联网平台赋能制造业数字化转型能力评价体系研究》，《制造业自动化》2021 年第 12 期。

王瑞荣、颜平、聂爽爽：《长三角地区数字经济与纺织产业高质量发展耦合协调研究》，《丝绸》2023 年第 9 期。

王朔、熊凯军、李伟铭：《企业数字化转型、持续成长与劳动雇佣》，《大连理工大学学报》（社会科学版）2024 年第 3 期。

王贤彬、陈禾：《企业数字化转型能否降低劳动力成本粘性——基于内部控制的考察》，《广东财经大学学报》2024 年第 2 期。

巫圣义、李晓华：《智能制造助力劳动密集型产业转型升级》，《江苏大学学报》（社会科学版）2020 年第 1 期。

吴非、胡慧芷、林慧妍、任晓怡：《企业数字化转型与资本市场表现——来自股票流动性的经验证据》，《管理世界》2021 年第 7 期。

武诗媛、刘泽岩、林汉川：《数字化转型程度与国有示范企业治理效率》，《企业经济》2024年第4期。

徐辉、周孝华、周兵：《数字化转型对制造业企业创新效率的门槛效应研究》，《管理学刊》2024年第1期。

杨德明、刘泳文：《"互联网+"为什么加出了业绩》，《中国工业经济》2018年第5期。

杨彦欣、高敏雪：《企业数字化转型：概念内涵、统计测度技术路线和改进思路》，《统计研究》2024年第3期。

叶爱兵：《中国石化基于共享模式的"智改数转"路径探析》，《财务与会计》2022年第24期。

余典范、王超、陈磊：《政府补助、产业链协同与企业数字化》，《经济管理》2022年第5期。

张琼琼、杨小伟：《政府补贴与企业数字化：资源基础与企业风险视角》，《企业经济》2024年第4期。

张思雪、林汉川、胡海晨等：《企业可持续性：评估与动态分析——基于2005—2014年企业可持续性全球100强数据》，《华东经济管理》2016年第2期。

张涛、李雷：《企业数字化转型的供应链溢出效应——客户与供应商双重视角》，《科技进步与对策》2024年第12期。

赵丽锦、戴建平、荣华旭：《"智改数转"引领制造业价值转型：驱动机制与实现路径》，《财会月刊》2023年第9期。

郑琼洁、戴靓：《高成长企业网络发展的空间格局与演化特征——以江苏省为例》，《商业经济与管理》2022年第4期。

周允旭、姚凡军、高红伟：《区块链赋能数字化转型：供应链协同运营策略研究》，《运筹学学报》2024年第2期。

**外文文献**

Adamik A., Nowicki M., "Preparedness of Companies for Digital Transformation and Creating a Competitive Advantage in the Age of Industry 4.0", *Proceedings of the International Conference on Business Excellence*, Vol. 12, No. 1, 2018.

Cheng W., Li C., Zhao T., "The Stages of Enterprise Digital Transformation and its Impact on Internal Control: Evidence from China", *International Review of Financial Analysis*, Vol. 92, 2024.

Crupi A., Sarto D. N., Minin D. A., et al., "The Digital Transformation of SMEs-a New Knowledge Broker Called the Digital Innovation Hub", *Journal of Knowledge Management*, Vol. 24, No. 6, 2020.

Disheng W., Xiaohong X., "The Impact of Corporate Digital Transformation on Firms' Performance in Utilities Sector", *Heliyon*, Vol. 10, No. 1, 2024.

Elisa B., Simone G., Gianluca M., et al., "Adoption Paths of Digital Transformation in Manufacturing SME", *International Journal of Production Economics*, Vol. 255, 2023.

Ganglei L., Yunfei S., "How do Top Management Team Characteristics Affect Digital Orientation? Exploring the Internal Driving Forces of Firm Digitalization", *Technology in Society*, Vol. 74, 2023.

Gangqiang Y., Yiming N., Honggui L., et al., "Digital Transformation and Low-carbon Technology Innovation in Manufacturing Firms: The Mediating Role of Dynamic Capabilities", *International Journal of Production Economics*, Vol. 263, 2023.

Garber K., "Not in the Business of Hurting the Planet", *U. S. News & World Report*, Vol. 146, No. 10, October 2009.

Ghafoori A., Gupta M., Merhi I M., et al., "Toward the Role of Organizational Culture in Data-driven Digital Transformation", *International Journal of Production Economics*, Vol. 271, 2024.

Han Jie, Jiang Cailou, Liu Rong., "Does Intelligent Transformation Trigger Technology Innovation in China's NEV Enterprises?", *Energy*, Vol. 270, 2023.

Jing Shuwei, Feng Yue, Yan Junai., "Path Selection of Lean Digitalization for Traditional Manufacturing Industry Under Heterogeneous Competitive Position", *Computers & Industrial Engineering*, Vol. 161, 2021.

Joanna M. Z., "Digital Transformation and Marketing Activities in Small and Medium-Sized Enterprises" *Sustainability*, Vol. 13, No. 5, 2021.

Junbo J. , Yusen X. , Wenli L. , "A Study on the Strategic Momentum of SMEs' digital transformation: Evidence from China", *Technological Forecasting & Social Change*, Vol. 200, 2024.

Kristin V. , Kirsten N. L. , Sven P. , et al. , "Success Factors for Fostering a Digital Transformation in Manufacturing Companies", *Journal of Enterprise Transformation*, Vol. 8, No. 1 - 2, 2018.

Li Z. , Zhang X. , Tao Z. , et al. , "Enterprise Digital Transformation and Supply Chain Management", *Finance Research Letters*, Vol. 60, 2024.

Liu G. , Liu J. , Gao P. , et al. , "Understanding Mechanisms of Digital Transformation in State-owned Enterprises in China: An Institutional Perspective", *Technological Forecasting & Social Change*, Vol. 202, 2024.

M. M. F. , Nisreen A. , Masaaki K. , et al. , "Is Digital Transformation Threatened? A Systematic Literature Review of the Factors Influencing Firms' Digital Transformation and Internationalization", *Journal of Business Research*, Vol. 157, 2023.

Nadia Z. , Anastasios Z. , Samuel A. , et al. , "The Micro-foundations of Digitally Transforming SMEs: How Digital Literacy and Technology Interact with Managerial Attributes", *Journal of Business Research*, Vol. 159, 2023.

Rui L. , Jing R. , Liangyong W. , "Performance Feedback and Enterprise Digital Transformation", *Applied Economics*, Vol. 56, No. 23, 2024.

Saeedikiya M. , Salunke S. , Kowalkiewicz M. , "Toward a Dynamic Capability Perspective of Digital Transformation in SMEs: A Study of the Mobility Sector", *Journal of Cleaner Production*, Vol. 439, 2024.

Teece D. J. , Pisano G. , Shuen A. , "Dynamic Capabilities and Strategy Management", *Strategy Management Journal*, Vol. 18, No. 7, 1997.

Xinpeng X. , Tiantian C. , Xiaoming Y. , et al. , "Digital Transformation and Innovation Performance of China's manufacturers? A configurational approach", *Technology in Society*, Vol. 75, 2023.

Xu Z. , An Q. C. , Haitao Z. , et al. , "A Study on the Influencing Factors of Corporate Digital Transformation: Empirical Evidence from Chinese Listed Companies", *Scientific Reports*, Vol. 14, No. 1, 2024.

Yang Siying, Wang Wenzhi, Ding Tao. , "Intelligent Transformation and Sustainable Innovation Capability: Evidence from China", *Finance Research Letters*, Vol. 55, 2023.

Yaozhong W. , Pinzhen H. , "Enterprise Digital Transformation, Financial Information Disclosure and Innovation Efficiency", *Finance Research Letters*, Vol. 59, 2024.

Yonggen L. , Huijie C. , Huiyi Z. , et al. , "Business Environment and Enterprise Digital Transformation", *Finance Research Letters*, Vol. 57, 2023.

Yu Yubing, Zhang Justin Zuopeng, Cao Yanhong, Kazancoglu Yigit. , "Intelligent Transformation of the Manufacturing Industry for Industry 4.0: Seizing Financial Benefits from Supply Chain Relationship Capital Through Enterprise Green Management", *Technological Forecasting & Social Change*, Vol. 172, 2021.

Zhang Y. , Wang J. , "Research on Influencing Factors and Path of Digital Transformation of Manufacturing Enterprises", *Kybernetes*, Vol. 53, No. 2, 2024.

Zhengyi Z. , Jun J. , Shijing L. , et al. , "Digital Transformation of Incumbent Firms from the Perspective of Portfolios of Innovation", *Technology in Society*, Vol. 72, 2023.

Zhou Jianlin, Lan Shulin, Liu Yi, Rong Tengda, Huisingh Donald. , "Research on the Relations between Cognition and Intelligent Transformation of Executive Teams in Small and Medium-sized Manufacturing Enterprises", *Advanced Engineering Informatics*, Vol. 52, 2022.

# 后　　记

"智者顺时而谋，强者乘势而进。"在数字化浪潮汹涌澎湃的今天，高成长企业正站在智改数转的风口浪尖，以勇立潮头的姿态引领着绿色发展的新时代。

习近平总书记指出，"新质生产力就是绿色生产力"。智改数转，是企业发展的必由之路，是实现碳达峰、碳中和目标的重要途径，也是培育和发展新质生产力的关键方式。从智能制造到供应链管理，从金融服务到客户关系管理，数字化技术正在深刻改变着企业的运营模式和商业模式。同时，我们也看到，数字转型并非一蹴而就的过程，它需要企业具备前瞻性的战略视野、完善的组织架构、高效的执行力以及持续的创新精神。高成长企业在智改数转的过程中，展现出了强大的创新力和执行力。它们积极探索数字化转型的新路径，推动传统产业升级改造，以技术创新为引领，不断提升企业的核心竞争力。同时，高成长企业还注重绿色发展理念的融入，通过优化生产工艺、推广清洁能源等方式，减少碳排放、提高能源利用效率，为实现碳达峰、碳中和目标贡献力量。

"高成长企业研究博士工作站"在江苏省政府研究室、南京市委宣传部的支持下稳步迈进，从2020年实施"一十百千万"工程以来，聚焦高成长企业高质量发展，出版系列成果。本书是年度系列成果第五本专著，重点围绕高成长企业智改数转展开。

回溯书稿的撰写过程，工作站成员一起讨论研究书稿大纲，互商互助、共同努力、汇智汇力共同完成这本专著。高成长企业研究博士工作站主任、南京市社会科学院郑琼洁研究员组织策划本书，并负责统稿工作。第一章由江南大学商学院副院长刘勇教授撰写，第二章由

## 后　记

南京财经大学李宏亮讲师撰写，第三章由南京林业大学姜卫民讲师撰写，第四章由宁波大学商学院余杨教授撰写，第五章由江苏省社会科学院黄婷婷助理研究员撰写，第六章由南京市社会科学院郑琼洁研究员撰写，第七章由南京林业大学姜卫民讲师撰写，第八章、第九章、第十章、第十一章由南京市社会科学院郑琼洁研究员、南京财经大学李宏亮讲师整理撰写，第十二章由南京工业职业技术大学钱晓燕讲师撰写，第十三章由江苏省税务局四级主办姜龙舟撰写。南京市宏观经济研究中心孔玉寒、万安泽、洪仁婧，宁波大学焦帅晔、张媛、冯浩博参与了书稿的前期材料收集、数据处理工作，河海大学刘婷、巴金玲、张天、徐艺颖等参与了书稿校对工作。

本书在撰写过程中，得到了各方的支持。感谢江苏省政府研究室和南京市委宣传部给予的大力指导，自 2020 年以来，江苏省政府研究室原副主任臧建东、省政府研究室经济发展研究中心吴江主任、袁真艳处长对工作站的发展给出了系统性的指导。感谢南京市委宣传部、南京市社会科学界联合会、南京市社会科学院、江苏省扬子江创新型城市研究院的领导对工作站一直以来的关心和帮助。由衷感谢曹劲松研究员、张鸿雁教授、季文研究员等多次对工作站提出诸多建设性的意见。同时，中国社会科学院城市竞争力中心主任倪鹏飞教授，《群众》杂志副主编李程骅教授，南京大学商学院范从来教授、南京师范大学创新经济研究院院长蒋伏心教授等，为工作站的建设和发展提出了很多宝贵建议。得益于各方面的支持与帮助，工作站快速发展壮大，目前已经吸纳 30 余位高校和科研院所英才，他们以不同形式参与工作站的工作。

感谢南京市宏观经济研究中心（南京市独角兽瞪羚企业服务中心）孔玉寒所长、江苏省独角兽瞪羚企业联盟执行秘书长林倩为本书案例举荐给予大力支持，感谢朗坤智慧科技股份有限公司、江苏康众汽配有限公司、南京深度智控科技有限公司、江苏集萃智能制造技术研究所有限公司、艾默生过程控制流量技术有限公司、南京英尼格玛工业自动化技术有限公司、南京迪瓦永磁科技有限公司、国电南瑞南京控制系统有限公司、南京电研电力自动化股份有限公司、宏景智能电网科技、南京世和基因生物技术股份有限公司、南京诺唯赞生物科技股份有限公司、南京巨鲨显示科技有限公司、麦澜德、南京宁丹新药技术有限公司等，为本书提供了生动鲜活的案例素材。

  毋庸置疑，由于时间仓促，本书还存在一些不足，敬请各位读者批评指正！

高成长企业研究博士工作站课题组<br>
2024 年 6 月 19 日